KB270847

생각의 빅뱅

생각의 빅뱅

Long Fuse, Big Bang

새 시장을 여는 혁신가의 두뇌 작동법

에릭 헤즐타인 지음 | 이상원 옮김 | 유영만 감수

갈매나무

혁신은 우리 바깥이 아니라
우리 안에 존재한다

생각하는 동물,
호모 사피엔스의 간단하지만
강력한 두뇌 작동법

전대미문의 창조를 이룬 위대한 혁신가는 평범한 사람들과 어떤 점에서 다른가? 많은 이들로부터 변함없이 존경받는 기업은 도대체 어떤 방법으로 혁신을 거듭하는가? 세상을 뒤흔드는 아이디어를 잉태하여 혁신적인 창작물이나 제품으로 구현시키는 비밀은 무엇인가? 남다른 창의성으로 위업을 달성한 천재들의 특별한 비결이나 색다른 혁신으로 성장과 발전을 거듭하는 기업의 숨은 전략을 연구하는 책은 여전히 많은 사람들에게 탐구의 대상이다.

지금까지 나온 책들은 남다른 아이디어를 도출하여 색다른 창조로 연결시키고 혁신적인 성과를 창출하는 '베스트 프랙티스'를 보여주고 있지만 뭔가 한 가지 아쉬운 점이 있다. 바로 창조와 혁신의 진원지인

뇌가 어떤 방식으로 작동되고 있는지를 보여주지 못하고 있다는 점이다. 그에 비해 이 책에서 말하는 생각의 빅뱅의 진원지이자 종착역은 바로 모든 사람들이 호기심과 경외의 대상으로 생각하는 두뇌다. 이 책의 저자도 말하고 있듯이 모든 혁신은 두뇌에서 시작해서 두뇌에서 끝난다. 혁신적인 아이디어도 우리 두뇌 안에 있다. 다만 우리가 두뇌에서 잠자고 있는 혁신적인 아이디어를 끄집어내 현실로 구현시키지 못할 뿐이다.

그런데 아직까지 우리가 아는 것보다 모르는 것이 더 많은 경이로운 두뇌의 작동원리에 근거하여 생각의 빅뱅이 일어나는 과정을 보여준다고 하면 겁부터 먹는 독자들이 있을 것이다. 생각의 빅뱅이 일어나는 조건과 과정, 그리고 생각의 빅뱅을 촉진시키는 전략을 다양한 사례와 함께 설명하고 있는 이 책은 흔히 말하는 복잡한 뇌과학이나 신경생리학적 방법에 크게 의존하지 않는다. 오히려 이 책은 저자의 다양한 체험을 기반으로 두뇌와 관련된 인접 이론적 근거를 활용하면서 실제 사례를 제시하는 실용적인 방법을 택하고 있다.

이 책은 생각의 빅뱅을 일으키기 위해서 우리 두뇌의 작동원리를 효과적으로 활용하는 전략과 방법을 구체적인 사례와 함께 제시하고 있다. 요컨대 우리 두뇌는 위험을 회피하고 단기적 성공과 당장의 보상에 반응하도록 맞춰져 있다는 것이다.

저자는 아예 "20만 년 전 구석기 시대 아프리카에 처음 호모 사피엔스가 등장한 이래 인간의 두뇌는 별로 변하지 않았다"고 단정적으로 말하고 있다. 신경과학자인 저자는 복잡한 두뇌 과학적 원리를 설명하고 이것이 어떻게 생각의 빅뱅으로 연결되는지를 설명하려 하지 않는다. 그보다는 두뇌의 태생적 본성인 단기적 성향을 극복하고 긴 도화선에 불을 붙여 장기적 기회를 성숙시키고 새로운 혁신을 이룰 수 있는 방법을 흥미진진하게 제시하고 있다.

먼 산에 도달하려면
앞산부터 넘어야 한다!

성공한 기업들은 모두 장기적인 관점에서 긴 도화선에 불씨를 붙인 다음, 불길을 내는 방법을 수많은 시행착오와 우여곡절 끝에 깨우쳐 마침내 역전의 불꽃을 피워낸 기업이다. '불꽃'이 피기 위해서는 '불길'이 일기 시작해야 되고, '불길'이 일어나려면 '불씨'가 있어야 한다. '불씨'는 꿈이고 '불길'은 열정이며 '불꽃'은 보람찬 성취다. '불씨'가 없으면 '불꽃'이 피지 않듯이 꿈이 없으면 보람찬 성취를 이룰 수 없다. 숱한 '불면'의 밤 속에서 '불멸'의 작품이 잉태되는 법이다. 자기와의 처절한 싸움과 악조건 속에서 고군분투孤軍奮鬪하는 치열한 노력이 만들어낸 '얼룩'이 마침내 아름다운 작품의 '무늬'로 탄생한다.

얼룩진 삶에서 묻어나는 향기가 사람들에게 오래 기억된다. 숱한 시련과 역경을 경험하면서도 결코 쉽게 포기하지 않겠다는 불굴의 의지, 크고 원대한 꿈과 비전을 바라보면서도 눈앞의 현실을 직시하면서 신속하게 발등의 불을 끄는 소방수 작전, 그리고 대중들의 눈에 가려져 좀처럼 보이지 않는 위협과 기회를 예리하게 포착하면서 불확실한 미래를 대비하는 노력을 겸행했던 기업만이 생존을 넘어 무한 성장과 발전을 거듭하고 있는 것이다. 아무런 노력도 하지 않으면서 가만히 앉아 있는 사람치고 많은 영감을 얻었다는 사람을 본 적이 없다. 영감은 무수한 연습의 과정이나 직후에 우연히, 갑자기 찾아오는 경우가 많다. 귀가 번쩍 뜨이는 영감을 얻기 위해 항상 연습에 연습을 거듭하는 것이다.

위대한 혜안을 지닌 사람들은 어려운 도전을 극복하기 위해 두뇌의 단기 중심적인 성향을 관리하는 방법을 발견한 사람들이다. 즉 작고 신속한 성취를 여러 차례 반복하면서 미래의 빅뱅을 향한 길고 고단한 여정을 이어간 사람들이다.

먼 산에 도달하기 위해서는 우선 앞산부터 넘어야 한다. 먼 산을 바라보는 두뇌는 먼 산이 주는 위협감과 두려움에 휩싸여 그저 바라만 보려고 한다. 이런 두뇌의 위험 회피적인 성향을 극복하기 위해서는 우선 넘기 쉬운 앞산을 성공적으로 넘는 체험의 즐거움을 맛보게 해야 한다. 다시 말해 눈앞에 놓인 단기적 목표들을 폭죽의 도화선에 연결하듯 서로 긴밀하게 이어지게 하면서 결국 마지막에 폭죽이 터지게 하는 방법이다.

폭죽의 폭발은 작은 규모지만 오래 불꽃이 타오르다보면 결국에는 다이너마이트가 될 수 있다. 높은 곳에 오르려면 낮은 곳부터 단계적으로 넘어야 한다는 등고자비登高自卑라는 말이 있듯이, 장기적인 목적을 달성하기 위해서는 우선 단기적인 목표를 달성하는 즐거운 성취감을 맛보아야 한다.

'감동' 해야
'행동' 한다!

폭죽의 도화선에 불을 질러 폭발하게 하고 결국 다이너마이트의 폭발과 같은 빅뱅을 일으키는 방법, 이것이 바로 이 책의 저자가 제시하는 '길게 보고 짧게 행동' 하는 전략이다. 일련의 짧은 도화선으로 작은 승리를 이어나가는 방법이다. 변화관리 분야의 구루, 존 코터도 작은 성공 체험을 맛보게 하면서 장기적인 목표를 추구하라고 했다. 5년 또는 10년 후에 다가올 변화의 성과를 두뇌는 오랫동안 참으면서 기다리는 인내심을 발휘하지 않는다. 두뇌는 미래의 언젠가 구현될 혁신의 성과를 현실로 끌어와 가시적으로 보여주고 느끼게 하며 직접 체험하게 할수록 강렬한 성취동기와 희열감을 맛보게 된다.

두뇌는 기본적으로 익숙하지 않은 것에는 무의식적으로 저항하는 성향이 있으므로 혁신적인 아이디어일수록 직접 체험할 수 있는 익숙한 실물을 제공해야 한다. 혁신적인 사람이란 혁신적인 아이디어를 갖고 있는 사람이라기보다 혁신적인 아이디어를 혁신적이지 않은 방법, 즉 보통 사람들의 뇌가 선호하는 익숙한 방법으로 설득하고 체험할 수 있는 기회를 제공하는 사람이다.

그러므로 혁신의 실패는 혁신적인 아이디어의 부족에 기인하는 것이 아니다. 그보다는 혁신적인 아이디어를 가슴의 언어로 이야기하는 설득의 기술이 부족해서 실패하는 경우가 더 많다. 미래 지향적인 아이디어를 받아들이게 하는 가장 효과적인 방법은 그래서 기대와 흥분을 불러일으켜 뇌가 느끼는 무의식적 두려움을 긍정적인 열정으로 바꾸는 것이다. 즉 논리적 이성으로 조목조목 따져 물어보기 전에 감성적 설득과 공감 전략으로 마음을 뜨겁게 달구어 신속한 의사결정과 과감한 행동을 촉발하는 방법이다. 사람은 감동해야 행동하는 법이다.

호랑이의 비전과 소의 전략 虎視牛步

인간은 좀처럼 기존의 관행을 벗어나 과감한 변화를 추구하지 않는다. 이는 두뇌가 지니고 있는 위험 회피적인 성향 때문이다. 두뇌가 명령하는 인간행동은 변화를 거부하고 관성에 따라 움직이는 거대한 바윗돌과 같다. 정지한 것은 계속 정지하고 움직이는 것은 계속 움직이는 것이다. 즉 우리 두뇌는 안전지대 안에 머물며 가능한 한 적은 에너지를 소모하기를 바란다. 두뇌는 미래의 어느 시기에 실현될 장기적인 이점에 그다지 반응하지 않는다. 두뇌는 눈에 보일 것으로 기대되는 것만 보고, 보일 것이라 기대되지 않는 것은 모르는 척한다. 또한 우리가 보고 싶은 것은 보게 하고, 보고 싶지 않은 것은 보지 못하게 함으로써 한 시대의 흐름을 꺾을 수 있는 엄청난 빅뱅 기회를 놓치게 한다.

두뇌는 언제나 익숙한 방식으로 작동한다. 뭔가 낯선 자극이 입력되지 않으면 이제까지 썼던 방식대로만 쓴다. 위험을 회피하고 에너지를 가급적 최소한으로 쓰려는 두뇌의 본능적 성향 때문이다. 이런 두뇌의 위험 회피적인 성향 때문에 주변 물체를 볼 때도 이미 알고 있는 용도로만 생각하고 다른 잠재적 용도로 변형시켜 쓰지 않으려고 한다. 이런 두뇌의 성향을 기능적 고착Functional Fixity 현상이라고 한다.

그리하여 어떤 사물의 용도가 두뇌에 한 번 입력되면 위기 상황이나 색다른 문제에 직면해서도 사물의 기존 용도를 다른 용도로 바꾸어 딜레마 상황을 탈출하지 않으려고 한다. 그런데 이 책에서 말하는 빅뱅 혁신은 결국 기능적 고착을 넘어 새로운 기회를 찾는 것이며, 낯선 영역에서 잘 안 될 것 같은 일을 현실로 구현시키는 과정에서 일어난다.

그렇다면 어떻게 생각의 빅뱅을 일으킬 수 있을까? 생각의 빅뱅을 일으켜 이제까지와는 근본적으로 다른 창조적 파괴 혁신은 어떻게 가능한가? 빅뱅이 기존 시장을 송두리째 바꾸는 전면적인 혁신이자 근원적인 변화를 몰고 오는 것이라면, 빅뱅에 이르는 긴 도화선에 불을 붙여야 하는 것이 먼저다. 그런데 두뇌는 긴 도화선에 불을 붙이고 미래의 언젠가 실현될 잠재적 혜택을 마냥 기다리지 않는다.

여기서 말하는 긴 도화선은 단기적인 성과보다 장기적인 성장을 위해 전략적으로 투자되는 연구 개발 노력이다. 그러므로 빅뱅에 이르는 긴 도화선을 만드는 사고방식은 장기적 기회를 단기적 프로젝트로 바꾸는 방법이라 할 수 있다. 즉 단기적 성과를 지향하는 인간의 두뇌 회전 방식에 적합하게 조절하면서도 장기적 위협 요인을 사전에 차단하는 방식이다.

'호시우보虎視牛步'라는 말이 있다. 호랑이처럼 먼 미래를 내다보면서도 소처럼 우직하게 발걸음을 옮겨 마침내 꿈의 목적지에 도달한다는 말이다. 호시는 장기적인 목표나 궁극적으로 추구하는 꿈의 목적지며, 우보는 꿈꾸는 목적지에 도달하려는 전략이다. 그렇기 때문에 '호시虎視 없는 우보牛步'는 비전 없는 전략이니 무모한 발걸음이 될 것이

며, '우보牛步 없는 호시虎視'는 비전만 있고 비전을 달성하는 전략적
노력을 하지 않으니 공염불이나 몽상이 될 것이다.

모든 혁신과 창조도 장기적인 목적과 비전, 그리고 이를 달성할 수
있는 구체적인 전략과 방법이 조화를 이루는 가운데 일어난다. 혁신적
인 성과는 어느 날 갑자기 일어나지 않는다. 하인리히 법칙이라는 것이
있다. 한 번의 돌이킬 수 없는 심각한 사태(1)는 29번의 크고 작은 사고
(29)가 누적되어 나타난 것이며, 29번의 사고는 자질구레한 300번의 사
건을 방치한 결과, 즉 사건(300)이 누적되어 나타난다는 것이다. 대형
사고도 어느 날 갑자기 일어나지 않음을 반증해주는 법칙이다.

부정적인 사태-사고-사건의 연쇄고리를 나타내는 하인리히 법칙에
서 긍정적인 성취 과정도 해석할 수 있다. 즉 위대한 성취(1)-성공 체험
(29)-작은 실천(300)의 연쇄고리다. 한 번의 위대한 성취는 29번의 작은
성공 체험의 누적으로 이루어지며, 29번의 작은 성공 체험은 300번의
진지한 실천을 반복한 결과다.

위대함은 어느 날 갑자기 탄생하지 않는다. 빅뱅에 이르는 긴 도화선
도 마찬가지다. 매일매일 작은 실천을 반복하면서 두뇌로 하여금 경이
로운 희열과 성공 체험을 맛보게 하면서 29번의 작은 프로젝트를 성사
시키면 어느 순간 빅뱅이 터지는 순간을 맞이할 것이다. 빅뱅은 밑도
끝도 없는 곳에서 어느 날 갑자기 터지지 않는다. 장기적인 목적을 염
두에 두고 작은 실천을 진지하게 반복하는 길만이 빅뱅에 이르는 지름
길이다.

임계점을
만나야 한다!

원자폭탄은 연쇄반응을 일으키기에 충분한 만큼의 방사성 물질이 있어야 폭발한다. 육중한 증기 기관차도 임계점에 오르기 전까지는 꼼짝도 하지 않는다. 물도 100℃가 되기 전에는 절대로 끓지 않는다. 뭔가 생각의 빅뱅이 일어나기 이전까지는 아무런 변화를 보이지 않거나 아주 작은 조짐이나 징후만 보일 뿐이다. 그러나 더 이상 견딜 수 없는 임계점에 이르면 이전과는 근본적으로 다른 빅뱅이 일어나기 시작한다.

조직 내부의 혁신가와 빅뱅 인재의 경우도 이와 마찬가지이다. 혁신가와 빅뱅 인재들이 충분히 많이 모여 함께 일하지 못한다면 빅뱅 폭발은 일어날 수 없다. 빅뱅은 임계 질량을 요구하기 때문이다. 주역에는 물극필반物極必反이라는 사자성어가 있다. 사물이 극점에 달하면 반드시 반전을 일으킨다는 의미다. 우여곡절과 산전수전의 체험을 하면서 암중모색과 절치부심 끝에 내공이 쌓이면, 어느 순간 폭발하는 상승기류를 만난다.

조직에서 빅뱅을 일으키는 원리도 마찬가지다. 어느 날 갑자기 한꺼번에 대박이 디지지 않는다. 절박한 순간과 고비를 넘기면시 축적된 내공이 한꺼번에 폭발하는 시점에서 비로소 빅뱅이 터진다.

이처럼 모든 빅뱅은 두뇌 안에서 시작하고 끝난다. "모든 진보와 혁신은 두뇌 안에서 시작되고 끝난다. 기회를 포착하는 것, 가능성을 만드는 것, 그리고 실현의 즐거움을 맛보는 것은 모두 두뇌이다. 그러므로 혁신은, 우리 바깥이 아니라 우리 안에 존재한다."

전대미문의 변화와 혁신, 그리고 창조도 우리의 바깥이 아니라 안에서 시작하고 끝난다. 답은 언제나 밖에 존재하지 않고 안에 존재한다. 밖으로 향하는 문은 항상 넓고 안으로 들어가는 문은 언제나 좁다. 안으로 들어가는 문이 좁기에 우선 밖으로 나가보는 것이다. 답답해서 밖으로 뛰쳐나가보지만 거기에는 내가 원하는 답이 없다.

언제나 답은 내 안에서 똬리를 틀고 있다. 정확히 말하면 이 세상의 모든 답은 내 뇌에서 잠자고 있다. 잠자고 있는 뇌를 흔들어 깨우는 방법, 그것이 바로 빅뱅으로 가는 도화선에 불을 붙이는 것이다.

빅뱅으로 가는 도화선에 불이 붙으려면 무엇보다도 리더의 역할이 중요하다. 리더는 발등에 떨어진 불도 꺼야 되지만 조직을 비약적으로 성장시킬 수 있는 비전을 제시해야 한다. 그 비전을 팀원들과 공유하며 꿈의 목적지로 가는 여정을 안내해주어야 한다.

장기적 성과를 염두에 두면서도 단기적 목표를 달성하면서 팀원들과 작은 성공 체험을 나눌 줄 알아야 한다. 늘 하던 일에서 벗어나 색다른 도전을 통해 비약적인 성장과 발전을 할 수 있다는 자신감을 심어주고 과감하게 저지를 수 있는 기회와 여건을 마련해주는 일도 리더의 몫이다.

물론 이전과 다른 도전을 하다보면 실패할 수도 있고 좌절과 절망의 늪에 빠질 수도 있다. 리더는 그럴수록 실패를 통해 실력이 쌓일 수 있다는 점을 온몸으로 보여줘야 한다. 색다른 실패만이 색다른 실력을 쌓게 해줄 수 있기 때문이다.

한 시대의 흐름을 뒤집고 흔들 수 있는 '생각의 빅뱅'은 결국 일상의 업무를 소중하게 생각하면서도 남다른 방식으로 도전하는 사람만이 가질 수 있는 선물이다. 이 책은 어떤 조직이나 개인에게 긴 도화선에 불을 붙여 승리의 폭죽을 터뜨리는 길로 안내해주는 훌륭한 길잡이가 될 것이다. 그리고 '생각의 빅뱅'을 통해 비약적인 성공 체험을 맛보게 도와주는 소중한 지침서가 될 것이다.

지식생태학자 유영만
(한양대 교수)

Contents

당신이 이 책을 사면 안 되는 까닭?

이 머리말의 제목을 읽는 순간 당신의 머릿속에서는 무슨 일이 일어나고 있을까? 당신 두뇌의 한쪽이 흰 종이 위의 검은 글씨를 의미로 바꾸는 동안 두뇌의 다른 쪽은 어서 책을 내려놓고 당장 해치워야 할 일에 매달리라고 압박을 가할 것이다. 내일까지 해결해야 할 돈 문제부터 처리하라고, 쌓여가는 이메일에 답장을 쓰라고, 이력서를 업데이트하라고…….

당신이 이미 이 책을 구입했다 해도 시급히 해야 할 일에 시달리는 상황에서 책을 끝까지 읽을 가능성은 별로 없으리라. 베스트셀러 경제경영서를 구입하는 사람들 대부분이 한두 쪽도 채 읽지 못한다. 바쁘게 해치워야 할 다른 일들을 늘 끌어안고 있기 때문이다.

당신이 지금 손에 들고 있는 이 책 《생각의 빅뱅》은 바로 그렇기 때문에 의미를 가진다. 이 책은 당신의 비즈니스에서 어떻게 '빅뱅'이라는 폭발적인 결과를 빚어낼 것인가에 대해 새롭고 중요한 개념을 담고 있다. 그 개념들이 즉각적인 행동을 요구하지는 않는다. 따라서 먼저 할 일부터 생각하는 당신의 뇌는 일단 이 책을 제자리에 꽂아두고 나중에 다시 펼치라는 명령을 내릴 것이다. 물론 그 '나중'은 절대로 오지 않는다. 당신의 뇌가 그런 '나중'을 허락하지 않기 때문이다. 신경과학자인 내 말을 믿어도 좋다. 그냥 내버려두면 당신의 뇌는 시급한 일들을 처리하는 데 매달려 더 중요한 목표를 미뤄버리고 말 것이다.

이런 근시안적 행태를 너무 부끄러워할 필요는 없다. 가까운 미래에만 신경을 집중하는 성향은 진화가 우리 두뇌에 새겨 넣은 결과이니 말이다. 예를 들어 〈포춘〉이 선정한 500대 기업을 포함해 그 어떤 기업의 최고경영자도 장기적으로 사업의 판세를 바꿀 방법을 충분히 고민하지 않는다. 하루가 멀다 하고 발생하는 돌발 상황 때문에 장기적인 전환 노력이 번번이 수포로 돌아간다는 하소연만 늘어놓을 뿐이다. 그리고 오늘을 희생하지 않는 한 내일에 초점을 맞추기란 불가능하다고들 생각한다.

진보를 가로막는
뇌와 협력하는 방법

하지만 그 생각은 틀렸다. 그것은 즉각적인 위험으로 가득 찬 상황에서 인간의 수명이 20년 안팎으로 짧았던 때, 그리하여 지금 당장의 생존이 가장 중요했던 시대가 우리 무의식에 남겨둔 자취일 뿐이기 때문이다.

지금은 그때와 상황이 다르다. 요컨대 이 책은 기대 수명이 길어지고 물리적인 위험도 매우 드물어진(적어도 이 책을 구입하는 사람들에게는 그렇다) 현대 사회에서 오늘을 희생하지 않고도 내일을 설계할 수 있다는 점, 더 나아가 미래의 승리를 추구하는 것이 '지금 여기'에서 승리할 가능성 또한 높여준다는 점을 보여주고자 한다.

이를 위해서는 어떻게 고대로부터 체득되어온 우리 인간의 생존법이 당장의 위협과 기회에 모든 신경을 집중하게 만드는지, 그리고 그릇된 위기감을 조성하는지부터 파악해야 한다. 이를 파악하고 나면 우리는 진보를 가로막는 우리 뇌에 맞설 수 있다. 그러나 이 책은 그저 우리의 뇌를 적으로 삼아 물리치는 데서 그치지 않을 것이다. 이 책은 긴 도화선을 만드는 데 성공한 생생하고 흥미진진한 사례를 바탕으로 어떻게 우리의 뇌를 중요한 조력자로 삼아 성공과 혁신을 이루어낼 것인지도 모색하고자 한다.

이 책에 소개된 많은 사례 중 일부는 신경과학자, 우주항공 기업의 관리직, 디즈니 이매지니어링 임원, 정보기구 부서장을 거친 나의 다채로운 경험에서 비롯된 것이다. 이와 함께 할리 얼, 샘 월튼, 루 거스너, 장 모네, 스티브 잡스 등 다양한 분야의 역사적인 인물들도 빅뱅 창조의 사례로 등장하여 흥미로운 읽을거리를 제공할 것이다.

지금 당장 눈앞의 일을 해치워야 한다고 주장하는 당신의 뇌를 진정시키고 이 책의 첫 장을 펼쳐볼 짬을 낸다면, 당신 또한 성공적인 사례를 쓰는 한 명이 될 수 있다. 이 책의 페이지를 넘기는 일은 성냥불을 켜는 것과 같다. 말하자면 이것은 그리 멀지 않은 미래에 빅뱅이 터지도록 긴 도화선에 불을 당기는 일이다.

우리 뇌에 새겨진
단기 지향성을 극복하라

긴급한 사안들의 압제에 눌려 정작 중요한 일을 추진하지 못하는 경우가 너무도 많다. 일상적인 전투가 장기적 목표와 기회를 가로막는 것이다. 당장의 작은 목표를 제외하고는 무엇에도 집중하지 못하게 만드는 방해 요소가 주변에 넘쳐난다. 게다가 우리 두뇌는 단기적 성공과 당장의 보상에 반응하도록 맞춰져 있다. 고대의 각본에 철저히 지배딩하는 꼴이다.

감정, 행동, 인식의 대부분은 의식적 선택이 아니라 신속하고 자동화된 행동이다. 우리 두뇌가 어떻게 의사결정을 내리는지 이해한다면 그 선택이 올바른지 판단하고 가장 유익한 방식으로 행동하게끔 우리 뇌를 길들일 수 있다. 그러므로 두뇌의 단기 지향성을 극복하고, 긴 도화선에 불을 붙여 장기적 기회를 발견하며, 혁신적인 제품 및 서비스로 광활한 새 시장을 여는 일도 분명히 가능하다.

까마득한 **옛날**에 만들어진 **각본**

반군의 대공 미사일을 피하기 위해 우리 블랙호크는 낮은 고도를 유지하며 사막을 가로질러 빠르게 날았다. 목적지는 남쪽의 힐라, 고대 바빌로니아 지역이었다. 나는 아래쪽에 펼쳐진 황량한 대지를 좀더 잘 보고 싶어 안전벨트를 조정했다. 헬리콥터 출입구는 열린 상태였다. 차가운 바람이 거센 소리를 내며 기체 안으로 몰아쳐 들어와 대화는 불가능했다. 하지만 출입구가 열려 있는 덕분에 사수들은 언제든 사격이 가능했고 나도 이라크 풍경을 만끽할 기회를 얻을 수 있었다. 나는 이곳저곳을 유심히 살피며 전쟁에 대해 생각했다.

2004년 당시, 미국 정보기구에서 일하던 나는 날로 위협이 가중되고 있는 급조폭발물IED 격퇴 방안을 마련하기 위해 3주 동안 전투지역으로 파견된 참이었다. 길가폭발물이라고도 불리는 IED 공격은 전쟁이 발발한 지 1년이 되어가는 시점에 이르러 횟수나 파괴력 면에서 날로 발전하는 추세였고 연합군의 피해도 커졌다.

나는 점점 더 정교해지는 반군의 급조폭발물 제작 기술에 대처할 방법을 연구하는 팀에 투입되었고, 그곳의 과학자들을 지휘하는 임무를 맡았다. 하지만 눈 아래 펼쳐진 역사적인 땅을 바라보며 나는 그 오랜 역사의 힘이 우리에게 결국 일시적인 성공만을 허락하지 않을까 하는 의구심이 들었다. 그 지역 사람들은 2000년이 넘는 세월 동안 침략군에 대항해 싸움을 벌여왔다. 현재도 반군은 저항의 고삐를 늦출 기미가 전혀 없었다. 더욱이 급조폭발물 사용 기법은 스페인 게릴라들이 나폴레옹 군대를 공격하기 위해 길가에 화약통을 묻었던 19세기 초 이래 계속 발전해온 상황이었다. 북아일랜드로부터 레바논에 이르는 각지의 반군들도 마찬가지로 급조폭발물을 통해 자기들보다 훨씬 규모가 크고 무장도 잘 된 군대를 제압해오고 있었다.

나폴레옹의 스페인 점령 이후 반군 전사들이 익힌 교훈 중 하나는 공격의 시간, 장소, 방식을 변화시킴으로써 상대의 허를 찔러야 한다는 것이었다. 이라크 극단주의자들 역시 그 교훈을 신속히 터득했다. 전쟁 초기에 연합군이 땅을 파낸 흔적을 보고 급조폭발물을 찾아내자 반군은 곧 길가 풀숲이나 속이 빈 도로 경계석, 심지어는 동물 사체에 폭발물을 감추기 시작했다.

나는 그때 이런 생각을 했다. '우리가 당면하고 있는 문제는 최신 급조폭발물이 아니야. 2000년에 걸친 이곳의 문화, 그리고 200년이 넘는 급조폭발물의 역사이지.' 우리 팀을 비롯해 연합군은 반군의 공격 행동에 1차 대응하고, 여기에 다시 반군이 대응하면 2차 대응하는 식의 나선형 행동을 전쟁이 끝날 때까지 반복하게 될 터였다. 정작 필요한 것은 그런 즉각적이고 순간적인 대처가 아니라 급조폭발물 게임 방식의 근본적 변화, 다시 말해 우리 쪽에 승기를 잡아줄 변화였음에도 말이다.

흙으로 지은 오두막이 늘어선 작은 마을 위를 지나갈 무렵, 염소 떼를 모는 한 여인이 보였다. 짙은 보라색 부르카 차림이었는데 그 선명한 색깔이 주변의 누런 빛깔의 사막과 극명한 대조를 이루었다. 여인은 고개를 들더니 미소 지으며 손을 흔들었다. 문득 이라크 사람이라고 모두 우리를 미워하지는 않는다는 생각이 들었다. 갑자기 오싹해졌다. 우리 과학자들이 잘못된 접근을 하고 있다면, 상대가 우리를 죽이려 했던 것이 아니라면 어떻게 하지? 급조폭발물에 맞서기 위한 기술 개발보다 이 질문에 답하는 일이 더 시급하지 않을까?

행동의 동기를 파악하는 것

군 정보기구의 기본 목표는 두 가지로 요약된다. 외국 군대의 의도를 파악하는 것, 그리고 그 능력을 알아내는 것이다. 외국의 적들은 무엇을 얻어내려 하며 이를 위해 어떤 수단을 사용할 것인가?

내가 이끄는 과학자들은 급조폭발물의 성능에 관심을 집중했지 그것을 사용하는 극단주의자들의 의도는 살피지 않았다. 만약 폭발물 재료를 사들여 조립하고 설치해 점화하는 각 개인의 의도를 이해할 방법이 있다면 그들에게 애초부터 우리를 공격하지 말라고 설득할 수 있었을까? 그러면 우리 과학자들도 반군의 급조폭발물 기술에 대항하기 위한 끝없는 싸움에 휘말리지 않을 것이며, 적과 우리의 대응이 나선형으로 무한 반복되는 일도 없지 않았을까?

정보기구(이는 CIA, NSA, 각 군의 정보부대 등 총 16개에 달했다)들은 지정학적, 경제적 관점에서 반군의 의도를 파악하려 했다. 그리고 반군의 급조폭발물 사용에는 지하드 이데올로기부터 생계 수단에 이르는 다양한 이유가 깔려 있다는 결론을 내렸다. 하지만 행동과학의 측면에서 반군이나 이슬람 급진주의자와 맞서는 전쟁을 심도 있게 다룬 연구라든가 행동의 동기를 파악해 상대를 이해하도록 만들어주는 연구 성과는 제대로 나와 있지 않은 형편이었다.

보라색 부르카의 여인이 점처럼 작아지는 동안 나는 생리심리학 박사학위 과정에서 공부했던 사회심리학과 인류학에 대해 생각했다. 생리심리학은 두뇌가 느끼고 지각하고 학습하고 생각하는 방식을 다루는 학문이다. 인간의 지각과 동기를 이해하고 고착화된 행동을 변화시키기 위해 과학은 무엇을 해왔을까? 사람들이 폭력을 선택하는 이유는 무엇일까? 폭력을 거부하도록 설득하는 일이 가능할까?

이 마지막 질문은 최근에 읽은 이라크, 메소포타미아, 중동 등을 다룬 역사서를 떠오르게 했다. 이 지역은 페르시아, 알렉산더 대제, 파르티아, 터키, 제1차 세계대전 이후의 영국에 이르기까지 외세의 점령을 받아야 했다. 점령자들은 이 지역의 반발과 폭력을 어떻게 제압해왔을까? 원주민들은 외세의 점령을 어떻게 극복했을까?

행동과학이나 역사에서 답을 찾을 수 있을까 고민하려는 찰나, 헬기 우현 300미터 거리에 있는 작은 집 창문에서 주황색 불빛이 깜박이는 것이 보였다. 2월에, 그것도 이라크에서 할로윈 놀이라도 하는 걸까?

묘한 일이었다.

그때 두뇌보다 먼저 내 신체가 반응했다. 심장이 쿵쾅거리고 위장이 조여왔다. '저건 총부리야! 우리를 겨냥하고 있는 거라고!' 나는 더듬거리며 통신 스위치를 찾아내 마이크에 대고 외쳤다. "오른쪽, 오른쪽에서 누군가 우리를 조준하고 있는 게 아닌가요?" 나는 대답을 기다리는 동안 방탄복 조임쇠를 여미고 헬멧을 썼다. 잠시 후 대답이 나왔다.

"알겠습니다, 박사님." 조종사가 말했다. 하지만 그 대화를 분명히 들었을 우현 사수는 총을 쏘지 않았고, 헬기도 방향이나 고도를 바꾸지 않았다. 문제의 작은 집이 시야에서 사라지자 다시 조종사의 목소리가 들렸다. "저놈들은 늘 무차별 사격을 해댄답니다, 박사님." 무차별 사격은 걱정할 일이 아니고, 따라서 다시 주황색 불빛을 보더라도 입 다물고 있으라는 뜻이었다. 하지만 나는 또 다른 '할로윈 불빛'이 없는지 확인하기 위해 힐라로 가는 내내 눈을 부릅떠야 했다. 그 사이 메소포타미아 역사에 대한 생각은 사라져버렸다.

'소프트 사이언스'의 힘

그 후로 2년쯤 지나 나는 정보기구의 과학기술국장이라는 새로운 직무를 맡으면서 다시 행동과학을 생각할 여유가 생겼다. 힐라로 향하는 헬리콥터에서 떠올랐던 의문을 파헤칠 기회도 얻었다. 아브 그라이브 교도소에서 일어난 죄수 고문학대 사건으로 이라크인들의 마음을 얻기가 극히 힘들어진 상황에서 나는 정보 추출Educing Information 프로젝트를 출범시켰다. 수십 년 동안 군대, 경찰, 정보기관에서 이루어진 조사 경험을 바탕으로 인간적이면서도 효과적인 정보 수집 방법을 찾아내는 프로젝트였다.

또한 나는 문화인류학자와 행동과학자들을 외부 자문위원으로 위촉해 '소프트 사이언스' 프로젝트를 수행토록 했다. 정보기구가 인간적 측면을 한층 잘 다룰 수 있도록 하려는 의도였다. 이러한 사업들은 가시적 성과를 내기 어렵고 성과가 나온다 해도 몇 년이 걸릴 것이었다. 그럼에도 나는 테러와의 전쟁에서 행동과학이 '하드 사이언스' 보다 훨씬 더 크게 공헌하리라 확신했다. 하드 사이언스는 고지를 점령한다든지 도로를 방어하는 전투 상황에서 효과적이다. 그러나 평화 협상을 이끌어내거나 조건 없는 항복을 받아내는 데는 소프트 사이언스가 큰 힘을 발휘하게 된다.

심리학, 문화인류학, 정치학 등으로 이루어진 소프트 사이언스는 어째서 사람들이 폭력에 의존하게 되는가 하는 질문부터 탐색해 들어간다. 부족 고유의 정의관념 때문에 복수를 꿈꾸는가? 문화권에 따라서는 죽느냐 사느냐를 결정할 만큼 중요한 명예가 훼손된 탓인가?

소프트 사이언스는 여기서 더 나아가 비폭력적인 해결책까지도 모색한다. 예를 들어 어떤 문화권에서는 가족 구성원이 이방인에게 죽임을 당하면 복수를 해야 한다. 하지만 그 이방인이 남은 가족의 명예를 살려주고 경제적 보상을 한다면 복수를 피하고 살아남을 가능성이 커진다. 잠재적인 적수의 행동 동기와 의도를 미리 인정함으로써 그 위험을 대폭 줄이는 셈이다.

이와 대조적으로 물리학, 공학, 화학 등의 하드 사이언스는 이미 발생한 테러리즘에 대처하는 데 초점을 맞춘다. 병증을 치료하기보다는 처치하는 데 가깝다. 예컨대 극단주의자들이 테러 전술을 채택했다면 하드 사이언스는 고성능 망원경으로 테러 훈련 캠프를 탐지할 것이다. 신경가스가 사용되었다면 화학물 감지기를 작동시켜 가스의 종류와 살포 지역을 찾아낼 것이다. 하드 사이언스는 이렇게 테러 훈련 캠프를 파괴하거나 신경가스 해독제를 제공하여 분명히 피해를 줄일 수 있다. 하지만 이미 존재하는 문제에 대처할 뿐 그런 문제가 아예 발생하지 않도록 막지는 못한다. 그것은 소프트 사이언스만이 할 수 있는 일이다.

인간적인 영역

우리와 같은 결론에 이른 기관들은 또 있었다. 미국 국방부의 정책과학 자문을 맡은 과학자와 공학자들로 이루어진 국방과학 위원회는 2006년에 발간한 보고서에서 '인간적인 영역human terrain'에 대한 연구를 국방과학 분야의 최우선 순위에 놓았다. 이라크, 아프가니스탄 등지의 전쟁에서 그 바탕이 되는 문화, 심리, 인류학적 측면을 이해하고 접근할 필요성을 강조한 것이다. 그 보고서가 나온 이후 국방부는 사회과학과 행동과학 분야의 연구 지원을 대폭 늘렸다. 그리고 언어학자와 인류학자로 이루어진 인간적인 영역의 전문가로 꾸려진 팀이 군에 배치되어 현지 주민들과의 상호작용을 돕도록 하였다.

이라크 전쟁에 참전했던 내 동료들 대부분은 2007년과 2008년에 급조폭발물 사고가 급감한 것이 연합군 병력의 증강보다는 이라크 문화와 부족 특징에 대하여 인지하고 배려한 덕분이었다고 본다. 2007년에 연합군 사령관을 맡았던 페트레이어스Petraeus 장군은 현지에서 역사적으로 영향력을 행사해온 부족장들과 협력할 것을 강조했다. 그리하여 대규모 기지에서 각 지역으로 군을 분산 배치하는 과정에서 연합군은 이리그 정부 및 각 부족과 긴밀히 협력하였고, 그 결과 안전과 신뢰를 모두 확보할 수 있게 되었다. 지역 주둔군 기지는 해당 지역의 안전을 강화해주고, 시민들은 반군을 지지하며 차츰 무기를 손에서 놓게 되었다. 이는 다시 안전 강화로 이어졌고, 이라크인들은 반군 대신 연합군을 지지하기 시작했다.

페트레이어스 장군은 모술Mosul에서의 경험을 바탕으로 2006년, 혁

Track 01 우리 뇌에 새겨진 단기 지향성을 극복하라

신적인 반군 대항 계획을 수립하였다. 반군을 잡아 죽이는 데 중점을 두는 활동은 지역 주민과의 괴리감을 가져오기 쉬우므로 시민에 대한 배려를 작전의 중심에 둔다는 것이었다. 시민의 신뢰를 얻어야 승리할 수 있다는 이 전략은 과연 성공적이었다.

소프트 사이언스가 이라크와 사우디아라비아에서 마침내 이루어낸 성과를 보면서 나는 2년 전 힐라로 향하는 헬리콥터에서 처음 떠오른 의문을 2년 동안이나 방치했던 것이 후회스러웠다. 심리학자로서 나는 문제의 표면 증상이 아닌 수면 아래 깊은 곳을 바라보도록 훈련 받아왔다. 하지만 결국 테러리즘의 눈에 보이는 증상, 즉 급조폭발물에만 정신이 팔려 있었다. 당장의 문제에 집중한 대가로 더 중요한 것을 놓치고 만 것이다.

행동과학이 테러리즘을 크게 줄이려면 어쩌면 몇 년의 세월이 더 흘러야 할지도 모른다. 그러나 소프트 사이언스는 상대적으로 단시간 내에 성과를 볼 수 있지만 단기적인 하드 사이언스와 비교해 그 영향력이 훨씬 깊고 길다. 급조폭발물 문제에 있어 소프트 사이언스는 하드 사이언스보다 테러리즘에 대항하는 긴 도화선이라 할 것이다. 그리고 그 긴 도화선은 훨씬 더 거대하고 위대한 빅뱅을 터뜨릴 수 있다.

생각의 빅뱅

혁신을 받아들이는 시간

테러와의 전쟁에서 하드 사이언스가 상대적으로 더 작은 규모로 더 짧은 기간 동안 효과를 내는 반면 소프트 사이언스는 장기적인 성과를 낸다는 점, 이는 사실 어떤 종류의 도전에서든 볼 수 있는 중요한 차이이다. 어떤 문제가 되었든 빠른 시간 내에 일시적인 효과를 가져오지만 근본적인 해결은 할 수 없는 조치가 있다. 이와 달리 적용하려면 시간이 오래 걸리지만 결국 문제를 사라지게 만들어주는 근원적 방법도 있다.

예를 들어 우리 몸에 위궤양이 생겼다고 하자. 제산제를 먹으면 몇 분 안에 증상이 가라앉는다. 하지만 의사의 진료를 받고 필요한 검사를 한 후 몇 주 동안 항생제를 복용하면서 궤양을 일으킨 박테리아를 죽이는 방법도 있다. 또 다른 예를 들어 만약 당신이 자녀의 대학 등록금을 충당할 만큼 저축을 할 수 없는 형편이라면 어떻게 할까? 몇 달 동안 직업을 바꿔 10퍼센트를 더 벌면서 그것으로 어떻게 충당되기를 바랄 수도 있지만 야간 대학교를 다니면서 몸값을 두 배 높이는 방법도 있다.

마찬가지로 기관지가 급격히 나빠진 애연가는 담배를 줄여 기침 증세를 완화할 수도 있지만 담배를 완전히 끊어버림으로써 수명을 몇 십 년까지 늘릴 수 있다. 작은 조정은 작은 성취를 낳고, 더 긴 시간 동안의 노력은 더 크고 오랜 성과로 이어지는 것이다. 그렇다면 누구나 후자를 원하지 않겠는가?

진화에서 혁신으로 가는 길

사실 이러한 작은 그림과 큰 그림의 문제는 기업들의 당면 과제이기도 하다. 전후 일본에서 오토바이 발전기 엔진 제작업체로 출발한 혼다의 경우를 보자. 혼다는 지속적으로 발전기 엔진을 업그레이드하여 회사 매출을 늘려나갔지만, 진정한 도약은 혁신적인 엔진을 만들어내고 자동차 산업의 발전 흐름에 동참하여 세계 5위의 자동차 회사로 부상하면서 찾아왔다. 타코벨도 마찬가지다. 타코벨은 매출 급감 추세를 만회하기 위해 업무 흐름을 수정하다가 결국 기존의 개별화된 엄격한 관리감독 체계를 버리고 업무 자동화 체계를 확립한 뒤에야 연 매출을 5억 달러 높일 수 있었다.

이들 사례에서도 볼 수 있듯이 기업이 주력 제품이나 업무 과정을 바꾸는 데는 몇 달이 아닌 몇 년의 시간이 걸렸다. 그리고 그러한 변화로 기업의 비즈니스 유형 자체가 바뀌었다. 혼다가 소형 발전기 엔진 개조 전문업체에서 세계 유수의 자동차 제조업체로 거듭났고, 타코벨이 느릿느릿 움직이는 산업시대 기업에서 정보화시대의 민첩한 기업으로 변신한 것처럼 말이다. 이러한 혁신적 변신에는 당연히 시간이 걸린다. 여러 사람들과 조직의 조화로운 노력이 필요하기 때문이다.

급진적인 개혁은 조직 문화에 고통을 주고 간혹 소모적인 변화를 야기하기도 한다. 컴퓨터 본체에서 좀더 수익성 높은 정보기술 서비스로 중심 업무를 옮김으로써 식상해지고 있는 컴퓨터 업계의 거인을 구해낸 IBM의 최고경영자 루 거스너Gertsner는 이렇게 말한 바 있다. "가장 어려운 도전은 IBM에 뿌리박힌 문화, 즉 '끝까지 파헤치려 하는' 엔지니어와 '행동하기보다 군림하는' 관리자들을 극복하는 것이었다."

실제로 심사숙고보다는 신속성, 내부 정치보다는 고객과의 소통, 영역 싸움보다는 부서를 초월한 협력을 강조하며 새로운 보상 체계를 만들어내는 혁신을 이루고 마침내 기업문화를 바꾸기까지 IBM은 적지 않은 시간을 투자해야 했다. 루 거스너의 사례가 보여주듯이, 때로는 혁신의 방향과 내용을 결정하는 일보다 혁신적 아이디어를 사람들이 받아들이도록 하는 일이 더 오랜 시간을 필요로 하기 때문이다.

호주의 의사들인 배리 마셜Marshall과 로빈 워런Warren은 위궤양의 원인이 과노한 위산 분비가 아닌 박테리아라는 강력한 증거를 1982년에 발견했다. 하지만 보수적인 의사들을 설득하는 데 이후 10년이란 시간을 바쳐야 했다. 그동안 마셜은 스스로 헬리코박트 파일로리 균에 감염되는 실험까지 해보였다. 결국 마셜과 워런은 노벨상을 수상했고 이후 의사들은 제산제가 아닌 항생제로 위궤양을 치료하기 시작했다.

제1차 세계대전 이후 전쟁 포로와 피난민들의 본국 송환을 위해 불굴의 인도주의적 노력을 기울여 역시 노벨상을 수상한 사람이 있다. 바로 북극탐험가 프리드쇼프 난센Nansen이다. 그는 긴 도화선과 빅뱅의 관계를 이렇게 요약한 바 있다. "어려운 일을 하려면 시간이 걸립니다. 불가능한 일은 그보다 조금 더 시간이 걸립니다."

우리 **뇌**의 **선택**은 올바른가

우리 주변에는 워낙 방해 요소가 많다. 그리하여 당장 시급한 목표 외에는 도무지 집중할 수 없을 때가 많다. 힐라로 향하는 헬리콥터 안에서 내가 테러리즘에 대한 행동과학적 접근을 생각했지만 공격을 받아 죽을 수도 있다는 두려움에 그 생각이 순식간에 사라져버린 것처럼 말이다. 물론 삶과 죽음이 결정되는 긴박한 상황을 우리 일상에 적용하기에는 다소 극단적인 면이 있는지도 모르겠다. 하지만 그 극단성이 오히려 인간의 뇌가 일상적인 방해 요소에 어떻게 반응하는지 더 잘 드러내주기도 한다.

'할로윈 불빛'이 실은 총구였음을 깨달았던 그 순간 나는 심장박동이 빨라졌고 위장이 조여들었다. 치명적인 위협에 맞서 싸울 것인지, 아니면 도망칠 것인지 선택해야 하는 상황에서 혈액에 더 많은 양의 아드레날린을 집어넣으라는 두뇌의 명령이 만들어낸 생리적 반응이었다.

싸우기-도망치기 반응은 수백만 년 동안의 진화를 거쳐 우리 신경

체계에 굳건히 자리 잡은 것이다. 우리의 아득히 먼 선조들이 맞닥뜨리곤 했던 방해 요소는 생명을 위협하는 경우가 많았고, 따라서 여차하면 아드레날린을 분비하는 편이 훨씬 안전했다. 잠재적 위협에 과도하게 반응하여 약간의 에너지를 낭비하는 편이 과소반응을 보여 호랑이 밥이 되는 것보다는 나았으니 말이다.

달리 말하자면 지난 수천 년 동안의 인류 진화 과정에서는 단기적 성공이 장기적 성공을 틀림없이 이끌어냈다는 것이다. 그에 비해 우리 시대는 이제 치명적인 위협에 당면할 일이 거의 없다. 그렇다면 우리 두뇌가 싸우기-도망치기 반응을 좀더 신중하게 일으켜야 마땅하다. 그럼에도 20만 년 전 구석기 시대 아프리카에 처음 호모 사피엔스가 등장한 이래 인간의 두뇌는 별로 변하지 않았다.

아득히 먼 옛날로부터 우리 인간의 두뇌가 얼마나 변하지 않았는지를 몸으로 느끼고 싶은가? 그럼 연봉 삭감 소식을 접했을 때 우리 신체가 보이는 반응을 상상해보라. 위협을 감지한 두뇌는 신속히 혈액에 아드레날린을 보낸다. 근육에 힘이 들어가고 호흡이 가빠지며 심장박동도 빨라진다. 연봉 삭감은 맞서 싸우거나 도망쳐야 할 맹수가 아니지만 여전히 구석기 시대에 머물러 있는 두뇌는 그렇게 인식한다. 연봉 삭감 따위는 없었던 시대, 대부분의 위협은 맹수였던 시대에 아직도 그대로 멈춰 있기 때문이다.

급작스러운 아드레날린 분비로 인해 우리의 관심과 에너지는 모두 연봉 삭감이라는 사안에 집중된다. 덜 시급하지만 훨씬 더 중요한 다른 문제들은 이제 제쳐두게 될 것이다. 당장의 위협을 처리하는 데 관심과 에너지가 집중되는 상황은 의식적으로 나타나는 것이 아니다. 의식하

생각의 빅뱅

려면 생각해야 하는데 생각하려면 시간이 걸리고, 시간을 끌다가는 도망칠 기회가 사라질 수 있기 때문이다.

장기적인 성공을 선택하는 뇌

우리의 두뇌는 하나가 아니다. 최소한 두 개다. 우리가 알고 있는 두뇌, 즉 인식하고 생각하고 계획하고 결정하고 행동하는 신피질이 그중 하나이다. 신피질은 비교적 최근에 진화한 부분으로 대부분의 의식적인 행동이 여기서 나온다. 두뇌를 나타낸 그림에서 구불구불한 관들이 얽혀 있는 부분의 표면이 바로 신피질이다. 두뇌 아래쪽의 뇌간, 그리고 대뇌반구 뒤쪽의 콜리플라워처럼 생긴 소뇌를 제외하고 눈에 보이는 두뇌는 모두 신피질이다.

그런데 신피질과 완전히 분리된 또 다른 두뇌가 있다. 생각의 속도보다 더 빠르게 작용하면서 당장의 위협에서 당신을 지켜주는 두뇌이다. 신경회로로 구성된 이 두 번째 두뇌는 신피질 아래 깊숙한 곳에 자리 잡은 신경세포와 신경섬유들로 이루어진 변연계이다. (두려움에 반응하는) 편도체, (쾌락 중추인) 측좌핵, (기억을 저장하는) 해마 등을 포힘하는 신경구조인 변연계는 호모 사피엔스가 출현하기 전인 수천만 년 전부터 우리 선조들에게 존재했다. 호흡, 혈압, 심장박동 등 생명 기능을 통제하는 뇌간의 신경세포들은 그보다 더 오래된 존재이다. 다시 말하지만 이들 오래된 세포들은 우리가 의식하지 못하는 동안 맡은 일을 충실히 해낸다. 우리는 심장이 더 빨리 뛰도록, 혈압이 스스로 더 높아지도록 조절해본 적이 없지 않은가?

우리의 감정, 행동, 인식의 대부분은 우리 인식이 선택한 것이 아니다. 두뇌에서 무의식 중에 신속하게 나타나는 반응의 결과이다. 미래의 큰 성공보다는 현재의 작은 성과를 선택하면서 비생산적으로 움직이기 일쑤인 우리 두뇌를 넘어서려면 이 점을 반드시 이해해야 한다. 안 그랬다가는 아무런 의문이나 점검 과정 없이 그저 이성적이고 냉철한 선택이려니 생각하면서 받아들일 수 있기 때문이다.

두뇌가 어떻게, 그리고 왜 특정한 선택을 하는지 이해한다면 그 선택이 올바른 것인지 다시 검토할 수 있다. 그리고 필요하다면 두뇌를 설득해 다른 방향으로 움직이게 할 수도 있다.

지금, 혹은 **나중**을 **선택**하게 되는 이유와 방법

고대로부터 우리 두뇌가 자동적으로 움직여온 방식, 나중에 많이 얻는 것보다 지금 당장 조금 얻는 쪽을 택하는 방식에 초점을 맞추는 새로운 연구 분야가 있다. 신경경제학neuroeconomics이다.

대표적인 신경경제학 실험은 다음과 같다. 대학생들에게 두 가지 현금 보상 중 하나를 선택하게 한다. 하나는 즉시 지급받는 보상이고, 다른 하나는 시간이 조금 흐른 후에 얻는 보상이다. 그리고 서로 다른 시점에 주어지는 현금 보상 중 대학생들이 무엇을 선호하는지 체계적으로 비교함으로써 피험자들이 지연된 만족을 참아내는 정도를 측정하게 된다. 간단하게 말하자면 당장 10달러를 받겠다는 학생이 다음 날 11달러를 받겠다는 학생보다 월등히 많다.

이는 얼핏 보기에는 비논리적인 선택으로 여겨진다. 하루가 지연됨으로써 안게 되는 인플레이션 위험이나 이자 소득의 손실을 감안한다

Track 01 우리 뇌에 새겨진 단기 지향성을 극복하라

해도 내일의 11달러가 오늘의 10달러보다는 더 가치가 있다. 실험자나 학생이 11달러를 주고받기 전에 사망할 위험도 그리 높지 않다.

하지만 구석기 시대의 관점에서 파악하면 학생들의 선택은 비논리적이지 않다. 그 옛날의 인간들은 사냥을 하고 각종 뿌리, 풀, 열매, 벌레 등을 채집해 먹고 사는 떠돌이 생활을 했다. 다람쥐나 새와 달리 인간은 미래를 위해 먹이를 저장하지 않았고, 먹을 것이 있으면 즉각 먹어치웠다. 경쟁자인 다른 인간이나 동물들에게 먹이를 빼앗기지 않으려면, 혹은 먹기 전에 죽임을 당하지 않으려면 그것이 최선이었다. 게다가 먹을 것을 안전한 장소로 옮겨 저장하려면 에너지가 필요했는데, 하루하루 간신히 연명하는 데 급급한 인간에게 그런 에너지는 사치와 같았다. '먹고 마시고 즐거워하라. 내일이면 죽을지 모르니'라는 성경 구절은 후대에 생긴 것이지만 고대를 산 우리 선조들에게 딱 들어맞는 말이기도 했다.

우리 선조들의 의사결정에서 핵심적으로 작용한 요소는 내일 어떤 일이 일어날지 모른다는 극단적 불확실성이었다. 그토록 위험도가 높은 환경에서는 오늘의 삶에 에너지를 모두 집중시키는 사람이 생존할 가능성이 높았다. 위험을 감수하고 나중에 더 많은 것을 갖기 위해 오늘 적은 것에 만족하는 경우, 그 기대가 충족될 가능성은 낮았다. '나중'은 영원히 오지 않을지도 몰랐으니까.

진화는 그렇게 우리에게 인내를 빼앗아갔다. 인내가 사라진 상황의 예를 찾기는 그리 어렵지 않다. 2008년에 몰아닥친 금융 위기를 맞아 각국 정부는 경기 하락이 경기 침체 상황까지 악화되지 않도록 하기 위해 막대한 규모의 장기 부채를 떠안았다. 단기적 경기 부흥 조치였다.

신규 부채는 기존의 부채에 더해져 미래 세대에게 인플레이션 압력을 가할 것이 뻔했다. 급증한 국가 부채가 야기할 초인플레이션hyperinflation 과 통화가치 하락은 애초의 경제 위기 상황보다 한층 더 심각한 상황을 야기할 수 있었다. 하지만 그런 장기적인 경제 전망은 일단 관심 밖이었다. 높은 실업률과 고유가 같은 '지금 여기'의 시급한 문제들이 정치적 압박을 가하는 현상이 더 중요했다.

'내일 일은 어떻게든 될 것'이라는 단기적 본능 덕분에 우리는 천문학적 재정적자를 쌓아왔고, 장기적 결과는 염두에 두지 않은 채 천연자원을 마구 소비했다. 화석 연료가 지구 온난화를 가져온다는 주장은 석유 사용량의 급증 추세 속에서 묻혀버렸다. 아마도 1900년에서 2100년 사이를 살다 가는 얼마 안 되는 세대가 지구상 석유의 대부분을 소비할 것이다. 다음 세대는 연료뿐 아니라 비료, 플라스틱, 각종 약품의 원료를 잃어버리게 되었다. 뉴질랜드의 모아새, 북미의 맘모스 등 자신의 먹잇감을 멸종 상태에 몰아넣는 선사시대 동물의 성향을 연구한 박물학자 팀 플래너리Flannery는 이를 두고 인간이 '미래를 먹어치우는 존재'라는 결론을 내리기도 했다.

실제보다 여섯 배나
위험해 보이는 미래

신경경제학 연구는 우리가 얼마나 참을성이 없는지를 밝히면서, 동시에 우리 선조들이 미래가 얼마나 위험하다고 생각했는지까지 보여주고 있다. 하버드 대학교 경제학과 교수이

자 신경경제학자인 데이비드 레입슨Laibson은 가까운 미래가 매우 위험하다는 무의식적 믿음 때문에 우리가 장기적 보상을 얼마나 폄하하고 있는지 계산한 바 있다. 이를 위해 실제 소비자들이 신용카드 대출, 은퇴 자금을 위한 투자, 미래를 위한 저축 등의 경제 활동에서 행하는 선택들이 자료로 수집되었다. 그런데 극단적으로 높은 이자를 용인하는 소비자의 행동은 인플레이션 등의 요인으로 미래 화폐의 가치가 30퍼센트 하락한다는 무의식적 가정에 기반하고 있었다.

하지만 레입슨의 연구에 포함된 기간 동안 화폐 가치는 연간 5퍼센트 가량 하락했다. 소비자들은 보상을 미래로 연기하면 그 여섯 배인 30퍼센트가 하락한다고 지레짐작했던 것이다. 잡아먹거나 잡아먹히거나 하는 갈림길에서 진화한 우리 인간의 사고 속에서 미래는 실제보다 여섯 배나 더 위험하게 여겨지는 셈이다.

현재와 미래의 선택에 대해 연구한 레입슨과 동료들은 자신들의 작업을 신경경제학이라 불렀다. 의사결정을 내리는 피실험자의 두뇌행동을 드러낸다는 의미였다. 신경경제학자들은 어째서 사람들이 비이성적인 선택을 하는지 두뇌 안쪽을 들여다봄으로써 알 수 있다고 믿는다. 이들은 기능성 자기공명영상 장치이하 fMRI; functional Magnetic Resonance Imaging를 통해 피험자의 데이터를 모은다. fMRI는 서로 다른 실험 조건에서 뇌의 어느 부분이 가장 활성화되는지를 고해상도로 나타낸다. 예를 들어 피험자가 손가락을 움직였다면 두뇌의 어떤 부분이 그 움직임을 지시했는지 알 수 있다.

레입슨과 프린스턴 대학교의 새뮤얼 맥클루어McClure는 '당장 혹은 나중' 선택을 내리는 피험자의 변연계와 신피질이 어떻게 움직이는지

fMRI로 관찰한 바 있다. 당장의 보상이 제공될 때는 변연계에 불이 켜졌다. 잠재적 보상이 지연되는 경우 변연계의 활동이 줄어들었다. 이는 '감정적인' 변연계의 강력한 반응이 당장의 보상을 선택하도록 만든다는 뜻이다. 맛있는 식사를 대접 받게 되었을 때 다이어트를 하루 미룬 적이 있는가? 그렇다면 당신은 변연계의 작용을 몸으로 경험한 셈이다.

fMRI 연구는 또한 외측 안와전두피질이하 LOFC; lateral orbitofrontal cortex과 같이 좀더 최근에 진화한 신피질의 차별화된 기능을 보여주었다. LOFC는 분석적 판단에 작용한다고 여겨진다. 현금 보상이 즉각적이든 지연된 것이든 LOFC는 강한 반응을 보였다. 레입슨과 맥클루어는 이 결과를 바탕으로 최근에 진화된 두뇌의 어떤 부분은 시간적 요소에 관계없이 긍정적인 제안에 반응한다는 해석을 내놓았다.

반면 변연계는 즉각적인 보상에만 작용한다. 즉각적인 보상의 가능성이 줄어들면 감정적인 변연계가 조용해지고 대뇌피질이 좀더 '논리적'인 의사결정을 내리는 이유가 여기 있다. 2년 동안이나 내가 테러리즘에 대항하는 긴 도화선과 그것을 통해 얻을 수 있는 빅뱅 기회를 잡지 못했던 이유도 마찬가지다. 즉 내 변연계가 총 맞을 것을 두려워하면서 신박한 급소폭발물 사건에 매달렸고, 그 와중에 좀더 침착한 신피질은 활약할 틈이 없었던 것이다.

빅뱅을 이끌어내는 긴 **도화선**

우주항공, 엔터테인먼트, 정보기구 등 다양한 분야에서 일하면서 나는 단기적 목표와 문제에 매달려 정작 장기적 기회를 창조하고 개발하는 데 신경을 쓰지 못하는 조직을 어디서나 볼 수 있었다. 나 혼자만 그런 것도 아니었다. 수많은 내 동료들이 비슷한 불만과 실망감을 토로했다. 기업들은 당장 해결해야 하는 문제에 집중하느라 조직이 안고 있는 문제의 근원을 파헤치지 못했고 혁신적인 새 제품/비즈니스를 추구하지도 못했기 때문이다.

기업의 중간 관리자들에게 주어진 짧은 여유 시간은 장기적이고 거대한 승리보다는 단기적이고 작은 승리를 위해 바쳐졌다. 그들은 매일같이 자기 존재를 위협하는 불씨를 끄는 데 급급했다. 실제로 정보 산업계에서 나와 말이 잘 통했던 한 친구는 "짧은 도화선에 불을 붙여 폭죽을 터뜨리는 데 대부분의 시간을 다 써버리는 바람에 다이너마이트로 이어진 긴 도화선에는 도달하지도 못했다"라고 토로하기도 했다.

폭죽을 터뜨리는 짧은 도화선이란 끝없이 이어지는 회의, 부하직원들 문제, 고객 불만 처리, 고객 업체의 대금 입금 연체, 통신 장애, 보고 마감 시간, 참을성 없는 상사 등을 말한다. 이 모두가 아침저녁으로 우리를 몰아붙여 장기적인 구상을 하지 못하도록 한다. 작고 긴급한 일들 때문에 중요한 일들이 억눌리는 꼴이다.

나 역시도 짧은 도화선만 좇는 상황을 피하고 조직을 위한 긴 도화선과 빅뱅을 찾기 위해 여러 차례 현장을 떠나 혼자만의 시간을 보내곤 했다. 그렇게 1~2주를 지내고 나면 예외 없이 굉장한 구상과 아이디어가 떠올랐다. 하지만 유감스럽게도 다시금 시급한 일들이 폭군처럼 나를 몰아붙여 더 중요한 것을 잊은 채 이전의 생활방식으로 돌아가게 만들기 일쑤였다.

문득 90년대에 소련이 붕괴한 직후 휴즈 에어크래프트_{Hughes Aircraft}사 이사진과 다 함께 새로운 구상을 위해 떠났던 일이 떠오른다. 그때 로스앤젤레스에서 북쪽으로 100여 킬로미터 떨어진 조용한 골프리조트에서 우리는 방위산업 분야가 한 세대에 한 번 겪을까 말까 한 사건 앞에서 어떻게 대처해야 할지 의논했다. 새로운 환경에서 우리의 경쟁력을 어떻게 활용할 수 있을지 브레인스토밍을 거듭했고, 그때만 해도 초기 단계였던 가상현실 오락 산업과 같은 새로운 시장에 진출하는 문제에 대해서도 심도 있게 논의했다.

회사로 돌아온 후에도 한 달 정도는 새로운 아이디어와 열정을 간직했지만 곧 핵심 분야에 재정난이 닥치면서 우리는 할 수 없이 비용 절감에 전력을 쏟아야 했다. 결국 새로운 시장 진출과 같은 당찬 야심은 구체화될 기회를 얻지 못했고, 수십억 달러 규모였던 우리 사업부는 2년 후에 해체되고 말았다.

광활한 새 시장을
여는 법

빅뱅은 제품이나 비즈니스 과정, 사람을
얼마간 개선시키는 데 그치지 않고 완전히 바꿔버리는 혁명적인 변화
이다. 따라서 기존의 제품을 살짝 비틀거나 기능 하나를 첨가하는 것으
로는 이런 변화가 일어나지 못한다. 제품이나 서비스에 혁신을 창조해
야 광활한 새 시장이 열리는 법이다.

킴벌리클라크 사가 종이제품 판매에서 소비재 판매로 돌아선 것은
빅뱅이었다. 프록터 앤드 갬블P&G 사가 비누에서 세제로, 다시 피부미
용 제품과 건강 사업으로 이동한 것도 마찬가지였다. 1980년대에 시티
뱅크는 신용거래 처리 기간을 며칠에서 몇 분으로 단축시킴으로써 금
융 비즈니스를 영원히 바꿔놓았다. 종이와 펜으로 이루어지던 전통적
인 서비스가 컴퓨터화된 효율적 서비스로 변모한 것이다. 금융 비즈니
스의 모습을 다시 그려낸 시티뱅크의 사례는 그야말로 빅뱅이라 할 만
하다. 게임을 조금씩 손보는 것이 아니라 송두리째 바꾼 것이다.

빅뱅이 게임을 송두리째 바꾸는 것이라면 긴 도화선은 무엇일까? 레
입슨의 신경경제학을 빌어 말하자면 긴 도화선은 위험부담을 거부하는
변연계가 아니라 이성적인 신피질에서 주로 생겨나는 새로운 프로젝
트, 새로운 제안, 혹은 투자이다. 역사적으로 보면 어느 정도의 수입을
확보하고 있어 위험부담을 감내할 수 있는 부유한 조직이 긴 도화선과

빅뱅 프로젝트의 후원자 역할을 했다. 예를 들면 세금과 채권이라는 돈줄을 가진 미국 정부가 그랬다. 분기별로 주주들에게 수익금을 배분해야 하는 부담이 없는 부유한 연방 정부들은 고속도로, 대학 등 수십 년이 흘러야 커다란 보상을 얻을 수 있는 곳에 투자했다.

또 국가가 투자하는 기초과학 분야는 '이성적'인 긴 도화선의 극명한 사례이다. 기초과학 분야는 쉽게 돈벌이에 활용될 수 있는 제품을 개발하지 않는다. 대신 자연의 비밀을 캐낸다. 그런데 이 자연의 비밀은 엄청난 빅뱅으로 이어질 수 있다. 오늘날의 경제에 헤아릴 수 없을 정도로 크게 기여한 디지털 혁명은 1900년대 초의 양자물리학 연구에 뿌리를 두고 있다. 그 연구로 인해 1940년대에 트랜지스터가 개발되었고, 1950년대에는 디지털 컴퓨터가 급속히 발전했다.

양자물리학과 같은 기초과학에 투자한 정부의 행동은 구석기 시대의 감정적 위험 회피를 넘어서 위험부담과 보상에 대해 냉철하게 분석, 판단한 결과이다. 즉 이성적인 신피질이 작용한 것이라 할 수 있다. 정부는 기초과학 연구가 위험부담이 높기는 하지만 훗날 가져올 어마어마한 보상으로 충분히 상쇄할 수 있다고 판단했다. 레입슨의 실험으로 빗대어 설명하면 정부는 오늘의 10달러가 아니라 내일의 11달러를 선택히는 '이성적' 피험자라 할 수 있다.

민간기업도 종종 기초과학 연구를 지원한다. 하지만 그 대부분이 시장의 압박을 비교적 적게 받는 독점 기업, 예를 들어 AT&T의 벨 연구소 같은 곳이었다. 눈여겨볼 대목은 1982년의 법원 판결로 AT&T가 잘게 쪼개진 후 벨 연구소의 기초과학 연구가 급감했다는 것이다. 모기업이 분기당 수익 창출에 매달리게 되면서 빚어진 당연한 결과였다.

배당금에 굶주린 주주들이나 경쟁자들에게 시달리며 이윤 내기에 급급한 기업들도 긴 도화선을 만드는 프로젝트를 목표로 삼기는 한다. 이 경우에는 장기적인 목표를 달성하기 앞서 단기적인 보상을 부여해주는 방식이 많다. 예를 들어 제약회사들은 신약을 개발해 시장에 내놓는 데 5년 이상 걸린다. 하지만 유망한 신약 개발이 한창이라는 것만으로도 회사의 성장 잠재력은 입증된다. 월스트리트가 신약의 성공을 믿어준다면 기업의 순가치가 높이 평가되면서 실제 매출이 발생하기 전부터 주가는 폭등할 것이다.

이러한 제약회사의 사례는 성공적인 긴 도화선 만들기 프로젝트를 추진하는 핵심 요소를 보여준다. 우리 대부분은 부유한 정부나 독점 기업을 위해 일하지 않는 상황이고, 이에 따라 단기적 압박에 시달리고 있다. 결국 제약회사처럼 장기 목표를 추구하면서 단기 이익도 함께 얻어내야 주주들의 용인을 받을 수 있다. 그렇기 때문에 이성적인 신피질로 당장 보상을 원하는 변연계를 만족시킬 창의적 방법을 찾아내야만 한다.

이 과업은 절대 쉽지 않다. 하지만 응용 두뇌과학의 몇 가지 원칙만 터득한다면 불가능한 것도 아니다.

모든 것이 일곱 배 빠른 시대

하는 일과 받는 보수가 밀접히 연결되는 우리의 비즈니스 환경은 긴 도화선과 짧은 도화선 사이의 시간적 차이를 분명하게 보여준다. 비즈니스 업계에서 긴 도화선이란 보통 1년 이상 소요되는 목표이다. 대부분의 직장에서 경영자가 직원의 승진이나 연봉 인상을 결정하는 최장 기간은 1년이다. 우리 두뇌는 당연히 보상이 따르는 행동을 하려 한다. 보상이 없거나 심지어 처벌을 동반하는 행동은 회피한다는 것이 기본 원칙이다. 따라서 긴 도화선은 달력에 표시된 날짜가 아니라 보상을 얻고 처벌을 피하려는 두뇌가 견뎌낼 수 있는 최장 시간으로 정의할 수 있다.

그런데 우리 두뇌는 당장의 결과와 불과 몇 달 후의 결과에 대해 균등하지 않은 중요도를 부여하는 편이다. 우리의 업무나 일상은 당장 며칠 혹은 몇 주 안에 다가올 어뢰를 피하는 데 초점이 맞춰져 있다. 다음 번 승진이나 보너스, 급여 인상에 대해 잠깐씩 생각할 짬을 내긴 하지만, 그 이후를 계획할 여유는 없다.

일단 짧은 도화선을 1년 이하라고 정의해두자. 그러나 우리 삶의 모든 측면에서 변화의 속도가 빨라지고 있으므로 앞으로 긴 도화선의 기간은 더욱 짧아질 것이다. 그 핵심 요소는 말할 것도 없이 기술이다. 가까운 미래만 해도 디지털 기술의 발전으로 인해 컴퓨터와 통신망, 커뮤니케이션의 속도가 몰라보게 빨라질 것이다.

이는 다시 말해 모든 것이 빨라진다는 뜻이다. 디지털 카메라 제조업체들은 과거 해마다 신제품을 출시했지만 이제는 6개월로 그 주기가 짧아졌다. 과거의 억만장자들은 재산을 모으는 데 수십 년씩이나 걸렸지만 오늘날 인터넷 사업가들은 한 해 정도면 10억 달러 고지를 훌쩍 넘기도 한다. 재산을 잃는 것 역시 오랜 시간이 걸리지 않는다. 베어스턴이나 리먼 브라더스, 워싱턴 뮤추얼 은행 등 월스트리트를 호령하던 거인들은 불과 몇 주 만에 사라졌다.

미래학자 레이 커즈와일Kurzweil은 앞으로 기술 발전으로 인한 변화 속도가 더욱 빨라질 것이라 전망한다. 수백 년 동안 계속 가속도가 붙는 추세이기 때문이다. 성공적인 빅뱅 기술 혁신들(커즈와일은 이를 패러다임의 전환이라고 표현한다) 사이의 간격을 측정해보면 새로운 혁신이 일어나기까지 걸리는 시간은 바로 전의 혁신에 비해 $\frac{1}{10}$ 정도로 짧아지고 있다.

석기를 사용하기 시작한 인류가 불을 사용하기까지 수백만 년이 걸렸지만 집을 짓기까지는 수십만 년이 걸렸을 뿐이다. 다음 차례의 대혁신이었던 옷이 등장하는 데는 불과 수만 년이 소요되었다. 이런 식의 가속도는 계속 이어져 화약 발명이나 인쇄술 등장, 전신과 전화의 발명

같은 혁신에 이르러서는 고작 수백 년, 수십 년 정도로 줄어들었다. 오늘날 차세대 컴퓨터는 몇 년마다 등장한다. 개인용 컴퓨터가 일반화된 1980년대 이후 컴퓨터의 속도와 성능은 18개월마다 두 배로 업그레이드되고 있다. 200달러를 지불하고 살 수 있는 하드 디스크 용량도 12개월마다 두 배로 늘어나고 있다.

이러한 가속화된 변화의 본산인 실리콘밸리에서는 우리가 '도그 이어dog year'에 살고 있다고, 즉 과거보다 모든 것이 일곱 배 빠른 시대라고들 한다. 그 말이 맞다면 내가 생각하는 긴 도화선의 기간은 $\frac{1}{7}$년으로 줄어들어야 한다. 우리가 정말로 도그 이어를 향해 돌진하고 있는지 그렇지 않은지는 별로 중요하지 않다. 중요한 것은 지금 당신이 긴 도화선에 불을 붙이는 법을 배운다면 몇 년까지 기다릴 것 없이 몇 달 안에 성공을 거둘 확률이 높다는 점이다. 가령 디지털 카메라 업계에서 과거의 디자이너들은 신형 카메라가 수익을 내는지 알기 위해 1년을 지켜본 후 보너스를 받았지만, 지금은 그 기간이 절반으로 줄어들었다.

중요한 일은 점점 더 긴급한 일이 되고 있다

어쩌면 더 빨리 보상을 얻으려는 인간이 스스로 이런 상황을 만드는지도 모른다. 그러나 인간의 두뇌는 때로 다른 인간의 두뇌가 창조한 커다란 변화를 이용하는 데 미숙한 것이 사실이다. 마셜과 워렌이 위궤양의 원인에 대한 혁신적 발견을 인정받기 위해 10년 동안이나 투쟁해야 했던 일은 수많은 혁신가들이 자주 당면하곤 하는 상황이다. 갈릴레오는 지구가 태양 주위를 돈다고 주장한 것 때문에 생애 최후의 9년을 가택 연금 상태로 보내야 했고, 노벨상을 받은 물리학자 루이스 앨버레즈Alvarez는 소행성 충돌로 인한 공룡 멸종설로 온갖 비난에 시달려야 했다. 훗날 그들의 주장은 옳은 것으로 인정받았다.

우리들은 일상적으로 생명의 위협을 받으며 살아간 최초의 인류로부터 진화된 피조물이다. 그리하여 안전지대를 벗어나 불확실한 미래로 가지 않으려 하는 위험 회피 성향을 본능적으로 갖고 있다. 설사 그 미래가 상상을 초월하는 발전을 약속한다 해도 마찬가지다. 그러므로 우리 두뇌에 깊이 새겨진 위험 회피 성향을 극복하는 방법은 위험한 장기적 모험을 작은 단계들로, 다시 말해 위험도는 덜하면서 성과는 신속히 나타나는 단계들로 쪼개는 것이다. 이와 함께 우리 두뇌에는 위험이 적고 신속한 보상을 추구하는 것 외에 다른 각본들도 존재하기 때문에 스스로를 안전지대 밖으로 유인하기 위한 다양한 노력을 할 필요가 있다.

핵심은 방법을 찾는 것이다. 단기적 성과를 지향하는 우리 두뇌의 특성을 조정하고 긴 도화선에 불을 붙여 장차 폭발적인 결과로 이어질 기회를 성숙시킬 방법 말이다.

생각의 빅뱅

진화가 뇌 속에 새겨놓은 대립

빅뱅에 이르는 긴 도화선을 만드는 사고 방식은 성공적인 비즈니스를 지속시키기 위한 핵심이다. 그렇기 때문에 우리 모두가 여기 매달려야 하지만 실상은 그렇지 못하다. 안타깝게도 우리는 흔히 디지털 기술이 전통적 필름 산업에 미칠 영향을 제대로 인식하지 못했던 폴라로이드와 코닥의 경영진처럼 생각을 하곤 한다. 이들은 긴 도화선에 불을 붙이지 못했고 디지털 혁명의 중요성도 파악하지 못했다. 결국 디지털 기술에 충분한 투자를 하지 않아 경쟁자들에게 시장을 빼앗기고 밀았다.

최근 몇 년 사이 월스트리트에서 일어난 일대 사건도 마찬가지다. 단기적 사고와 탐욕이 결합되자 투자 은행의 경영진은 자신들이 수십억 달러를 쏟아부은 서브프라임 모기지의 장기적 위험을 보지 못했다. 그 결과는 역사상 최악의 금융 재앙으로 나타났다. 이렇게 우리의 행복, 더 나아가 생존까지 위협받는 상황에 처한다 해도 미래를 내다볼 능력이 없는 탓에 우리는 결국 우리를 기다리던 위험과 맞닥뜨릴 수밖에 없는 경우가 있다.

나는 우리 두뇌 속에 자리 잡은 단기 지향성을 어떻게 극복할 것인가를 배우는 데 평생을 바쳤다. 이를 위해 디즈니, 애플, 월마트, 미국 국방부의 연구기관 DARPA 등 성공적인 조직의 사례도 연구해왔다. 이들 조직은 모두 단기적인 사고를 넘어서 장기적 관점을 견지하고 적기에 빅뱅 성공을 점화하는 살아 있는 존재였고, 결과적으로 역사를 바꾸는 제품, 업무 과정, 성과를 만들어냈다.

요점은 앞서 행동하는 조직과 개인, 단기적 성과를 올리면서도 동시에 엄청난 미래를 빚어내는 주체가 필요하다는 것이다. 앞서 행동하며 장기적인 기회를 잡는 것이 단기적인 위협과 기회에만 반응하는 것에 비해 더 많은 자원이나 에너지가 들지는 않는다. 인간 본성에서 최대치를 끌어내기 위해 어떻게 적절한 기법을 적용할 것인가 하는 문제가 핵심일 뿐이다.

빅뱅에 이르는 긴 도화선을 만드는 사고방식은 장기적 기회를 단기적 프로젝트로 바꾸어준다. 우리 인간의 행동 특성에 역행하기보다는 잘 들어맞는 방식으로 전환시키는 셈이다. 더 나아가 기업의 경우, 내일의 제품과 서비스를 기획하면서 동시에 현재의 업무와 성과까지도 개선하도록 만든다.

가까운 미래에서 먼 미래로 시각을 옮기면 현재의 성과가 적잖이 손상을 받을 것이라 믿는 사람이 많다. 하지만 실상은 정반대이다. '생각의 빅뱅'을 이끄는 방법론을 실천한다면 일상적으로 하는 업무 내용이 바뀔 뿐 아니라, 그것을 수행하는 방식이 부지불식간에 바뀌기 때문이다.

타고난 장점을
살려나가는 문제

세상의 변화 속도가 빨라지면서 아무 전조 없이 갑자기 새로운 현상이 출몰하는 일도 많아지고 있다. 예를 들면 페이스북이 그렇다. 하지만 잘 살펴보면 그런 빅뱅은 폭발적인 성장이 점화되기 이전 몇 년 동안 연기를 피워내는 긴 도화선의 시기를 거쳤음을 알 수 있다. 페이스북은 2007년에 갑자기 관심의 초점으로 떠올랐지만 실제로는 그보다 3년 전에 이미 등장했다. 사실 인터넷이라는 것도 1970년대 초반에 나타났지만 집집마다 사용하는 단계에 이르기까지 20년이 넘게 걸리지 않았는가.

기다릴 만한 가치가 있는 것은 분명히 존재한다. 세상의 이치가 그러하듯 빅뱅 기회가 발전하고 확장되려면 시간이 걸린다. 그 결과로 수익이 두 배로 늘어나기도 한다. 우리의 비즈니스는 언제든 새로 뜨겁게 성장하는 시장으로 향해 갈 수도, 죽어가는 시장에서 탈출할 수도 있나. 등장하자마자 경쟁 세품을 몰아내고 시장을 새편하는 킬러 앱killer app 제품들, 예컨대 아이팟, 페이스북, 구글 등이 그 주인공이다.

실내 장식과 같은 '로우 테크low tech' 산업에서조차 빅뱅이 탄생할 수 있다. 이튼 앨런Ethan Allen은 인테리어 디자인 서비스와 제품 판매를 결합시킴으로서 킬러 앱을 만들어냈다. 가구 판매에 그치지 않고 전문적인 인테리어 방법론까지 제시함으로써 고객들의 미적 욕구를 충족시킨 것이다. 이튼 앨런은 경쟁 기업이나 제품이 제기하는 문제에 실질적인 해결책을 내놓음으로써 빅뱅을 터트렸다.

구글, 애플, 페이스북 등이 킬러 앱으로 등극하는 모습을 보면서 당신은 '대단한걸. 하지만 우리 회사는 불가능해' 라고 생각할지 모른다. 구글은 탁월한 능력에 운까지 따르는 세계적인 기업이라고 생각하면서 말이다. 하지만 빅뱅 기회를 잡아내는 것은 능력이나 운만의 문제는 아니다. 이것은 인간의 모든 일이 다 그렇듯, 타고난 약점을 이겨내면서 동시에 타고난 강점을 살려나가는 문제이다.

진화는 우리가 위협이라는 짧은 도화선에 먼저 반응하고 기회라는 긴 도화선을 무시하도록 만들었지만, 커다란 승리를 거두는 데 필요한 강점과 약점 또한 안겨주었다. 예를 들어 구석기 시대 선조들이 살던 위험한 환경 때문에 우리는 단기적 사고에 편향되어 있지만, 신속하게 삶과 죽음의 의사결정을 내릴 수 있는 인지적 지름길도 갖게 되었다. 이 지름길은 완벽한 인식을 포기하는 대신 신속한 인식을 가능케 한다. 중요하다고 생각하는 면에 집중하는 것이다.

덤불에 맹수가 숨어 있다고 한다면 우리는 덤불의 색깔처럼 중요하지 않은 요소는 무시하곤 한다. 이러한 선별 전략 때문에 우리에게는 사각지대가 존재하기도 한다. 위대한 빅뱅 기회들이 중요하지 않은 요소들에 가려 인식되지 못하는 것이다. 따라서 사각지대가 어디인지 이해할 수 있다면, 그리하여 비범한 능력이나 비범한 행운에 의존하지 않을 수 있다면 빅뱅 기회를 제대로 발견해낼 수 있으리라.

우리 뇌의 특성을 이해하고 활용하는 이러한 접근법은 빅뱅에 이르는 긴 도화선을 만드는 사고의 핵심이자 이 책의 핵심이다. 이 책에서는 두뇌의 효율적 활용법을 찾아내고 비상한 인내력과 혜안을 발휘하여 빅뱅을 이루어낸 선구적 개인이나 조직의 사례를 계속해서 만나볼 수 있을 것이다. 이들 사례는 생각의 빅뱅이, 그로 인한 위대한 성공이 비범한 능력과 운을 타고난 몇몇 예외적인 사람에게만 허락된 것이 아니라는 메시지를 전할 것이다. 그것은 진화가 두뇌 속에 새겨놓은 대답을 찾아내려는 사람이라면 누구에게나 열려 있음을 보여줄 것이다.

두뇌 각본

두뇌는 아직 과학 앞에 충분히 실제를 드러내지 않은 수수께끼 같은 조직이지만, 다른 한편으로는 구석기 시대의 위험과 굶주림 기억을 간직하고 예측 가능하게 움직이는 아주 단순한 존재이기도 하다. 두뇌의 오래된 규칙 가운데 가장 중요한 각본은 '가능한 한 에너지를 적게 써라' 이다. 이 각본 때문에 우리는 대안이 있을 경우 저항이 가장 적은 길을 택한다. 이 점을 이해한다면 야심찬 장기적인 목표를 작고 쉬운 단계들로 쪼개어 제시하는 것이 가능하다. IBM의 경영진으로 일했던 폴라 구드Goode는 이를 두고 "코끼리를 먹을 수는 있습니다. 하지만 우선 씹을 만한 수백만 개의 조각으로 나누어야 합니다"라고 설명한 바 있다.

두뇌의 오래된 규칙

사진 속 남자는 등이 좀 굽었지만 체구는 탄탄하다. 청색 데님 셔츠는 소매 부분이 떼어져 있어 두 팔을 자유롭게 움직일 수 있다. 구슬이 길게 연결된 토속적 분위기의 끈이 셔츠 위로 늘어져 있고 벨트 앞부분은 짐승의 점박이 털가죽이 장식하고 있다. 왼손에는 활과 화살 두 촉이 들려 있다.

남자의 이름은 공가Gonga이다. 탄자니아의 리프트 계곡, 그리고 이웃한 세렝게티 평원 이곳저곳을 돌아다니는 유목민족 하자베Hadzabe의 일원이다. 런던 〈데일리 메일〉에 실린 공가의 사진은 동아프리카 오지 부족을 방문한 유일한 서방세계의 기자인 앤드류 말론Malone이 찍었다.

"제가 사냥꾼이 아닌 것은 오로지 잠잘 때뿐입니다." 공가는 말론에게 이렇게 말했다. "깨어 있을 때는 언제나 사냥을 하지요. 그게 바로 제 모습이거든요. 전 고기를 얻기 위해 짐승을 죽입니다."

하자베 족은 수렵 채집 생활을 이어가는 아프리카 최후의 부족이다. 석기 시대 이후 그러한 생활 방식은 거의 변하지 않았다. 혀 차는 소리가 많은 아프리카 고대 방언과 친척 관계라고 할 수 있는 하자베 언어는 현재 그 주위의 어느 언어와도 다른 형태이다. 먹기 위해서는 사냥을 해야 하는 공가의 상황은 우리네 먼 선조들의 모습을 투영하고, 우리의 오늘날 행동방식을 만들어낸 고대의 상황에 대한 단서를 제공한다.

공가의 사냥법에 대해 잘 모른다 해도 잠시만 지켜본다면 그가 먹을 것에 최우선 순위를 부여한다는 점을 알 수 있다. 다른 부족원들이 다 그렇듯이 공가도 역시 영양 상태는 좋지만 마른 편이다. 하자베 부족의 남녀는 하루 일곱 시간을 사냥과 채집을 하는 데 보낸다고 하니 당연한 결과일 것이다. 공가가 주장하는 하루 16시간에는 못 미친다 해도 그의 운동량은 산업화된 사회에서 사는 사람들의 평균적인 신체적 운동량에 비하면 월등히 높다. 하자베 족의 에너지 섭취량은 에너지 소모량을 간신히 보전하는 수준이다. 2009년에 부족원의 수가 1500명 정도로 줄어든 것도 먹을 것이 부족해진 탓이었다.

소모하는 칼로리만큼만 간신히 섭취하는 상황이라면 가능한 한 칼로리가 높은 식품을 찾아다녀야 한다. 그래서 하자베 족은 꿀을 모은다. 공기의 이들인 필리몬은 벌침에 쏘이는 일이 다반사라고 앤드류 말론에게 털어놓았을 정도이다. "벌들은 우리 피를 가져가고 우리는 벌의 꿀을 얻는 거지요."

꼭 필요한 에너지만
사용할 것

먹을 것이 풍부한 사회에 사는 우리들도 당과 지방을 많이 섭취하는 편이다. 구석기의 두뇌는 늘 굶어죽을 위험에 처해 있다고 여기면서 달고 풍부한 맛을 선호하는 특성을 지녔기 때문이다. 세계 각지에서 10억 명 이상의 성인이 과체중이라는 사실은 고대의 두뇌와 현대 생활양식 간의 괴리를 극명하게 드러낸다. 구석기에 머물러 있는 두뇌는 가능한 한 빨리 더 많은 당과 지방을 먹어야 한다고 생각한다. 사냥과 채집 활동을 통해 칼로리는 신속하게 소비될 것이고, 언제 또 다음 끼니를 먹게 될지 모르기 때문이다. 이에 비해 오늘날의 우리는 그렇게 격렬하게 움직이지도 않고, 다음 식사가 언제인지도 잘 알고 있다. 그럼에도 좀처럼 두뇌를 설득해내지 못한다.

굶어죽지 않기 위해 두뇌가 무의식적으로 취하는 행동 중 하나는 불필요한 행동으로 칼로리를 소모하지 않게 하는 것이다. 먹을 것을 찾고 아이를 돌보고 가사 일을 하며 치명적인 위협에 맞서 싸우는 데는 일정 수준 이상의 에너지가 필요하므로 생존과 직접 관련되지 않는 활동은 낭비라고 여기는 것이다. 인류학자들에 따르면, 남아프리카에서 원시 사회를 이루고 사는 쿵!Kung 부족 사람들은 먹을 것을 사냥하거나 채집할 때 외에는 한가롭게 나무 아래 앉아 잠을 자거나 이야기를 나누는 등 에너지가 별로 안 드는 소일거리를 하며 시간을 보낸다고 한다.

훨씬 풍요로운 사회에 사는 현대인들도 마찬가지다. 그들은 휴식 시간을 중시하여 일하지 않을 때는 편안한 의자에 앉아 시간을 보낸다. 규칙적으로 운동을 하는 사람들조차 에너지를 아껴야 한다는 충동을 이기지 못한다. 인류학자인 돈 시몬스Symons도 "체육관 입구 바로 앞에 주차할 자리가 있으면 신이 난다. 내 몸속의 500~600칼로리를 태우기 위해 운동을 하러 가면서도 몇 걸음 더 걷는 것은 싫다고 생각하는 것이다. 상황이 바뀌었어도 우리의 심리는 오래전 과거 그대로이다"라고 지적한 바 있다.

에너지를 보전해야 한다는 생각이 우리 유전자에 얼마나 깊이 뿌리박혀 있는지 두뇌는 우리가 무리하게 애쓰지 않도록 인식 자체를 바꾸기도 한다. 버지니아 대학교의 인지심리학자 데니 프로핏Proffitt은 피로에 지친 사람들은 오르막길을 실제보다 더 가파르다고 느낀 나머지 오르기도 전에 포기하고 만다는 것을 발견했다. 이러한 인지적 전환도 '활동을 절약하기 위한' 진화의 산물이다.

그러나 잘 알다시피 오르막길 오르기와 같은 신체적 활동에서만 에너지가 소모되지는 않는다. 두뇌는 총 칼로리 소모량의 20퍼센트를 차지한다. 낯선 문제를 해결하거나 새로운 과업을 학습할 때는 두뇌의 에너지 소모량이 한층 커지고 몸 전체의 에너지 소모량이 10퍼센트까지 늘어난다. 그러니 어려운 문제를 풀고 과업을 해결하며 빅뱅에 이르는 긴 도화선을 만들려면 구석기 시대의 두뇌부터 설득해야 한다. 너무 골똘히 생각하다가는 굶어죽을지도 모른다고 걱정하는 바로 그 두뇌 말이다.

행동 경제화

자, 오래된 습관을 떨쳐내지 못하게 만드는 악명 높은 '안전지대'의 근원이 이제는 어느 정도 밝혀졌다. 변화는 정신적 노력을 요구한다. 정신적 노력은 칼로리를 요구하는데, 칼로리는 제대로 관리하지 않으면 목숨을 위협할 수도 있다.

우리 자신이든 다른 사람이든 이 안전지대를 벗어나도록 하려면 분명한 노력이 필요하다. 그러나 수백만 년에 걸친 진화의 결과는 우리 무의식에게 시시때때로 '칼로리를 조심해야 해. 조심하라고'라고 속삭인다. 낡은 습관을 바꾸려는 마음이 아무리 강하고 아무리 노력을 많이 한다 해도 그 오랜 세월에 걸친 진화보다 더 힘을 발휘할 수는 없다. 이 때문에 우리는 두뇌의 낡은 사고방식과 맞서 싸우기보다는 달래면서 협력을 얻어내야 한다.

참을성 없는 두뇌를 위해 긴 도화선을 짧은 도화선 여러 개로 바꾸는 것이 중요하듯, 두뇌에게 신속한 보상을 제공하는 것도 중요하다. 우리

뇌에게 큰 에너지 소모를 요구하지 않으면서 신속한 보상을 제공할 수 있다면 더욱 좋다. 그래야 지속적으로 빅뱅을 향해 나아갈 수 있다.

빠르면 좋다.
빠르면서 쉽다면
더욱 좋다.

그러면 이제 가능한 한 에너지를 적게 소모하려는 두뇌 성향에 맞추면서 원하는 결과를 얻어낸 구체적인 사례를 살펴보자.

2003년, 내가 미국 국방부 산하의 연구소에서 일할 때였다. 당시 연구소의 효율성을 가로막는 최대의 걸림돌은 실험 장비 구입에 길고 긴 시간이 걸린다는 점이었다. 구매 부서에 필요한 장비를 신청하면 판매 회사가 주문을 받기까지 보통 6개월 이상이 걸렸다. 날로 새로운 기술과 장비가 등장하는 상황에서 그렇게 느려터진 구매 방식으로는 도저히 첨단기술을 따라잡을 수 없었다. 게다가 우리는 이라크 반군들의 정교해진 급조폭발물 발전상을 따라잡아야 하는 입장이었으므로 신속한 장비 도입이 더욱 질실했다. 마침내 우리는 구매 시간을 절반으로 단축하겠다는 빅뱅 목표를 수립했다.

사실 미국 정부의 표준과 비교하자면 국방부 구매 부서는 대단히 효율적인 편이었지만 발주 이전에 거쳐야 할 단계가 너무나 많았다. 주문이 가능할 만큼 재원이 있는지 확인해야 했고 공개 입찰을 해야 하는지 검토해야 했으며, 발주 대상 업체가 연방의 기준을 충족하는지도 살펴야 했다. 그러나 구매 부서는 이 복잡한 구매 과정을 우리 연구소에 제대로 통보해주지 않았다. 게다가 2001년의 9·11 사태 이후 재화와 서비스 구매 건수는 폭증하는 상황이었다.

이런 상황이었으므로 우리가 해결해야 할 도전은 정신없이 바쁜 구매 담당자의 협조를 구해 복잡한 구매 과정을 절반으로 단축하되, 규정에 전혀 어긋나지 않는 창의적인 방법을 찾아야 한다는 것이었다. 더 구체적으로 말하자면 과중한 업무로 이미 많은 칼로리를 소모하고 있는 구매 담당자의 두뇌를 설득해 우리의 어려운 문제 해결에 다시 칼로리를 소모하도록 만드는 것이었다.

나는 칼로리에 민감한 두뇌를 혁신적 변화의 장으로 끌어들였던 대학원 시절의 경험을 십분 활용하기로 했다. 당시 나는 토끼 뇌를 실험 대상으로 삼았지만 토끼나 인간이나 같은 포유류니 비슷할 것이라 판단했다.

대학원 시절의 내 목표는 토끼가 복잡한 감각을 구분하도록 만드는데 있었다. 토끼의 두뇌 속 뉴런이 어떻게 시각 정보를 해독해 세부적인 부분을 보도록 만드는가 하는 것이 연구 주제였다. 시각 뉴런을 더 잘 이해하기 위해서는 먼저 토끼의 시력이 얼마나 뛰어난지 검사해야 했다. 토끼의 시력 검사를 어떻게 하면 좋을까? 시력 검사표의 숫자를 읽어달라고 할 수는 없는 노릇이 아닌가. 그리하여 나는 일련의 평행선이 보이는 시각적 자극이 가해지면 토끼가 가로막대를 누르도록 훈련을 시켰다. 그리고 평행선 사이의 간격을 점점 좁혀가 언제 토끼가 더 이상 평행선을 인식하지 못하여 가로막대를 누르지 않는지 알아냈다. 이는 사람이 시력 검사표에서 어느 부분부터 읽을 수 없는지를 찾아내는 것과 같은 방법이었다.

토끼를 훈련시킬 때는 행동 형성shaping이라는 기법을 사용한다. 이른바 유기체의 자연스러운 행동에서 출발해 작은 단계를 수없이 거치면서 자연스럽지 않은 행동을 만들어나가는 과정이다. 내 실험에서 토끼의 자연스러운 행동은 물이나 먹이를 찾아 우리 안 여기저기를 냄새 맡고 다니는 것이었다. 나는 토끼가 그러다가 우연히 가로막대 쪽으로 다가오면 즉시 아래쪽 물 꼭지에서 물이 뿜어져 나오도록 했다. 머지않아 토끼는 목이 마르면 가로막대로 다가오게 되었다.

그렇게 몇 차례 보상을 반복한 뒤에는 토끼가 코로 가로막대를 건드렸을 때에만 물을 주었다. 다음으로는 토끼가 가로막대를 발로 눌러야 물을 마실 수 있게 했다. 이렇게 단계를 밟아 결국 토끼가 가로막대 위에 평행선이 나타났을 때 가로막대를 눌러야 보상을 받도록 만든 것이다. 이러한 행동 형성 과정은 효과가 있었다. 각 단계에서 토끼는 행동에 약간의 수정만 가하면 되었고, 이는 정신적 에너지를 약간만 더 소모하면 가능했기 때문이다.

뇌를 달래는 방법

국방부 구내 담당자의 도움을 얻는 방법은 단순했다. 우리에게 필요한 행동이 자연스럽게 나올 경우 즉각 보상을 제공하고, 이후 서서히 보상하는 행동의 수준을 올리는 것이었다. 이렇게 되면 시간이 흐르면서 구매 담당자의 행동은 점차 구매 절차의 간소화 쪽으로 형성될 것이었다. 각 단계에서 구매 담당자의 행동 변화에 필요한 것은 약간의 두뇌 칼로리뿐이었다.

국방부 구매 담당자들에게도 마실 것이 보상이 될까? 물론 아니다. 토끼와 달리 구매 담당자에게 물은 당연히 동기부여 요소가 되지 않았다. 우리는 적절한 보상 수단을 찾아야 했다. 그리고 거대 관료 조직에서 극히 드물고 가치 있는 것, 즉 다른 부서가 보내는 공개적인 칭찬이야말로 최고의 보상이라는 결론에 이르렀다. 마침 각 부서의 업무를 보고하고 논의하는 관리자 회의가 매주 열리는 상황이었다.

처음 구매 부서와 만나 구매 절차를 절반으로 줄여보자는 야심찬 목표를 밝혔을 때 구매 담당자는 말없이 듣기만 했다. 하지만 바로 다음 주에 열린 관리자 회의에서 우리는 구매 부서의 협조 덕분에 테러와의 전쟁에 신속히 대처할 수 있게 되었다고 언급했다. 이후 몇 주의 관리자 회의에서 우리는 지속적으로 구매 부서를 칭찬했다. 물론 그 칭찬을 받기 위한 요구 조건은 조금씩 높였다. 구매 담당자는 이제 우리와 회의를 하면서 평균 발주 과정 단계들을 정리해 보여주어야 했다. 다음으로는 각 단계의 개인들이 승인 결정을 내리는 데 걸리는 시간을 통계적으로 제시해야 했다. 그리고 어떻게 각 단계의 소요 시간을 줄일 수 있을지 방법을 제시해야 했다.

그렇게 우리는 조금씩 가로막대의 높이를 올려나가며 단계적인 행동 형성을 해나갔다. 2년 후 내가 그 조직을 떠날 즈음 평균 구매 시간은 이전의 65퍼센트로 단축되었다. 우리의 빅뱅 목표였던 50퍼센트에는 미치지 못했지만 나쁘지 않은 성과였다. 때로 나는 지각 있는 전문가들을 실험실 동물처럼 다룬 것에 죄책감을 느낀다. 그러나 행동 경제화를 이루려면 두뇌의 에너지 절약 성향을 거스르기보다 잘 달래며 활용해야 한다는 생각에는 변함이 없다.

두뇌 각본의 **작동 방식**

쉽고 빠른 보상을 선호하는 두뇌의 뿌리 깊은 특성을 어떻게 다루어야 할까? 이에 대해 깊이 고민하던 나는 마침내 두뇌에 대한 생각부터 바꾸기로 했다.

대학원 시절과 신경해부학 박사 후 과정 시절, 나는 두뇌가 상상을 초월할 정도로 복잡하며 좀처럼 그 신비를 드러내지 않는다고 배웠다. 실제로 실험실에서 1.4킬로그램에 달하는 뇌의 복잡 미묘한 면면들을 연구하면 할수록 도대체 우리가 무엇 하나라도 유용한 발견을 해낼 수 있을까 하는 좌절감만 커졌나. 그런네 실험실을 벗어나 식상이라는 '실제' 세계에서 30년 동안 두뇌의 작용을 관찰하고, 또 정신건강 센터의 자원봉사 심리치료가로 7년간 일하고 나서는 생각이 좀 달라졌다. 그 복잡 미묘한 두뇌에 놀랄 만큼 간단한 작용 규칙이 있다는 점을 깨닫게 된 것이다.

놀랄 만큼
간단한 규칙

고대의 환경이 어떻게 인간의 현재 행동을 형성했는가를 연구하는 산타바버라 대학의 진화심리학자 맥스 크래스노우Krasnow는 두뇌에 '각본집'이 들어 있다고 추측한다. 이는 미식축구팀들이 시합 전에 만들어두는 다양한 경기 상황에 따른 각본집과 같은 개념이다. 말하자면 '네 번째 쿼터에서 터치다운 두 개 이하로 뒤지고 있다면 쇼트패스를 많이 던질 것', 혹은 '터치다운이 두 개 이상 뒤진다면 롱패스를 할 것'이라는 식이다.

두뇌의 각본집도 '만약 ㅡㅡ라면 ㅡㅡ하라'라는 규칙을 길게 나열한 형태이다. 요점은 의사결정에 귀중한 시간과 에너지를 낭비할 필요 없이 거의 무의식적으로 판단을 내린다는 것이다. 예를 들어 '먹을 것이 있다면 당장 먹어치워라', '먹을 것이 없다면 먹을 것을 구하는 데만 에너지를 쓰고 다른 일에는 소비하지 말고 아껴두어라', '생존과 직결되지 않는다면 골치 아픈 문제로 에너지를 낭비할 필요 없다' 등등이 그렇다.

나는 나의 뇌, 그리고 주변 사람들의 뇌를 긴 도화선을 만들어 마침내 빅뱅 승리에 이르기까지 넘어서야 할 상대편 미식축구팀이라 여기곤 한다. 미식축구에서 상대 팀의 각본집을 알고 있다면 경기는 한층 더 쉬워진다. 상대가 어떤 계획인지 안다면 경기 전에 팀을 준비시키고 더 나아가 속임수도 쓸 수 있다. 예를 들어 특정 상황에서 상대가 패스보다는 런 플레이로 나올 것을 알았다면 일부러 패스 공격을 방어하는 척하는 것이다. 일단 공이 움직이기 시작했다면 상대가 플레이를 바꾸기는 어렵다. 그때 일제히 수비가 치고 나가 런 플레이를 막는 것이다.

신속히 할 것, 그리고 쉽게 할 것. 이 두 가지가 두뇌의 각본집에 등장하는 핵심 각본이다. 이 책에서 제시된 내용을 실생활에 가장 간단하게 적용하려면 두뇌의 오래된 각본집을 살펴보면서 당신의 빅뱅 승리를 이끌어낼 만한 각본을 찾도록 하라. 다음 페이지에 등장할 XX 박사가 미국의 여성 의료 수준을 남성의 수준으로 올려놓은 방법도 바로 그러했다.

큰 계획을 작은 계획으로 위장하기

이름 대신 X염색체 두 개로 지칭하게 될 XX 박사는 미국의 1960년대가 키운 인물이었다. XX 박사는 60년대 반전 운동이 절정에 달했을 무렵 UC 버클리 대학을 졸업했고, 저항의 열기가 뜨거웠던 매사추세츠 캠브리지의 대학원에 진학했다. 그곳에서 XX 박사는 헤아릴 수 없을 만큼 많은 베트남전 반대 시위를 주동했다. 그리고 강력한 여권론자가 되었다.

분자생물학 박사 학위를 받은 뒤 다시 의학박사 과정을 밟으며 XX 박사는 여성 의료, 특히 산부인과에 초점을 맞추기 시작했다. 보스턴 여성 건강서 공동체The Boston Women's Health Book Collective의 《우리 몸 우리 자신Our Bodies, Ourselves》 집필에 참여했고 인턴 생활의 경험을 바탕으로 남성 중심 의료계의 성차별 관행을 폭로하는 소설도 출판했다. 이 소설과 관련해 박사는 "소송을 피하기 위해 실명을 사용하지 않았을 뿐이지 그 소설에 등장하는 사건들은 모두 허구가 아닌 실제이다"라고 고백하기도 했다.

여성의 권리와 여성의 의료에 대한 관심과 열정 덕분에 XX 박사는 당시 미국 의료계에서 심심찮게 나타나는 불평등을 날카롭게 잡아냈다. 1970년대와 1980년대에 하버드를 비롯한 아이비리그 의과대학에서 일하면서 의사들이 남자 환자에 비해 여자 환자의 진찰에 훨씬 허술하다는 점을 알아차렸던 것이다.

의사들은 심장 발작 증세가 흉통, 턱과 팔의 통증, 호흡 가빠짐, 현기증이라 배운다. 응급 환자가 이런 증세를 보이면 의사들은 더 이상의 심장 손상을 막기 위해 즉각 혈관조영술 촬영을 지시하거나 관상동맥 조영술을 의뢰한다. 하지만 심장 발작을 일으킨 여자 환자들은 앞서 언급한 증세 대신 구역질, 구토, 소화불량 등을 호소하곤 한다. 이 때문에 심장 발작을 제대로 진단 받지 못해 즉각적인 검사와 처치도 받지 못하는 여자 환자들이 사망에 이르는 일이 많았다.

물론 응급실의 의사와 심장 전문의가 의도적으로 여자 환자를 차별했던 것은 아니다. 심장병이 전통적으로 남성의 질환으로 여겨졌기 때문에 여성 환자를 진단할 때 심장 발작을 우선순위로 고려하지 않았던 것이다. 또한 심장 발작의 증세가 여성과 남성에게 다르게 나타날 수 있다는 점을 밝혀주는 연구도 그때까지 나와 있지 않았다.

XX 박사는 여성의 심장병에 대해 의료계가 무지한 이유가 기존 의학 연구가 대부분 남성을 대상으로 이루어진 탓이라는 점을 깨달았다. "동물 실험에서도 암컷 쥐는 사용하지 않을 정도였다니까요." 박사는 내게 이렇게 말하기도 했다.

코끼리를 통째로
먹으려 하지 마라

1985년, 여성의 임신율을 높이는 선구적인 연구를 성공적으로 수행한 후 XX 박사는 아이비리그를 떠나 워싱턴의 국립 보건 연구원으로 옮겼다. 국가의 의료 정책에 한층 더 큰 영향력을 행사할 수 있는 자리였다. 그러나 국립 보건 연구원의 상황은 개탄스러웠다. 수천 명의 소속 의사들 중에 부인과 전문의는 겨우 세 명이었던 것이다. 그 어처구니없는 상황을 알게 된 팻 슈뢰더Schroeder 하원 의원은 "부인과 의사가 세 명인데 수의사는 39명이군요"라고 비꼬았다. 미국의 보건 정책에서는 고양이, 개, 말이 여성보다 더 중요했던 셈이다.

그러나 레이건이 집권하던 당시의 정치 상황을 고려한 결과, XX 박사는 지금 당장 보건의료에서의 성 평등을 전면적으로 요구하는 것이 현명하지 못한 일이라는 결론을 내렸다. 워싱턴의 일 처리 방식을 잘 아는 그의 친구들도 '통째로 코끼리를 먹으려' 들지 말고 '한 덩어리씩 씹어서' 삼키라고 조언했다. 실제로 그로부터 몇 년 뒤 클린턴 대통령 부부는 의료보험 개혁에 실패함으로써 워싱턴에서는 역시나 코끼리를 통째로 먹을 수 없다는 것을 증명해 보이기도 했다.

XX 박사에게 첫 번째 '씹어 먹을 덩어리'는 하원을 설득해 국립 보건 연구원의 부인과 의사 수를 대폭 늘리는 것이었다. 미국 전체의 절반이 넘는 인구(여성 인구는 전체의 50.7퍼센트이다)를 담당하는 이들이 연구원 소속 전체 의사 중 1퍼센트 미만이라는 점 덕분에 그 조치는 보수적인 레이건 정부에서도 실행하기가 그리 어렵지 않았다. 이렇게 하여 부인과 의사들이 10배 가까이 늘어난 것은 중요한 첫걸음이었다. 워싱턴 안에 여성 보건 전문가들이 일정 비율을 차지하게 된 것이다. 다음 20년 동안 이 부인과 의사들은 여성 보건 수준을 끌어올리는 데 더없이 중요한 역할을 수행했다.

그후 1986년, XX 박사와 그 동료들의 압박 덕분에 미국 보건 연구원은 의료 연구 대상에 여성을 포함시키도록 하는 정책을 채택했다(동물 실험에는 암컷 쥐도 들어가도록 했다). 4년 후에는 여성 의학 연구, 여성의 의료 접근 향상, 여성 질병 예방 서비스에 관한 법령 20개가 하원을 통과했다. 그 직후 하원은 보건 연구원 내에 여성 보건 연구소를 설립하여 의학 실험에 여성을 참여시켰다.

XX 박사는 계속해서 여성 의료 연구를 지원하고 의료계의 성 평등을 촉구하는 단체인 여성 보건 연구회 창립을 돕기도 하였다. 박사가 조성해놓은 분위기와 인식의 전환 속에서 이 연구회까지 활발히 활동하면서 마침내 10여 개의 연구 프로젝트가 출범했고, 의료 각 분야에서 남녀 간의 차이를 속속 밝혀냈다.

예컨대 신경학 분야에서는 남녀의 뇌졸중 반응 현상이 다르다는 점이, 면역학에서는 낭창이나 다발성 경화증 같은 자가면역질환이 여성에서 2.7배나 더 많이 나타난다는 점이, 정신의학에서는 여성 우울증 환자가 더 많다는 점이 드러났다. 이러한 새로운 발견은 여성 환자의 진단 및 치료에 대한 의사들의 이해 수준을 높였고, 여성 의료의 수준을 서서히 높여나갔다.

가장 위험부담이 적은 것을 골라라

다시 두뇌 각본 이야기로 돌아가자. 20년이 조금 넘는 기간 동안 여성 수백만 명의 보건 수준을 개선한 것은 눈부신 빅뱅 승리가 아닐 수 없다. XX 박사가 빅뱅 승리를 점화하는 데 활용한 두뇌 각본은 무엇이었을까?

첫 번째는 '씹어 먹을 만한 작은 덩어리' 라는 개념이었다. 시간이나 노력이 많이 들지 않는 일은 성사시키기 쉽다는 점은 앞에서 이미 언급한 바 있다. 부인과 의사를 추가 고용하자는 XX 박사의 제안이 바로 그런 종류의 일이었다. 부인과 의사 15~20명을 고용하는 데 들어가는 추가 비용은 매년 수천억 달러에 달하는 미국 보건사회복지부의 예산 규모로 보면 반올림 오차 정도에 불과했다. '씹어 먹을 만한 덩어리' 라는 개념은 비용이나 처리 속도 측면에만 해당되는 것이 아니었다. 그것은 관련된 모든 당사자에게 위험부담을 낮추는 일이기도 했다.

워싱턴에서는 의사결정이 이루어지려면 '시선' 이 중요하다. 유권자,

언론, 영향력 있는 이해 집단이 그 사안을 어떻게 바라보는가가 결정적이다. 그때는 이미 XX 박사가 국립 보건 연구원에 부인과 의사가 턱없이 부족하다는 점을 널리 인식시킨 후였으므로 의회나 행정부의 정치가들은 부인과 의사 고용을 결정하는 데 큰 부담이 없었다. 오히려 그렇게 하지 않는 편이 더 위험할 지경이었다. 지미 카터 이후 여성 표를 얻지 못하고도 당선된 대통령은 없었다. XX 박사는 그 점을 알고 있었고, 수십 년에 걸쳐 변화를 진행시키면서 그것을 십분 활용했다.

부인과 의사 고용, 그리고 이후의 여러 시도에서 XX 박사가 활용한 두뇌 각본은 '여러 행동 가운데 하나를 선택해야 한다면 가장 위험부담이 적은 것을 고른다' 라고 요약할 수 있다. 박사는 이 각본을 약간씩 변형하여 여러 차례 적용했다.

예를 들면 이런 것이다. 의회 로비를 통해 국립 보건 연구원을 바꿔나가는 XX 박사의 행동은 사실 보건사회복지부 상급 관리자들의 눈에 곱게 비치지 않았다. 워싱턴에서 공무원이 해임을 당하는 일은 흔치 않지만, 상급자를 건너뛰고 의회를 직접 상대하려 드는 것은 해임 당할 수도 있는 사안이었다. 그렇기 때문에 박사가 '위험부담이 적은 쪽으로 간다' 는 두뇌 각본을 활용할 줄 몰랐다면 아마 그의 의회 로비는 해임 사유가 되고도 남았을 것이다. 박사는 상원과 하원에서 민주당 · 공화당 의원들과 돈독한 관계를 맺었고, 곧 누구도 건드릴 수 없는 존재가 되었다. XX 박사의 상급자 입장에서 보면 섣불리 박사를 해고해 의회의 분노를 사는 것이 더 위험해진 셈이었다. 차라리 월급을 주고 두고보면서 박사의 다른 잘못을 찾는 편이 나았다. 위험부담이 적은 쪽을 택한 것이다.

XX 박사의
두뇌 각본 활용법

XX 박사가 자기 일자리를 지킬 수 있었던 또 다른 비결은 자신이 자기의 두뇌 하나가 아니라 여러 두뇌, 즉 합의를 이루기 위해 애쓰는 관료들과 정치인들의 여러 두뇌를 상대한다는 점을 이해한 데 있었다. 일반적으로 거대 조직 안에서 합의에 이르고자 애쓰는 개개인의 두뇌는 나름의 습관, 업무 처리 방식, 각본을 지닌 하나의 유기체가 되는 성향이 있다. 사회 심리학자들에 의하면, 집단은 그 구성원인 개인들과는 전혀 다른 각본에 따라 움직인다고 한다. 예를 들어 집단으로 행동하는 사람들은 인종 충돌과 같은 상황에 맞닥뜨릴 경우 개인으로 있을 때보다 훨씬 더 폭력적이다.

XX 박사에게 특히 중요했던 것은 연방 정부라 불리는 집단 특유의 '모든 것을 천천히 하라' 라는 각본이었다. 이 각본은 특별한 목적을 지닌 전략이라 할 수는 없지만 거대 집단의 공통적인 특징이다. 특히 거대 집단의 한 부분(예를 들어 대통령 행정부)이 다른 부분(의회와 사법부)의 동의 없이 행동하지 못하도록 견제와 균형을 의도할 경우, 이 특징은 두드러지게 나타난다. 이렇게 미국 정부의 느리기 짝이 없는 움직임은 XX 박사에게 유리하게 작용했다. 의회와 접촉하여 새 법안을 만든 후 상사들이 눈치 채기 전에 자기 업무로 돌아올 시간을 벌었던 것이다. 굼뜬 관료들의 코앞에서 민첩하게 행동한 XX 박사는 상대에게 한 방 날린 후 상대가 상황을 깨닫기 전에 빠져나오면 살 수 있다는 것을 잘 알았다.

XX 박사의 이야기에서 드러나는 두뇌 활용법은 무언가 제안하거나 일자리를 지키는 정도에서 그치지 않고 더욱 폭넓게 적용할 수 있다. 요컨대 긴 도화선이 가져오는 빅뱅을 원한다면 때로는 이렇게 커다란 아이디어를 작은 아이디어들로 위장해야 한다는 것을 기억해두길 바란다.

XX 박사의 커다란 아이디어는 남성과 여성의 의료 수준을 동등하게 만드는 것이었다. 하지만 1980년대 중반에 성차별 없는 동등한 의료 수준을 주장한다는 것은 정치가들에게 극히 위험부담이 큰 과업이었다. 그런 혁신적인 움직임이 포착되면 권력을 지닌 남성 중심의 의료계가 당장 거센 로비를 벌일 것이 뻔했기 때문이다. 몇 년 뒤 클린턴 행정부 때 그러했듯이 말이다.

XX 박사는 정치적으로 위험한 아이디어를 부인과 의사 추가 고용이라는 위험도가 상대적으로 낮은 아이디어로 위장했다. 그리고 위험도가 낮은 다른 제안들을 차례차례 내놓으면서 여성의 의료 수준이 서서히 향상되도록 유도했다. 산부인과 전문의인 XX 박사는 워싱턴이 미처 깨닫기도 전에 거대한 아이디어가 잉태되도록 만들었던 것이다.

확신하지 못하는 이들의 **관점**

앞서 예로 든 미식축구뿐만 아니라 총성 없는 전쟁 같은 스포츠 시합에서는 코치와 선수들이 신속히 의사결정을 내리기 위해 미리 치밀한 각본을 마련한다. 유도에서도 마찬가지다. 최고의 선수는 적수의 장점과 약점을 상세히 분석하고 자기 장점과 약점에 대비하여 각본을 짠다. 적수의 장점이 오히려 약점으로 작용하게 하는 각본이다.

가령 적수가 자기보다 힘이 더 세다고 하자. 그 사실을 아는 적수는 시합에서 힘으로 제압하려 할 것이다. 이때 힘이 약한 쪽은 업어치기 방법을 동원해야 한다. 온라인 유도 포럼에 나온 설명을 인용하자면 다음과 같다. "상대를 등 위에 올려 어깨 너머로 던지도록 한다. 가장 좋은 방법은 일단 상대를 밀어붙여 뒷걸음질 치게 하다가 상대가 저항하며 덤벼들 때 살짝 당겨 균형을 잃게 만드는 것이다. 그러면 몸을 굽혀 상대 아래로 파고들어가 그를 던질 수 있다. 그냥 상대를 유인하는 것보다 이쪽이 훨씬 쉽다."

유도의 비유는 다음 두 가지 이유에서 눈여겨볼 만하다. 첫째, 우리 적수인 두뇌는 우리보다 훨씬 힘이 세다. 수백만 년 동안 치명적인 위협을 하나하나 이겨내면서 형성된 결과물이기 때문이다. 두뇌의 활동 속도나 에너지, 능력은 우리가 도저히 따라잡을 수 없다. 힘이 약한 선수 입장인 우리는 두뇌의 강한 힘이 두뇌 자체에 부정적으로 작용하도록 해야 한다. 달리 선택할 방법은 없다. 두뇌의 각본을 연구하고 어떻게 두뇌가 균형을 잃게 하여 매트에 메다꽂을지 사전에 탄탄한 작전을 세워야 한다. 무작정 정면 승부를 걸어서는 패배할 확률만 높아질 뿐이다.

둘째, 유도에서도 그렇지만 무엇보다도 우리 스스로의 균형을 유지하는 것이 핵심적이다. 나름의 원칙에 따라 움직이는 두뇌와 맞설 때는 아무리 힘들더라도 감정에 휩싸이거나 불안해하면 안 된다.

1980년대 말, 나는 휴즈 에어크래프트 사에서 뼈아픈 경험을 한 적이 있다. 당시 나는 우리 연구 개발팀에서 만들어낸 혁신적 시각 시뮬레이션 기술인 복셀Voxel에 대하여 강한 확신을 갖고 있었다. 대지와 활주로가 만화처럼 나타나는 당시 기술과 달리 복셀은 조종석에서 바라보는 풍경을 실제처럼 재현하는 비행 시뮬레이터를 만들어낼 터였다. 이제 와서 고백하지만 그 당시 나는 복셀 프로젝트에 반대하는 사람은 상상력도 혜안도 없는 존재라고, 휴즈 에어크래프트의 기본 철학을 이해하지 못하는 한심한 자들이라고 여겼다.

제2차 세계대전이 일어나기 전 하워드 휴즈는 비행기용 리벳을 발명했다. 공기 저항을 줄여 비행 속도를 높이고 연료도 절약해주는 혁신적인 발명품이었다. 전쟁이 끝난 후에도 레이더, 전자광학장치, 공대공 미사일Air-to-air missile 등 상식을 뛰어넘는 혁신적인 발명품이 이어졌다. 휴즈 연구소에서는 최초의 레이저가, 휴즈 우주시스템에서는 최초의 스핀 안정 방식 위성이 개발되었다. 이런 분위기 속에서 나는 복셀 프로젝트를 반대하는 사람은 하워드 휴즈의 정신을 모르고 안정만 지향하는 것이라 규정했고, 예산을 논의하는 회의 등에서도 그런 마음을 굳이 숨기지 않았다. 나아가 복셀 프로젝트를 가로막는 이들은 인수합병의 결과로 회사에 합류하게 된 경영자들로 휴즈 사의 혁신 문화를 제대로 배우지 못했다고 비판하기도 했다.

이렇게 서투른 인신공격을 당한 반대파들은 허황되고 낭비적인 프로젝트를 위해 더러운 공격을 서슴지 않는 정신병자로 나를 얼마든지 몰아붙일 수 있었다. 하지만 하워드 휴즈의 꿈을 이뤄야 한다고 주장하는 나의 감정적인 태도와 달리 반대파들은 시종일관 침착하고 이성적이었다. '충분히 좋다면 완벽할 필요는 없다' 라는 실용적인 논의를 펼치기도 했고, '베를린 장벽이 무너진 시점에서 어느 군대가 복셀 기술을 원할까?' 라는 송곳 같은 질문을 던지기도 했다. 나는 감정에 휩쓸려 균형을 잃은 반면, 반대파들은 냉정하게 핵심을 짚었다. 휴즈 사의 경영진은 열정이 아닌 냉정을 택했고, 결국 복셀 프로젝트는 무산되었다.

생각의 빅뱅

하나 이상의
두뇌 각본

복셀 프로젝트를 둘러싼 싸움에서 패한 후 패인을 분석하면서 나는 보수적인 견해를 지닌 동료들을 좀더 존중했어야 한다는 점을 뒤늦게 깨달았다. 당시 나는 이성적인 사람이라면 그렇게 변화에 저항해서는 안 된다고 믿었고, 그랬기 때문에 조심스러운 동료들을 거세게 비난했다. 하지만 돌이켜보니 동료들의 뇌가 보수적이었던 것은 지극히 자연스러운 진화의 결과였다. 실제로 극도로 불확실한 구석기 시대의 시각에서 보면 그렇게 하는 편이 이성적이었다.

1990년, 휴즈 에어크래프트 사가 처한 상황은 혹독한 가뭄이 시작될 즈음 구석기 시대 인류가 처한 입장과 비슷했다. 살아남으려면 부족한 자원을 보존해야 했다. 베를린 장벽의 붕괴는 국방비 급감을 예고했고, 그 상황에서 불확실한 복셀 프로젝트에 수백만 달러를 쏟아붓는 것은 위험부담이 너무 컸다. 더욱이 1990년은 방위 산업의 불황기였고 비용을 절감해야 했다. 비록 프로젝트 반대파의 보수적인 사고에는 동의할 수 없다 해도 그 견해가 지극히 이성적이라는 점은 인정할 수밖에 없었다.

그런 관점에서 보자면 급진적 변화를 거부하는 동료들의 성향은 성격적 결함이 아니라 본성의 힘이었다. 어두워지는 시장 전망이라는 현실적 상황에서 나타난 본성이었던 것이다. 위험부담이 큰 사업을 거부하는 동료들에게 화를 냈던 내 행동은 플로리다 허리케인이나 캘리포니아 지진 앞에서 격분하는 것이나 다름없었다. 그 지역 주민이라면 자연의 무서운 힘을 그냥 인정해야 한다. 기업의 입장도 마찬가지였다.

　그렇게 진흙탕 싸움을 포기하고 자연의 이성적인 힘을 존중하기로 작정하자 내가 균형을 잃도록 만들었던 분노와 불만을 떨쳐낼 수 있었다. 이 새로운 시각은 이후 디즈니에서나 공무원으로 일하며 긴 도화선을 통한 빅뱅을 추구할 때 그 가치를 여실히 증명했다. 나는 진화적 혁신보다는 혁명적 혁신을 계속 밀고 나갔지만 보수적인 반대파에게 더 이상 화를 내지 않았다. 개인에 대한 공격을 삼갔고 말의 수위를 조절했으며, 내 주장에 위기관리 개념을 도입했다.

　새로운 접근법은 몇 가지 면에서 예전보다 훨씬 좋았다. 첫째, 분노 어린 공격을 자제하니 보수적인 사람들이 화를 내며 내 주장을 반박하는 데 에너지를 쓰는 일이 적어졌다는 것이다. 흔히 비즈니스 현장의 사람들은 자신이 조직의 이익을 위해 행동한다고 생각하지만 실제로는 경쟁하는 동료들과 싸우는 데 대부분의 에너지를 소모한다. 나는 내게 반대하는 사람들을 공격하지 않기로 했고 적들의 명단도 만들지 않았다. 지적인 적수는 감정적인 적수로 변할 가능성이 적다. 그리하여 경쟁에 쓸 에너지를 다른 건설적인 곳으로 돌릴 수 있다.

　새로운 접근법이 좋았던 두 번째 이유는 내가 훨씬 균형 잡힌 모습을 보일 수 있다는 것이다. 휴즈 사에서 복셀 프로젝트를 옹호할 때 나는 회사가 언제나 치열한 기술 경쟁의 첨단에 서야 한다고 주장했다. 그러나 '언제나'라든지 '치열한' 또는 '첨단' 같은 어휘는 극단적으로 들리기 쉬웠다.

　그후 정보기구의 과학 기술 담당자로서 고위험/고보상 연구 조직 IARPA(정보 첨단 연구 프로젝트) 창설을 제안하게 되었을 때 나는 주로 포트폴리오의 균형을 강조하는 어휘를 사용했다. 연구 개발 투자 가운데 진화적 연구의 비중이 혁신적 연구에 비해 너무 많다고 지적한 것이다. IARPA는 사실 복셀 프로젝트 못지않게 혁신적인 개념이었지만 균형을 이루고자 하는 본능적 욕구를 충분히 자극했다. 그리하여 지적인 반대 주장이 나왔음에도 IARPA 제안은 결국 받아들여졌다.

요점은 다른 어떤 두뇌보다도 자기 자신의 두뇌를 제대로 다루는 것이 중요하다는 것이다.

우리 행동을 통제하는 '누군가' 가 있다

우리 자신을 정복하자는 것. 이론상으로는 멋지다. 그런데 현실에서는 어떻게 실행에 옮길 수 있을까?

대부분의 사람들은 자신의 이런저런 단점을 이미 알고 있지만 고치고 싶은 행동을 결국 고치지는 못한다. 담배를 끊겠다고, 술을 적게 먹겠다고, 쓸데없이 너무 많이 떠들지 않겠다고 여러 번 결심하지만 결국 똑같은 행동을 계속한다. 비즈니스 현장에서 경쟁 상대가 야비한 짓을 해도 무시해주겠다고 작정했으면서도 막상 충돌이 일어나면 날선 공격을 가하고 마는 것도 마찬가지다.

우리는 여전히 운전을 너무 빨리 하고, 재활용품 분리는 너무 적게 하며, 조깅을 하면서 땀을 흘리기보다는 안락의자에 편히 앉아 뱃살을 늘리는 데 훨씬 더 긴 시간을 쓴다. 직장에서는 이제부터 당장의 불끄기에 급급하는 대신 장기적 계획을 세우겠다고 결심해도 또 다른 '긴급사태' 가 발생하면 다른 일은 모두 뒷전으로 밀어내버린다. 안타깝게도 그 긴급사태가 끝난 후에 다시 긴 도화선을 기억하고 불을 당기는 일은 별로 없다.

마치 다른 누군가가 우리 행동을 통제하는 것만 같다. 우리는 그의 결정을 그저 수동적으로 지켜보거나, 아니면 희생당하는 것만 같다. 사실을 말하자면 정말로 우리 행동은 다른 누군가가 통제하고 있다. 우리가 흔히 '자신'이라고 생각하는 것은 의식하는 마음, 인식하고 느끼고 기억하고 생각하는 바로 그 존재이다. 하지만 진화는 그 의식적인 존재가 순간적인 결정을 내려야 할 때 너무 느려서 신뢰할 수 없다는 결론을 내렸다. 그리하여 신속하고 무의식적인 과정으로 나타나는 우리의 몇몇 행동은 두뇌가 직접 통제하게 되었다. 의식적이라고 생각하는 여러 행동들, 예를 들면 말을 하는 것 같은 행동은 실제로 무의식적이다.

친구들과 대화할 때 어떤 일이 일어나는지 생각해보라. 우리는 친구가 하는 말을 듣고 내 생각을 대답한다. 하지만 말을 하면서 어떻게 호흡을 해야 할지, 혀와 입술, 치아를 어느 위치에 놓아야 할지는 생각하지 않는다. 우리 귀에 들리기 전까지는 어떤 단어가 입 밖으로 나가고 있는지도 모른다. 믿어지지 않는가? 친구와 이야기를 나누다보면 내 밀이 밀다는 것을 알 수 있을 것이다! 요긴대 우리 행동을 통제하는 '다른 누군가'는 무의식적으로 자동화된 여러 가지 각본이다.

행동을 바꾸려면
인식을 바꿔라

진화는 생각하는 자의 통제권을 빼앗아 행동하는 자에게 넘겨주었다. 우리 두뇌에서 '행동하는 자'는 자동화된 각본이다. 이는 '동물이 자기보다 크다면 도망쳐라. 작다면 뒤쫓아 잡아먹어라'와 같은 단순한 논리에 따라 아주 신속하게 결정을 내린다. 그렇기 때문에 자동화된 각본이 어떻게 움직이는지 이해하는 것은 우리 두뇌를 관리하고 긴 도화선을 점화해 빅뱅 승리를 이끌어내는 데 필수적이다. 기본 접근법은 그 각본과 맞서 싸우거나 각본을 없애려 들지 말고 교묘하게 편집하는 것이다.

이미 앞에서 언급한 몇몇 각본을 면밀히 살펴보면 어떻게 해야 할지 단서를 잡을 수 있다. 에너지를 보존하려는 두뇌의 특성 때문에 몸이 지친 후에는 언덕의 오르막길 경사가 더 급한 것처럼 인식한다는 프로핏 교수의 연구 결과를 떠올려보자. 이는 행동 변화가 자연스럽게 일어나는 과정을 보여준다. 즉 우리 두뇌는 몸의 피로를 감지했을 때 언덕을 오르는 행동을 바꾸지 않고 오르막 경사에 대한 인식을 바꿈으로써 간접적으로 행동을 조정하는 것이다.

이 방식의 커다란 장점은 단순함이다. 우리 두뇌는 몸이 피곤한 정도, 사용 가능한 에너지, 언덕의 경사도 등을 복잡하게 감안하여 '만약 --라면 --하라'는 식의 수많은 각본을 만들지 않는다. 대신 '경사가 완만하면 올라가고 경사가 심하면 포기한다'라는 아주 단순한 규칙에 입력정보를 대입한다. 그리고 오르막길 경사도를 실제보다 더 심하게 인식하도록 하여 무의식적인 행동 각본이 '포기' 쪽을 선택하도록 한 것이다. 이러한 행동 조정은 단순하면서도 효과적이어서 두뇌는 많은 에너지를 들일 필요조차 없다. 또한 단순하므로 신속하다.

여기서 챙겨야 할 교훈은 우리 두뇌의 관리 방법은 두뇌 자체의 각본에서 얻을 수 있다는 점이다. 즉 위의 상황에서 교훈을 뽑아내자면 '행동을 변화시키려면 인식을 바꿔라'가 되지 않을까? 앞서 예로 든 복셀 프로젝트의 실패를 통해 나는 동료들의 보수적인 태도를 편협함 대신 진화의 당연한 산물로 바꿔 인식함으로써 가슴 속에서 분노를 없앨 수 있었다. 균형을 잃어버리고 빅뱅을 향한 열정을 스스로 깎아내리는 일도 없어졌다. 인식을 바꿔 행동을 변화시킨 것이다.

'행동을 바꾸기 위해 인식 바꾸기'라는 각본이 빅뱅을 이끌어내는 데 집중하도록 돕는 것도 얼마든지 가능하다. 가령 긴급 상황이 발생했을 때 이를 치명적 위협이 아니라 미래의 승리를 위한 기회로 인식하는 것이다. 디즈니 이매지니어링 연구 개발팀에 재직하던 1990년대에 나와 내 동료들도 그런 차원에서 경영진의 긴급 요청을 즐겁게 받아들이곤 했다. 그 상황은 늘 바쁘기만 한 경영자들에게 우리의 미래 비전을 제대로 알릴 기회가 되었기 때문이다.

1997년에 디즈니 사장으로 부임한 마이클 오비츠Ovitz는 몇 주 후 버뮤디에서 열릴 잡지 편집인 회의에서 터뜨려 모두를 깜짝 놀라게 할 '기막힌 멀티미디어 신세계'를 준비하라고 지시했다. 불과 몇 주 만에 기획, 디자인, 리허설까지 끝내야 한다는 말에 잠시 충격에 빠졌던 우리는 곧 그것이 우리의 모바일 멀티미디어 계획을 선보일 절호의 기회임을 깨달았다. 디즈니의 잡지와 책들이 전자 문서 형태로 무선 전송되는 방식이었다.

우리는 열정적으로 밀어붙였고 결국 'e-매거진' 시안과 e-매거진을 받아보는 소비자의 하루를 보여주는 비디오까지 제작했다. 오비츠 사장의 발표는 큰 인기를 끌었고, 우리 e-매거진 비디오는 경영진에게 모바일이 가져올 미래를 설득하는 데 아주 중요한 역할을 했다. 사장의 갑작스러운 요구를 단기적 위협에서 장기적 기회로 바꿔 인식함으로써 우리의 두뇌를 효과적으로 관리하고 활용한 것이다.

빅뱅을 일으키기 위해
바꿔야 할 것

작고 신속한 결과를 내는 데 시간을 소모하기 일쑤인 우리의 일상에서 대가를 얻으려면 근시안적 목표들이 서로 연결되어야 한다. 폭죽이 길게 연결된 상황을 생각해보라. 폭죽 하나의 폭발은 작을지 몰라도 오랫동안 연이어 불꽃이 터진다면 결국 다이너마이트와 같은 힘을 내게 된다.

빅뱅을 일으기기 위해 매일 히고 있는 일을 바꿀 필요는 없다. 일하는 방식만 바꿔도 된다. 대부분의 기업들은 시행착오를 거쳐 발전 방향을 수립한 후 이를 거의 바꾸지 못한다. GE의 잭 웰치나 IBM의 루 거스너 같은 강력한 리더들은 때로 기업을 완전히 바꿔버리기도 하지만 그렇게 강력한 CEO가 아닌 이상 기존의 비즈니스 방향을 조심스럽게 조정하면서 장기적 변화를 도모할 수밖에 없다. 조직의 행동을 바꾸는 비밀은 개인의 행동을 바꿀 때와 똑같다. 자연스러운 특성에 거스르기보다 맞춰나가며 관리하는 것이다.

미래와 현재를 연결시키는 능력

혜안을 지닌 지도자들은 평범한 사람들과 어떤 차이가 있을까? 피터 대제, 간디, 마틴 루터 킹이 그토록 성공한 이유는 무엇이었을까? 무스타파 아타튀르크Atatürk는 터키를 어떻게 근대화했을까? 자신의 거대한 금융 제국을 건설할 당시 워렌 버핏은 밤마다 잠들기까지 무슨 생각을 했을까?

'혜안'이라는 말이 보여주듯이 이 위대한 인물들은 현재보다 약간 더 나은 미래가 아닌, 근본적으로 혁신된 미래를 꿈꾸었다는 공통점을 갖고 있다. 혜안을 가진 지도자들은 크고 넓게 생각한다.

크게 생각하는 것이 혜안을 가진 지도자의 유일한 특징은 아니다. 그렇다면 우리 주변은 아마도 그런 지도자들로 넘쳐날 것이다. 내 어릴 적 친구들은 대부분 나중에 대통령이 되겠다는 꿈을 꾸었다. 더 큰 야망을 지닌 아이들도 있었다. 고등학교 동창인 리는 지구를 넘어 태양계까지 지배하겠다고 했다. 리의 꿈이 이루어졌다면 아마도 지금쯤 그의 지휘 하에 지구는 다른 이웃 행성을 정복해 한층 나은 미래를 만들어냈을지 모르겠다.

혜안을 가진 사람들의 공통점

그러나 최근까지 확인한 바로는 어린 시절의 꿈에 근접한 아이는 없었다. 리도 계획에 한참 못 미친 상황이다. 그러니 크게 생각하는 것이 혜안을 지닌 지도자가 되는 데 필요조건이긴 해도 충분조건은 못 되는 셈이다. 그렇다면 무엇이 더 필요할까? 명쾌한 대답이 있다면 좋겠지만 역사를 살펴보면 별로 그렇지 못하다.

피터 대제는 러시아의 문화와 영향력을 확대시킨 군사 지도자였다. 피터 대제가 사용한 방식은 간디가 인도를 해방시키는 방식과 전혀 달랐다. 뉴턴은 빛이 유리 프리즘을 통과하는 경로를 보여주는 것과 같은 정교한 실험을 통해 물리학의 세계를 혁신했다. 몇 세기 후의 아인슈타인은 실험실의 빛 경로 추적이 아니라 우주를 통과하는 광선의 움직임을 상상하는 것으로 물리학을 혁신했다. 워렌 버핏은 성공을 일구어낼 역량을 지닌 기업가를 먼지 알아보는 뛰어난 판단력을 발휘했다.

각 인물들의 특성은 다르지만 특별한 혜안을 지니고 변혁을 일으킨 지도자들에게는 미래의 성공을 내다보는 것 외에 최소한 또 하나의 공통점이 있었다. 자신들이 바라보는 미래와 나머지 모두가 바라보는 현재를 연결시키는 능력이 바로 그것이다. 그들은 예외없이 그러한 능력을 갖추고 있었다. 대부분의 시간을 홀로 연구에 매달렸기에 자기가 가진 혜안을 남들에게 설득할 필요가 없었던 아이작 뉴턴도 마찬가지였다. 그 역시도 자기가 발견해낸 결과를 평범한 사람들에게 설명할 방법을 찾아야 했고, 그 발견을 실제적인 '지금-여기'의 문제에 적용해야 했으니 말이다.

위대한 미래를 건설하는 것은 한 사람이 혼자 하는 일이 아니다. 우리가 힘을 합쳐야 한다. 한 번에 한 단계씩 서서히 '현재'를 개선시켜 나가야 그토록 위대한 결과를 얻을 수 있다.

오늘 나는 무엇을 달리할 것인가?

당신이 몸담고 있는 조직을 백 배 더 발전시키고 싶다고 하자. 매출을 백 배 늘릴 수도 있고, 수익이나 생산성을 백 배로 높일 수도 있다. 그 결과를 얻기 위해 오늘 어떤 일을 시작할 것인가? 내일과 모레는 어떤가? 제대로 된 혜안가라면 이 질문들에 답을 내놓을 것이다. 그게 아니라면 그 혜안은 공염불일 뿐이다.

'오늘 나는 무엇을 달리할 것인가?'라는 질문에 훌륭하게 답하는 것이 특히 중요한 이유는 두뇌 연구가들이 이미 밝혀냈듯, 우리 대부분이 현재에 살면서 미래는 그냥 내버려두기 때문이다. 미래를 향해 움직여야 할 '지금-여기'의 동기가 없는 한 우리는 절대로 '장차-거기'에 도달할 수가 없다. 미래가 오늘을 보상하도록 할 방법을 찾지 못하는 혜안가는 그저 혜안가로 남는다. 반면 미래가 오늘을 보상하도록 할 방법을 찾은 혜안가는 특별한 혜안을 지닌 리더가 된다.

즉각적인 **보상**의 **힘**을 **활용**하라

위대한 혜안가들은 어려운 도전을 극복하기 위해 두뇌의 단기 지향성을 관리하는 법을 찾아냈다. 작고 신속한 성취를 여러 차례 반복하면서 미래의 빅뱅을 향한 길고 고단한 여정을 이어가는 것이다. 지옥으로 가는 길은 선한 의지로 포장되어 있다는 속담에 빗대어 보자면, 이 지도자들은 성공으로 가는 길이 즉각적 보상으로 포장될 수 있음을 보여주었다.

아프리카의 의료 개혁을 위해 꾸준히 노력해온 비영리 단체인 아프리카 의료연구새난의 엘렌 사빈 전前 회장은 아주 작은 것에서 커다란 만족을 느끼는 재능 덕분에 그 기나긴 투쟁이 가능했다고 말한 바 있다. 그는 매일 아침 해야 할 일을 긴 목록으로 만든 뒤 하나씩 지워갈 때마다 마음껏 기뻐했다고 한다. 이런 식으로 하루에 20~30번 스스로에게 보상을 주었다. 그리고 하루 18시간의 긴 업무를 마치고 잠자리에 들 때에는 목표에 또 한 발짝 다가갔음을 기억했다고 한다.

목록을 통해 즉각적인 보상을 얻곤 했던 또 다른 사람은 제40대 미국 대통령 로널드 레이건이다. 그는 다이어리에 깨알같이 일정을 적어두고 회의가 하나 끝나면 즉시 그 부분에 줄을 그었다. 그 역시도 하루 일과를 마무리할 때가 되면 줄을 그어 지운 목록을 바라보며 즐거워했다고 한다.

그러나 즉각적인 보상의 힘을 가장 잘 활용한 사례는 아무래도 윌리엄 그리피스 윌슨Wilson을 꼽아야 할 것이다. 알코올 중독자였다가 1934년에 술을 끊고 1971년에 사망할 때까지 술을 한 방울도 입에 대지 않았던 윌슨은 역시 알코올 중독 전력이 있는 밥 스미스Smith 박사와 함께 12단계 중독 치료 프로그램을 개발해냈다. 약물과 알코올 중독 치료에 가장 효과가 크다는 '알코올 중독자 갱생회Alcoholics Anonymous'가 바로 그것이다.

윌슨과 스미스의 12단계는 야심찬 장기 목표를 한 번에 달성하기가 매우 어렵다는 점을 인정하는 것에서 출발한다. 그리하여 쉽게 성취할 수 있는 작은 단계들로 목표를 쪼갠다. 알코올 중독자가 12단계를 다 밟은 후에도 알코올 중독자 갱생회는 영원한 금주가 아니라 한 번에 하루씩만 금주를 실천하도록 한다. 이렇게 점진적인 행동의 변화를 유도하는 것은 인간 두뇌가 긴 도화선을 따라 빅뱅에 이르는 방식을 깊이 이해한 결과이다. 즉 우리 두뇌가 단숨에 긴 도화선을 점화하도록 하지 않는 것이다. 대신 한 번에 하루라는 짧은 도화선에 불을 붙여 이것이 더 긴 도화선으로 연결되도록 하였다.

생각의 빅뱅

두뇌의 단기적
성향을 관리하기

앞서 이야기한 바와 같이 휴즈 에어크래프트 사에서 복셀 프로젝트 추진에 실패한 덕분에 나는 중요한 진리를 깨닫게 되었다. 먼 미래의 승리를 추구할 때 가장 일차적으로 관리해야 할 뇌가 바로 나 자신의 뇌임을 알게 된 것이다. 처음 이 깨달음을 얻은 것은 1990년대 초반이었지만 가슴속에 깊이 새겨넣기까지는 여러 차례 반복 학습이 필요했다.

2005년에 나는 (미국) 행정부에서 마지막 일자리를 얻었다. 그곳에서 나는 테러리즘의 뿌리를 파악하기 위한 몇 가지 소프트 사이언스 프로젝트 지원관리 업무를 맡았다. 그러나 나는 이라크와 아프가니스탄 전쟁이라는 긴급한 상황이 만들어내는 하드 사이언스 문제들을 해결하느라 매일 시달리는 형편이어서 9·11 사태 이후 의회가 왜 새로운 직무를 만들어 내게 맡겼는지조차 잊어버릴 판이었다.

2006년 초, 이라크 장기 출장에서 돌아온 지 며칠 안 되었을 때였다. 과학기술 국가 정보국 National Intelligence for Science and Technology의 스티브 닉슨 부국장이 내 사무실에 찾아왔다. 그는 '지금 여기'의 문제들에만 매달리는 내 증세를 지적하고 그로 인한 문제들을 죽 나열했다. 그리고 혁신적인 새로운 개념을 전파하는 일이 지지부진하니 재택근무를 하며 내가 하고 싶은 일이 아니라 당장 해야 하는 일을 하라고 제안했다.

알코올 중독자 갱생회의 용어를 빌리자면 '개입'을 한 것이다. 알코올 중독자가 마침내 금주 결심을 하도록 할 정도의 큰 충격은 아니었어도 그의 개입은 내 행동을 바꾸기에 충분했다. 나는 부국장과 마주앉아 기술 대혁신에 초점을 맞추는 새로운 기관, 미국 방위 고등연구계획국 DARPA; Defence Advanced Research Projects Agency의 정보기관 버전이라 할 수 있는 조직을 창설하는 문제를 의논했다.

알코올 중독자 갱생회의 방법이 그렇듯, 우리도 한 번에 목표를 달성할 수 없다는 것을 잘 알고 있었다. 특히 워싱턴에서는 새로운 아이디어가 받아들여지기까지 오랜 시간이 걸리니 말이다. 그래서 작은 승리들을 이루고 축하하면서 단계별로 차근차근 진행시키는 계획을 짰다. 2년 후 드디어 미국 정보 고등연구계획청IARPA; Intelligence Advanced Research Projects Agency이 출범했다. 이 기관이 견지하는 절대 원칙은 바로 긴 도화선을 통해 빅뱅을 이끌어내는 것이었다.

긴 도화선을 통해 빅뱅을 이뤄내는 혜안가의 일상은 다른 평범한 사람들과 아주 약간 다를 뿐이다. 리더들 역시 작지만 신속한 결과를 이뤄내는 데 시간을 쓴다. 하지만 그 단기적 목표들은 마치 폭죽의 도화선들이 연결되듯 서로 긴밀하게 이어진다. 폭죽의 폭발은 작은 규모지만 오래 불꽃이 타오르다보면 결국에는 다이너마이트가 될 수 있다. 빅뱅 결과를 이끌어내기 위해 매일 하는 일을 바꿀 필요는 없다. 일하는 방식만 바꾸어라. 일상적인 방해 요소들이 그냥 방해 요소로 끝나게 해서는 안 된다. 단계별로 추진해 마침내 큰 목표에 도달하게 하라.

내용이 아니라 **방법**을 바꿀 **것**

지금까지 두뇌와 행동에 대해 살펴본 결과를 한마디로 정리하면 '관성'이 될 것이다. 인간 행동은 변화를 거부하고 관성에 따라 움직이는 거대한 바윗돌과 같다. 아이작 뉴턴의 설명에 따르면 관성은 '정지한 것은 계속 정지해 있으려고 하고 움직이는 것은 계속 움직이려고 하는 것'이다. 즉 우리 두뇌는 안전지대 안에 머물며 가능한 한 적은 에너지를 소모하기를 바란다.

뉴턴의 관성 법칙은 물체뿐 아니라 우리 인간에게도 적용 가능하다. 매일 반복되는 우리 일상은 일정한 방향으로 굴러가는 바윗돌이다. 아침이면 사무실에 도착해 전자우편을 확인하고 회의에 참석하고 보고서를 쓰고 전화를 하고 긴급한 일들을 처리하고 퇴근한다. 그러나 이러한 긴급 진화 작업은 완벽한 해결이 아니므로 늘 초조한 마음이다. 다음 날이 밝으면 또다시 출근해 같은 일상을 보내며 같은 방향으로 굴러간다. 미래를 바라보는 일은 한 해 몇 차례에 불과하다. 향후 5개년 예산

계획을 세운다거나 신규 제품이나 서비스 투자를 결정할 때, 새로 직원을 뽑을 때 등등…….

이 와중에 경기 침체 등으로 상황이 안 좋게 흘러가면 바윗돌의 궤도를 바꾸려는 혁신의 시도(예를 들어 비즈니스 프로세스 혁신 운동)는 틀림없이 실패하고 만다. 혁신이 고유의 기업 문화, 관행, 변화 동기의 결핍과 같은 관성과 반대로 작용하기 때문이다. 거대한 바윗돌을 몇 센티미터 미는 것은 가능하지만 억지로 방향을 바꿔버릴 수는 없다. 지난 (2008년) 경제 위기 때 GM과 크라이슬러가 파산한 것도 관성에 사로잡힌 관료체제가 신속한 방향 전환을 하지 못했기 때문이다. 자동차 거인들은 연비절약형 모델을 생산하는 쪽으로 전환하지도 못했고, 경비를 절감해 유동성을 확보하지도 못했다.

관성의 법칙 활용법

바윗돌의 비유는 내일의 큰 성공을 위해 오늘 어떻게 준비할 것인가에 대해 간단한 개념틀을 제공한다. 우리가 지금 주변을 포위한 적들에게서 언덕 위 성채를 지켜야 하는 중세 시대식 위기 상황에 처했다고 상상해보자. 적들은 수개월 동안 거대한 성문파쇄기를 세웠다. 첩보에 따르면 성문파쇄기 건설에 힘을 너무 많이 쏟아 그 기계가 없어지면 전투를 포기할 지경이라고 한다. 우리의 미래는 그 성문파쇄기 무력화에 달려 있다.

유일한 방법은 거대한 바윗돌을 성문 안쪽에 준비했다가 적들이 성문파쇄기로 공격을 시작할 때 성문을 열고 바윗돌을 굴려 보내는 것이

다. 중력이 더해지면 바윗돌은 엄청난 무게와 속도로 성문파쇄기를 박
살낼 수 있다. 하지만 바윗돌은 하나뿐이고, 혹시라도 빗나가거나 제대
로 부딪히지 않는다면 성을 빼앗기고 만다.

운명의 날이 다가왔다. 모든 것은 바윗돌이 정확하게 목표를 맞추느
냐에 달려 있다. 이 중요한 목표를 위해 가장 용감한 기사가 가장 발 빠
른 말을 타고 바윗돌 옆을 함께 달리도록 했다. 기사는 숙련된 솜씨로
창을 이용해 바윗돌의 방향을 조금씩 조정해나갔다. 창으로 한 번 건드
리는 것은 몇 센티미터를 바꿀 뿐이지만 그런 행동이 축적되면 바윗돌
은 목표 지점을 거의 정확하게 맞출 수 있으리라.

수천 명의 적들이 기다리는 곳으로 달려간 용감한 기사가 어떻게 되
었는지에 대한 이야기는 상상에 맡기겠다. 우리의 관심사는 그보다는
행동이라는 바윗돌이 어떻게 위대한 미래를 향하도록 할 수 있는가에
있으니 말이다.

이 이야기의 첫 번째 교훈은 새로운 일이 제대로 굴러가도록 하려면
때로 외부의 도움이 필요하다는 것이다. 성에서 굴러 내려가는 바윗돌
이 성문파쇄기를 박살낼 만큼의 속도를 얻자면 중력이 필요하다. 두 번
째 교훈은 초기의 목표가 잘못될 가능성을 염두에 두고 일을 추진하는
과정 내내 방향 조정 작업을 해야 한다는 것이다. 그러면 마지막 순간
에 관성을 거슬러 거대한 바윗돌을 움직여야 하는 불가능한 과업을 피
할 수 있다.

조직의 행동을 바꾸는 비밀

2007년에 정부 기관을 떠난 뒤 나는 거대 기업이 신기술 혁신을 이루도록 돕는 경영 컨설팅 사업을 시작했다. 나는 컨설팅을 할 때 언제나 특정 기술 자체보다는 기업이 혁신 기술을 개발하거나 적용하는 과정에 더 초점을 맞춘다. 그 이유는 신기술로 이윤을 높이려 할 때 당면하는 가장 큰 도전은 기술적 문제가 아니라, 신기술 적용의 방향을 제대로 맞추는 것이기 때문이다.

대체로 신기술을 개발하거나 도입하는 거대 조직에는 신제품 생산의 여지를 제한하는 거대한 관성이 있다. 예를 들어 대규모 공장이 몇몇 제품 생산에만 최적화되었을 수도 있다. 해당 소비자들이 신제품이나 새로운 사고를 잘 받아들이지 못하는 관료적 성향인 경우도 있다. 또한 거의 모든 거대 조직의 비즈니스 과정은 혁신적 변화보다는 점진적 변화를 선호한다.

변해야 하는 것은
무엇인가

2008년에 나는 지구 주위를 도는 물체에 소형 원격제어 센서를 장착하는 회사를 컨설팅한 적이 있다. 텔레메트리라 불리는 이 원격제어 센서는 환경 조건, 원격 센서의 유지보수 상태 등 다양한 실시간 데이터를 서로 다른 대륙의 지상 관제센터로 전송하는 역할을 한다. 회사는 각 지역의 조건에 따라 다양한 텔레메트리 무선 통신 방식을 사용했다. 도시 환경이라면 휴대전화나 Wi-Fi라는 기존의 무선 인프라를 활용했다. 반면 벽지일 경우는 상업용 위성 전파나 맞춤형 원거리 발신기를 이용했다. 동일한 과업 수행을 위해 회사는 10가지가 넘는 통신 방식을 개발하거나 적용하고 있었다.

회사는 매년 텔레메트리 통신 기능을 개선하여 지구 전체를 포괄하도록 만들고자 애썼다. 매년 조금씩 센서를 고쳐나가면서 통신 가능 영역을 늘려갔지만 혁신적인 성과는 없었다. 그 상황에 대하여 내가 내놓은 조언은 그들을 놀라게 하기 충분했다. 그들은 아마도 단칼에 문제를 해결하는 방법, 조직 재편, 엔지니어링 재편, 인력구조 재편 등 연구 개발 기관을 뒤흔드는 커다란 '재편'을 기대했던 모양이다.

그러나 그러한 재편은 조직이라는 바윗돌을 너무 빠르게, 너무 멀리 움직이려 하기에 실패하기 십상이다. 그래서 나는 고객에게 현재의 조직, 비즈니스 과정, 인력, 심지어는 약간의 센서 수정이라는 기존의 외양과 전략을 그대로 유지하라고 했다. 변해야 하는 것은 매년 신기술을 수정하는 방향이었다. 그리고 다음과 같은 시나리오를 제안하였다.

매년 재무 계획을 세우면서 회사의 신제품 개발팀은 다양한 텔레메트리 시스템의 개선 방향을 제안한다. 데이터 용량, 전송 범위, 배터리 수명 등을 조금씩 향상시키는 것이다. 이러한 연간 기술 계획은 향후 12개월 동안의 기술 발전 방향에 대한 예상을 담고 있고, 그 발전을 원격 모니터링 시스템 성능 향상에 어떻게 담아낼 것인지 방법을 제시한다.

그러나 이 계획에는 관련 기술들이 5년 이후에 어느 방향을 향할지에 대한 예측이 빠져 있었다. ‘도그 이어’ 현상 때문에 기술계의 5년은 35년과도 같은 기간이고, 그렇게 멀리 내다보는 일은 불가능하다고 여겼던 것이다. 문제는 그 결과로 5년 후가 도래하면 회사는 최신 통신 기술을 제대로 이용하지 못하는 상태가 된다는 것이다. 장치의 작동 범위도 충분히 확대시키지 못한다. ‘낮은 곳에 달린 포도’를 따먹는 데 매달림으로써 ‘오늘날’의 기술을 완전히 활용하려는 장기적 노력이 미흡했던 시간들이 가져올 수 있는 결과이다.

이 문제에 대한 해결책으로 나는 먼 미래의 비전을 수립하고 이를 현재의 제품 개발 계획에 연결하라고 조언했다. 기존의 계획을 5년 후의 기술 상태에 맞춰 조정하라는 것이다. 다른 모든 기술이 그렇듯 텔레메트리 통신 또한 서서히 컴퓨터로 진화해간다는 점도 지적했다. 특화된 아날로그 제품이 특화된 디지털 제품에 자리를 내주었다가 다시 범용의 컴퓨터 및 거기에 장착되는 소프트웨어로 대체되는 상황이었던 것이다. 또한 2008년 정도면 휴대폰의 양방향 통신 체계가 PC 내부와 비슷하게 될 것이었다. 워키토키가 걸었던 길처럼 말이다.

특화된 통신 하드웨어가 통신 소프트웨어를 갖춘 범용 컴퓨터로 대체되는 트렌드를 달리 해석하면 5년 후에는 이 회사의 서로 다른 통신 기기 10개가 10가지 소프트웨어를 갖춘 단일 통신 기기로 대체될 수 있다는 뜻이었다. 이런 전략은 여러 플랫폼을 유지하는 비용을 대폭 줄이면서, 세계 각지의 고객들이 지역 상황에 따라 통신 방법을 신속히 바꿀 수 있는 유연성을 제공할 것이었다. 가령 허리케인 때문에 휴대폰 시스템이 망가진 지역이 있다면 즉각 백업 채널을 통해 위성 통신 소프트웨어를 가동하면 된다. 미래에 4G 핸드폰이 새로운 표준이 된다 해도 통신 기기 자체를 교체할 필요 없이 프로그램만 바꿔주면 그만이었다.

관성과 크게
부딪히지 않는 범위

소프트웨어 통신이라는 방법은 고객 회사의 긴 도화선을 통한 빅뱅 승리를 이끌어낼 뿐 아니라 기존 신제품 개발 과정의 관성과 크게 부딪히지도 않았다. 소프트웨어 프로젝트는 회사의 새로운 출발점이 될 것이었지만 그렇게 많은 노력을 요구하지도 않았다. 그 이유는 다음 두 가지로 정리할 수 있었다.

첫째, 오픈 소스 소프트웨어 운동의 일환으로 학자들이나 아마추어 통신 전문가들이 범용 컴퓨터를 위한 통신 시그널을 코드화하거나 해독히는 복잡한 프로그램을 무료로 제공히고 있었다. 마이크로소프트의 윈도우즈를 위협하는 리눅스 운영 체계, 아파치 웹 서버와 파이어폭스 등이 모두 오픈 소스 운동의 결과로 등장한 무료 프로그램이다. 오픈 소스 소프트웨어는 기술 프로젝트가 언덕 아래로 점점 더 빨리 굴러 내려가게 하는 중력 역할까지 담당하는 추세였다. 그리하여 고객 회사는 소프트웨어 통신 기술에 과도한 투자를 할 필요 없이 무료 소프트웨어를 내려 받고 범용 하드웨어를 구입한 후 몇 주 동안 시험 가동만 하면 되는 상황이었다.

그리고 고객 회사에 소프트웨어 통신을 권유한 두 번째 이유, 실은 첫 번째보다 더 중요한 이유는 기존의 비즈니스 과정을 근본적으로 바꿀 필요가 없다는 점이었다. 어차피 고객 회사는 매년 점진적으로 성능을 개선시킨다는 계획을 수립하는 상황이었고, 기존의 시스템 중 하나를 업그레이드하면서 특화된 장비 대신 소프트웨어 통신만 사용하면 되었다.

나는 고객 회사에게 원거리에 사용되는 위성 통신에서부터 시작하는 것이 좋겠다고 조언했다. 주파수나 통신 프로토콜이 바뀌는 경우 원거리 통신 조정 작업이 가장 어렵고 비용도 많이 들 것이기 때문이었다. 또한 최신 위성 주파수나 프로토콜을 사용할 경우 새로운 통신은 몇 달만 준비하면 가능했다. 이렇게 하여 고객 회사는 매년 기존의 하드웨어 통신을 한층 더 유연한 소프트웨어 방식으로 조금씩 바꿔나가 결국에는 소프트웨어 통신 전문으로 거듭나게 될 것이었다.

회사의 엔지니어들에게 소프트웨어 통신 프로젝트는 기존의 기술 개발 방식을 약간 변형시키는 데 불과한 수준이었다. 이전에 하던 방식의 근본적 변화가 아니었던 것이다. 늘 그랬듯이 엔지니어들은 그 해의 신제품 개발 계획에 참여하되, 그 계획을 5개년 계획과 연결시키면서 원거리 위성 릴레이를 위한 소프트웨어 통신 한 가지를 개발하여 도입하면 되었다. 그 과정에서 엔지니어들은 오픈 소스 운동이라는 '중력'의 도움까지도 받을 수 있었다. 게다가 오픈 소스 통신 소프트웨어는 무료이므로 새로운 프로젝트 시작 비용은 회사의 연구 개발 예산에 큰 부담을 가하지 않을 터였다.

고객은 내 제언을 받아들여 소프트웨어 통신 기술을 추진하기로 했다. 그 회사가 얻을 최대의 이익은 아마도 통신 가능 범위의 증대가 아니라 먼 미래를 현재와 연결시키는 방법을 습득하는 것이리라. 회사의 리더십은 간디나 처칠처럼 특별하지 않았지만 결국은 혜안가로서 미래를 바라보면서 동시에 주주들을 기쁘게 만드는 빅뱅을 일구어냈다.

사각지대에 숨어 있는 빅뱅

사각지대가 존재한다는 것은 문제가 아니다. 우리 두뇌가 그 사각지대의 존재를 가려 버린다는 것이 중요하다. 그렇게 되면 결국 우리는 예상하지 못한, 혹은 원치 않는 가능성을 보지 못할 뿐 아니라 보지 못한다는 사실 자체를 인식하지 못한다. 따라서 새로운 기회와 위협을 즉각 알아차리고 있다고 착각하면서 실제로는 코앞의 빅뱅 기회와 위험을 놓쳐버리게 된다.

그렇다고 새로운 건수를 잡기 위해 늘 눈을 크게 부릅뜨고 살펴보라는 말은 아니다. 우리는 단지 인지적·감정적 사각지대가 존재한다는 사실을 받아들이고 그 사각지대를 파악하려 노력할 수 있을 뿐이다. 그러나 그 불편한 과정으로 스스로를 억지로 끌고 들어갈 때 새로운 긴 도화선이 이끄는 빅뱅 기회를 계속해서 찾아낼 수 있다.

'툰타운'을 탄생시킨 긴 **도화선**

테사는 신경이 곤두서 있다. 누구 눈에 띄었다가는 당장 공격받을 수 있는 위험한 지역을 돌아다니는 중이기 때문이다. 테사는 특히 언니 시드니 때문에 걱정이라고 말했다. 자기가 설득해 데려온 언니가 앞장을 서서 낯선 동네를 탐사하는 중인데 혹시라도 잘못되어 언니가 죽기라도 하면 어떻게 하겠는가.

테사는 거기서 말을 멈추고 반짝이는 푸른 눈으로 나를 올려다보더니 키득대며 속삭였다. "물론 언니가 정말로 죽는 건 아니에요. 그래도 언니는 정말정말 슬퍼할 거예요. 참, 이러다가 웃음 지수가 다 떨어지면 놀이터로 가서 웃음 점수를 모아야 해요."

여섯 살 테사와 열 살 시드니는 워싱턴의 한 식당에서 부모님과 함께 식사를 하는 중이다. 두 소녀는 디즈니 사의 온라인게임 '툰타운 Toontown'에 대해 이야기를 하고 있다. 그러지 않아도 1990년대 말 디즈니 사의 가상현실 스튜디오 대표로 일하기 시작하면서 온라인 개발 과정을 지켜본 나로서는 툰타운에 대한 아이들의 반응이 몹시 궁금하던 참이었다.

게임 산업에 뛰어든 디즈니

툰타운은 PC 사용자들이 나름의 캐릭터를 창조한 뒤, 툰타운이라는 공간에서 즐거움을 몰아내고 비즈니스 공원을 만들려는 사악한 로봇들에 맞서 싸우는 가상현실 게임이다. 로봇과 너무 자주 싸우게 되면 캐릭터들의 웃음 지수가 떨어지고 만다. 그러면 특별한 놀이공간으로 가서 대포알 체험 게임이나 수중 장애물 경주 게임, 혹은 친구와의 수수께끼 게임 등을 하면서 웃음 점수를 높여야 한다.

시드니와 테사는 한때 툰타운에 푹 빠져버려 부모가 게임을 금지하기까지 했다. 어머니 낸시는 "툰타운은 아이들한테 마음 놓고 허락할 수 있는 유일한 게임이에요. 디즈니 사에서 만들었으니까요. 하지만 하루 종일 툰타운을 하겠다고 떼를 쓰니 견딜 수 없었어요. 결국 하루에 한 시간만 할 수 있게 했답니다"라고 말했다.

그때 테사가 살짝 미소를 지었다. 무슨 생각을 하느냐고 물었더니 "아침에 일찍 일어나 모두들 자고 있을 때 남몰래 툰타운에 접속하기도 하지요"라는 대답이 돌아왔다.

툰타운 게임의 심리적 매력 요소에 대해 더 알고 싶은 마음에 나는 시드니에게 어떻게 자매가 함께 툰타운을 시작하게 되었는지 물었다.

시드니는 대답 대신 부모님을 쳐다보았다. 그러자 아버지 스티브가 말했다. "2~3년쯤 전에 테사와 제가 단둘이 시간을 보내게 되었을 때였지요. 아내와 시드니는 일이 있어 외출했고 우리 둘은 평소 하지 못했던 일을 마음껏 할 수 있었답니다."

그렇게 처음 툰타운을 접하게 된 후 테사가 언니 시드니를 끌어들였고, 두 자매는 매일 함께 게임을 했다. 스티브는 가끔씩만 게임에 합류했지만 두 자매는 아버지가 좋아하는 게임이어서 계속하게 된 것이라고 설명했다. 스티브는 컴퓨터 전문가로 매일 많은 시간을 사이버 공간에서 보낸다. 딸들은 아직 이해할 수 없는 기술 웹 사이트에서 말이다. 그에 비해 툰타운은 딸들이 아버지와 공유할 수 있는 사이버 공간이었다. "제가 종일 목공소에서 일하는 사람이었다면 아이들을 위해 한구석에 작은 목공실을 마련했겠지요. 저희한테 툰타운은 그렇게 아이들이 아빠가 하는 일을 경험하는 공간입니다."

게임은 아이들에게 성취감도 가르쳐주었다. 아이들은 돈(젤리 과자)을 벌어 상점에서 개그를 구입하기도 하고 정원을 가꾸기도 한다. 자기 취향대로 꾸민 공간에 전시할 트로피도 구할 수 있다. 또한 아이들은 새로운 친구를 사귀고 친구들이 로봇을 물리칠 수 있도록 자기 웃음 점수를 선물해 영웅으로 등극하기도 한다.

테사와 시드니 외에도 툰타운에 열광하는 팬들은 엄청나게 많다. 미국, 영국, 동남아시아, 스페인, 일본, 프랑스의 유저들만 해도 120만 명이나 된다. 그중 많은 수가 성인이고 MMORPG 게임으로서는 드물게 여성이 절반 정도를 차지한다. 툰타운은 온라인의 오스카상이라 할 수 있는 웨비Webby 상을 받았고, 〈컴퓨터 게이밍 월드〉에서 선정하는 올

해의 MMORPG가 되기도 하였다.

툰타운은 1990년대 말 소규모 가상현실 실험에서 출발해 마침내 이렇게 빅뱅 승리를 일궈냈다. 하지만 그 빅뱅으로 이어진 긴 도화선은 우여곡절 끝에 간신히 점화된 것이었다. 두뇌 각본 덕분에 말이다.

소년의 눈물

디즈니 이매지니어링은 1990년에 가상현실 실험을 시작했다. 쇼 디자이너, 미술가, 애니메이션 작가, 음향 전문가, 공학 엔지니어, 컴퓨터 과학자 등 다방면의 인재들이 힘을 합쳐 당시 막 출시된 디즈니 영화에 맞춘 로켓맨 체험 시험 설비를 만들었다. 로켓맨 헬멧을 쓰면 3차원 컴퓨터 그래픽 세계가 펼쳐지고 거기서 날아다닐 수 있었다. 디즈니 이매지니어링은 벌써 수십 년째 테마파크에서 현실감 있는 비행 체험을 제공하고자 시도해왔다. 기류장치, 와이어, 심지어 자석까지 실험해보았지만 동시에 수천 명을 즐겁게 할 수 있는 방법은 아직 찾지 못한 상황이었다.

1991년, 마이클 아이스너를 비롯한 디즈니 사의 최고 경영진 앞에서 로켓맨 가상현실 장지가 첫선을 보였다. 군용 및 민간 비행 시뮬레이너 전문으로 슈퍼컴퓨터를 갖춘 에반스 앤드 서덜랜드 3D 컴퓨터그래픽 사에서 이루어진 시연회는 대성공이었다. 아이스너 회장은 가능한 한 빨리 플로리다의 월트 디즈니월드에 가상현실 놀이기구를 마련하라고 지시했다.

마침내 이매지니어링 창의분과의 존 스노디Snoddy와 연구 개발 부사장 데이브 핀크Fink의 공동 지휘 아래 디즈니 최초의 가상현실 놀이기구를 설계, 제작하고 시험을 진행시킬 가상현실 스튜디오가 만들어졌다. 아이스너 회장은 날아다니는 놀이기구는 마음에 들어했지만 로켓맨 대신 곧 출시될 애니메이션 〈알라딘〉에 맞춰 마법의 양탄자를 배경으로 삼으라고 조언했다.

베를린 장벽 붕괴 이후 방위산업 분야를 떠나 새로운 분야의 일자리를 찾던 나는 1992년, 디즈니 이매지니어링 사에 가상현실 스튜디오가 만들어진 직후 연구 개발팀에 합류했다. 휴즈에서 3D 컴퓨터 이미지 개발, 투사 광학, 광각 디스플레이 등을 개발했던 경험을 살려 나는 디즈니에서 알라딘 놀이기구의 헬멧 디스플레이 장치 디자인을 맡기로 했다. 그리고 2년 동안 엄청난 속도로 작업이 진행되었다.

쇼 디자이너들은 알라딘 이야기를 양방향으로 구현하기 위해 10개가 넘는 계획안을 만들었다가 폐기하기를 반복했다. 컴퓨터 미술가와 애니메이션 작가들은 알라딘이 사는 바그다드나 지혜로운 등장인물들을 생동감 넘치는 모습으로 구현했다. 엔지니어들은 마법 양탄자의 움직임을 제어할 방법을 실험했고, 음향 전문가들은 최신 3D 음향 효과를 통해 시각뿐 아니라 청각적으로도 생생한 가상현실을 체험하도록 만들었다. 나는 예닐곱 가지의 시안을 거쳐 마침내 다섯 살짜리 꼬마부터 80세의 할머니까지 누구나 몇 초 안에 쓰고 벗을 수 있는 헬멧 디스플레이를 찾아냈다. 2004년 7월, 우리는 좌석 네 개짜리 가상현실 놀이기구를 최초로 만들어 엡콧Epcot 테마파크에 공개했다. 좌석이 이렇게 적었던 것은 본격 가동에 앞서 고객들의 반응을 미리 점검하기 위해서였다.

생각의 빅뱅

그후 버지니아 대학교의 가상현실 전문가였던 랜디 포시Pausch(이후 그는 카네기 멜론으로 옮겼고 거기서 그 유명한 '마지막 강의'를 했다)가 안식년 동안 알라딘 놀이기구 개발에 합류하기도 했다. 어릴 때부터 디즈니 이매지니어링에서 일해보는 것이 꿈이었다는 그는 에너지가 넘치는 천진난만한 어른이었다. 우리가 가상현실 놀이기구를 개발한다는 것을 알게 된 후 자신의 선구적 작업인 '앨리스 시스템'이 도움이 되리라 생각했던 것이다. 앨리스는 '하찮은 인간'이 가상현실 체험을 만들 수 있게 해주는 최초의 도구였다. 랜디가 만들어낸 이 성공적인 가상현실 제작 툴을 보고 싶은 사람은 지금도 www.alice.org에서 프로그램을 내려 받을 수 있다.

랜디 포시가 알라딘 놀이기구 개발에서 맡은 역할은 고객의 비행 통제 측면, 그리고 어지럼증과 멀미 예방 측면에서 우리 작업을 평가하는 것이었다. 어지럼증과 멀미는 가상현실 비행 시뮬레이션에서 전통적으로 문제가 되어온 부분이었다.

알라딘 놀이기구가 개장한 첫날, 나는 랜디와 나란히 서서 첫 손님들을 지켜보았다. 네 자리 중 하나는 휠체어를 타고 들어갈 수 있도록 했는데 한 번도 자기 발로 걸어본 적이 없다는 아홉 살 난 소년이 그 자리를 치지했디. 우리는 소년이 헬멧을 쓸 수 있도록 도와주고 양단자 조정 방식을 알려준 후 뒤로 물러섰다.

신경과학자 기질 탓에 나는 속으로 불안했다. 소년이 휠체어 신세를 지게 된 이유는 정확히 알 수 없었지만 중앙 신경계 이상이 심각하다면 구토, 두통, 어지럼증 같은 반응이 나타날 수도 있었다. 아니나 다를까 놀이기구가 출발한 뒤 채 1분이 지나지 않아 소년은 울기 시작했다. 나는 가슴이 덜컥 내려앉았고 당장 달려가 소년의 헬멧을 벗기려 했다. 하지만 옆에 있던 어머니가 나를 말렸다. "저건 기쁨의 눈물이에요. 앉은 자세를 벗어나본 것이 난생처음이거든요."

그 어머니의 말을 들은 디즈니 이매지니어링 팀원들도 울기 시작했다. 그 순간은 디즈니 사의 모든 직원들에게 가장 보람 있는 경험으로 기억될 만했다. 알라딘 놀이기구가 성공할지는 알 수 없었지만 최소한 고객 한 명에게는 충분히 아름다운 빅뱅이 되었던 것이다.

성공 기업의 딜레마

시험 운영이 한 해 동안 이어진 후 가상현실 놀이기구는 다른 고객들에게도 환영받을 것이라는 확신이 섰다. 하지만 테마파크에 가상현실을 본격 도입하는 데는 무시할 수 없는 장애물이 존재하고 있었다. 투자 비용이 너무 높았던 것이다. 헬멧 디스플레이와 그래픽 슈퍼컴퓨터를 갖춘 놀이기구의 좌석당 투입 비용은 기존에 있던 가장 비싼 놀이기구의 10배나 되었다. 가상현실 컴퓨터 가격은 18~24개월마다 절반으로 내려가는 중이었다. 이런 상황 속에서 밀러드는 고객 1000~2000명을 감당하자면 혁신적인 경비 절감 방법이 필요했다.

1995년, 나는 가상현실 스튜디오 책임자가 되었고 가상현실을 수익성 있는 비즈니스로 만들기 위한 작업에 착수했다. 그때 디즈니 사는 미국 전역에 소규모 양방향 테마파크location-based entertainment를 조성하려는 참이었다. 우리에게는 새로운 시장을 개척할 좋은 기회였다. 우리의 알라딘 놀이기구는 방문객이 상대적으로 적은 소규모 테마파크에 더 적합했다. 대규모 테마파크에 비해 방문객은 $\frac{1}{10}$ 수준이지만 고객당 매출은 더 높은 상황이라면(입장료 수입은 낮았지만 대기 시간이 적었으므로 시간당, 고객당 매출은 더 높았다) 몇 안 되는 알라딘 탑승 좌석도 수익을 낼 수 있을 것 같았다. 분위기는 점점 무르익어 1998년에 우리는 올랜도와 시카고의 디즈니퀘스트(도심 놀이공원)에 알라딘 놀이기구와 또 다른 가상 체험 기구인 '지하의 헤라클레스'를 설치했다.

두 번의 실패

그럼에도 가상현실 놀이기구는 여전히 너무 비쌌다. 더 큰 문제는 우리의 공략 대상인 디즈니 소규모 테마파크의 초기 실적이 신통치 않았다는 점이었다. 올랜도 디즈니퀘스트는 괜찮았지만 시카고 디즈니퀘스트는 부진을 거듭하다가 결국 2001년에 문을 닫았다.

디즈니에서 일한 지 6년이 지난 1998년 말, 나는 그 상태로 계속 연구 개발 투자를 해야 할 것인지 심각한 고민에 빠졌다. 애초부터 나는 가상현실의 잠재력을 확신하며 디즈니에 합류했지만, 돈을 벌어들일 방법을 찾지 못한다면 가상현실 비즈니스를 접어야 마땅한 시점이었다. 머지않아 회사 경영진도 똑같은 말을 하기 시작할 것이 뻔했다.

나는 가상현실 스튜디오의 창작팀 및 기술팀 팀장들을 불러 모아 회의를 거듭했다. 새로운 비즈니스 모델을 찾아야 했다. 가상현실 응용 제품을 개발해 전체 투입 비용을 서서히 낮춰가는 것이 한 가지 유효한 방법이었다.

가상현실이 상업성을 지니게 된 것은 비행 시뮬레이션 그래픽 컴퓨터의 가격이 떨어지면서부터이다. 항공사로서는 조종사들을 비행 시뮬레이터에서 훈련시키는 편이 비용이 덜 드니 마다할 이유가 없었다. 비행 시뮬레이터가 얼마나 저렴하면서도 정교했는지 민간 항공사의 조종사들 중에는 시뮬레이션 교육 이후 곧바로 승객들이 탄 비행기 조종에 투입되는 경우도 많았다.

우리는 비행 시뮬레이터와 같은 돌파구를 오락 산업에서 찾아내기 위해 디즈니라는 거대한 미디어 제국의 구석구석을 다 뒤졌다. 값비싼, 게다가 매년 더 비싼 비용을 요하는 비즈니스를 우리의 가상현실 기술로 값싸게 만들 수 있는 곳은 어디일까? 몇 주의 탐색 끝에 첫 번째 후보자가 나왔다. 바로 디즈니 사가 보유한 방송 네트워크였다.

〈종합 병원General Hospital〉 같은 드라마를 제작하는 디즈니–ABC 방송국은 실제 방송 세트를 가상현실 세트로 바꾸어 경비를 절감하는 데 관심을 가질 것 같았다. 가상 세트를 쓴다면 배우들은 푸른 스크린 앞에서 연기를 하고 3차원 그래픽 컴퓨터가 뒤의 배경과 소품을 채워 넣게 된다. 즉 공간이며 가구를 구매하고 설치하고 저장하는 비용이 들지 않는 것이다.

비용 절감 효과는 뉴욕 같은 도시에서 특히 높았다. 한 스튜디오에서 여러 드라마를 찍다보니 매일같이 무대 장치를 설치했다가 해체하는 일이 반복되었기 때문이다. 맨해튼의 장소 임대료나 인건비는 매년 오르는 반면, 가상현실 기술은 다른 모든 컴퓨터 기술과 마찬가지로 18~24개월마다 값이 절반으로 떨어지고 있으니 매력적이지 않을 수 없었다. 우리는 〈종합 병원〉을 포함해 두 편의 드라마 제작 현장에 시험적으로 가상현실 세트를 제작해 보여주었다. 방송국 관계자들은 처음에는 긍정적으로 검토했지만 결국 당장에 가상현실 세계로 넘어가는 것은 너무 위험하다는 결론을 내렸다.

우리는 다시 디즈니 TV 애니메이션 제작 부서를 공략했다. 대형 스크린에 상영되는 영화 애니메이션과 달리 TV 애니메이션은 그림, 음향, 편집 등의 수준이 다소 떨어진다. 방송에 나가는 애니메이션은 더 빨리, 더 값싸게, 더 많은 양을 만들어내야 하기 때문이다. 그러나 그때 마침 나온 픽사Pixar의 히트작 〈토이 스토리〉로 인해 컴퓨터 그래픽에 대한 시청자들의 요구가 높아졌고, 디즈니 TV 애니메이션 부서는 한정된 예산으로 그 기대에 부응하느라 고심을 하던 참이었다.

처음 등장할 때부터 TV 애니메이션은 값싼 수작업 2D 중심이었다. 이와 달리 3D 컴퓨터 그래픽을 구현하려면 특수한 이미지 소프트웨어, 그래픽 하드웨어, 그리고 인건비가 많이 드는 컴퓨터 미술가와 프로그래머가 필요했다. 3D 컴퓨터 그래픽을 만드는 과정 또한 수작업 2D 애니메이션에 비해 훨씬 느렸다. 3D 캐릭터나 배경, 각종 효과들을 컴퓨터에 앉혀 프레임 하나를 만드는 데 몇 시간씩 소요되었던 것이다.

매끄럽게 움직이는 애니메이션은 정지 이미지 프레임들을 죽 연결해 일으키는 착시 현상이다. 자연스럽게 보이려면 초당 최소 12개의 프레임이 필요했다. 다시 말해 20분짜리 TV 애니메이션 한 편에 1만 개가 넘는 3D 컴퓨터 그래픽 프레임을 넣어야 하는데, 이를 감안한다면 한 해에 20편 이상을 만들어내기란 불가능했다.

이에 비해 우리의 가상현실 기술은 훨씬 더 낮은 가격에 더 빨리 3D 컴퓨터 애니메이션을 제작할 수 있었다. 이미지 프레임 하나를 처리하는 데 우리 슈퍼컴퓨터는 $\frac{1}{60}$초면 충분했다. 여러 시안을 넣어보는 것도 얼마든지 가능했다. 제작비는 비교할 수 없이 낮으면서도 관객이 기대하는 3D 효과는 충분히 구현되었다. TV 애니메이션 부서에서 우리의 $\frac{1}{60}$초 이미지가 디즈니의 품질 기준에 충분히 부합한다는 결론을 내렸을 즈음, 우리는 애니메이션 제작 과정을 한층 더 단축하면서도 대형 스크린에 못지않은 품질을 보장하는 방식을 개발하는 데 성공했다.

그러나 방송국이 그랬듯이 TV 애니메이션 부서에서도 결국에는 우리 기술을 채택하는 것이 지나치게 위험부담이 크다는 결론을 내렸다. 두 번의 실패를 겪은 후 나는 저비용 '비행 시뮬레이터' 전략을 포기할 수밖에 없었다.

판다가 멸종하는 이유

실패 이유는 무엇이었을까? 사실 디즈니처럼 규모가 크고 수익성 좋은 기업이 전통적이고 익숙한 비즈니스 방식을 확 바꾸기란 불가능했다. 우리의 상황은 난생처음으로 선거에 나간 신참 정치인과 비슷했다. 기존 정치인(우리 경우에는 기존의 비즈니스 방식과 그 방식에 이해관계가 있는 직원들이었다)을 이기는 것은 다른 신참 정치인을 물리치는 것보다 훨씬 더 어려웠다.

클레이튼 크리스텐슨Christensen의 책 《성공 기업의 딜레마 *The Innovator's*

Dilemma》도 그 생각을 확인시켜주었다. 그 책에 따르면, 잘나가는 기업은 이미 효과가 입증되어 잘 굴러가고 있는 전통적, 혹은 지속 가능한 기술을 계속 발전시켜나가면서 고객을 만족시켜야 한다는 생각을 하게 된다고 한다. 고객이 본 적도 없는 혁신 기술에 투자하다가는 자칫 고객 전부를 잃어버릴 수도 있기 때문이다.

디즈니의 경우도 마찬가지였다. 고객들이 가상 세트나 가상 애니메이션 캐릭터를 싫어할 위험성은 다분했다. 그러면 디즈니도 전통적인 콜라를 '뉴코크'로 바꾼 이후 코카콜라 사가 처했던 곤란한 상황에 빠져버릴 수도 있었다. 청량음료 소비자들이 변화를 받아들이지 않아서 코카콜라의 매출이 곤두박질친 것처럼 말이다.

창립 시기인 1920년대, 몇 안 되는 직원들이 거의 수익을 내지 못했던 때에는 새로운 도전을 망설이지 않았던 디즈니 사가 정작 10만 명이 넘는 직원을 거느리고 연간 수십조 달러의 수익을 내는 상황에서 모험을 하지 못하게 되었다는 건 역설적이었지만 엄연한 현실이었다. 1920년대에는 잃을 것이 없었다. 하지만 1990년대 중반이 되었을 때는 세계에서 가장 값비싼 브랜드 가치뿐 아니라 수백만 명의 주주들과 10만 명의 직원들을 염두에 두어야 했기 때문이다.

디즈니 사의 각 부서가 가상현실 기술을 도입하기 어렵다는 점을 이해하고 난 후 우리는 전통적 방식을 대체하지 않아도 되는 분야에서 가상현실 적용 방법을 찾기로 전략을 수정했다. 가장 유망한 곳은 갓 생겨난 디즈니 온라인 그룹이었다. 아직 비즈니스 방식이 정착되지 않았기 때문이다. 우리는 PC 그래픽 품질 개선이 빠르게 이루어지고, 또 인터넷 연결 속도도 빨라지고 있는 상황을 예의주시했다. 어쩌면 몇 년 안에 브로드밴드 통신을 통해 가정용 컴퓨터에서 가상현실 체험이 가능해질 것 같았다.

소비자들이 소프트웨어를 각자 내려 받는다면 CD 제작, 포장, 배송 및 마케팅 비용이 절감될 것이었다. 또한 사용자들이 서로 상호작용하면서 가상현실 네트워크 경험을 공유할 수도 있었다.

나는 온라인이 가상현실을 수익 사업으로 만들어줄 최선의 선택이라고 판단했지만 정작 가상현실 팀원들은 주저했다. 그들은 대부분 PC 게임이 아니라 테마파크의 가상현실 놀이기구를 만들고 싶어 이매지니어링에 들어온 사람들이었다. 그랬기 때문에 고성능 가상현실 구현 비용이 충분히 떨어질 때까지 기다리면서 테마파크 놀이기구 개발을 계속하자는 의견이 압도적이었다. 그들은 방향 전환에 대해 일말의 고민조차 하고 싶어 하지 않을 정도로 완강했다. 내가 온라인 전략을 밀어붙이면 붙일수록 내부 갈등은 더욱 심각해졌다. 하지만 나도 포기하고 싶지 않았다.

'에버퀘스트'와 '울티마 온라인' 같은 온라인 가상현실 게임의 성공에 자극 받은 나는 스튜디오의 프로그래머들에게 우리의 가상현실 게임 엔진을 자바로 전환해 인터넷 브라우저나 PC에서 작동하도록 만들지고 제안했다. 가상현실 팀원들은 반발했다. 자바는 우리 엔진에 적합한 프로그래밍 언어가 아니며, 누구나 다 쓰는 그런 프로그래밍 기술을 사용하다가는 디즈니 사 고유의 색깔을 잃고 만다는 것이었다.

나는 한편으로는 동의했다. 그러나 가상현실 테마파크가 여러 해가 지난 후에야 현실화될 수 있다는 점을 감안한다면, 또한 이매지니어링의 다른 임원들로부터 스튜디오에서 뭔가 만들어내든지 아니면 문을 닿으라는 압박을 받는 상황을 예상한다면 과연 언제까지 우리의 엄청난 연구 개발비를 정당화할 수 있을지 자신이 없었다. 나는 결국 팀원들을 설득하기로 작정했다.

나는 인터넷 같은 새로운 시장으로 초점을 바꾸는 데 우리들의 생존 문제가 달려 있다는 점을 충분히 이해시키고 싶었다. 그렇게 할 완벽한 방법도 알고 있었다. 어느 날 나는 팀원들을 모아놓고 우화를 하나 들려주겠다고 했다. 신경과학이나 동물 행동의 사례를 들 때면 하품을 하고 딴청을 부리는 모습 그대로 팀원들은 팔짱을 끼고 서로 눈짓을 주고받았다. 나는 모른 척하고 판다와 쥐 이야기를 시작했다.

판다는 이국적이고 아름다운 동물로 모두의 사랑을 받는다. 하지만 오로지 대나무 잎만 먹는다. 대나무가 죽으면 당연히 판다도 죽게 된다. 그리하여 그 멋진 동물은 거의 멸종 상태에 다다르고 만 것이다. 반면 쥐는 무엇이든 먹는다. 쥐는 판다처럼 귀엽거나 사랑스럽지 않지만 인간이 멸종한 후까지 살아남을 것이다. 자연의 교훈은 이렇듯 명백하다. 가상현실 스튜디오는 판다였지만 이제 쥐로 변신해야 할 때가 온 것이다.

그 다음 주에 주간 회의를 위해 회의실에 들어섰을 때 누군가 벽에 새로 붙여놓은 스토리보드storyboard가 보였다. 스토리보드는 월트 디즈니가 고안한 방식으로 애니메이션 작품의 계획을 간단한 스케치와 대사로 풀어가는 것이다. 우리 스튜디오에서도 가상현실 놀이기구의 각 부분을 기획하기 위해 스토리보드 방식을 차용했고, 실내의 벽이란 벽은 모두 스케치들로 뒤덮여 있었다. 하지만 그날 본 스토리보드는 주제가 달랐다.

첫 번째 판에는 흰 실험가운을 입고 문서철을 손에 든 채 불쌍한 판다 한 마리를 기묘한 장치 안에 몰아넣는 사람이 그려져 있었다. 그것은 바로 나였다. 〈심슨 가족〉 만화에 나오는 사악한 번스와 꼭 닮은 모습이었다. 다음 스토리보드에서 판다는 장치의 구멍 안으로 빨려 들어가고 있었다. 나는 "나쁜 판다!"라고 고함을 지르는 중이었다. 마지막은 판다가 빨려 들어간 기계의 반대쪽 구불거리는 관에서 쥐들이 여러 마리 나오는 그림이었다. 나는 만족스러운 표정으로 쥐들을 바라보며 "훌륭한 쥐들!"이라고 칭찬하고 있었다.

나는 스토리보드의 의미를 이해했다. 팀원들은 절대 쥐가 되지 않겠다고 말하려는 것이었다. 나는 팀원들이 스스로 받아들일 수 있을 때까지 더 이상 괴롭히지 않기로 했다. 이후 1~2주 동안 나는 어째서 팀원들의 저항이 그토록 강한지 생각해보았다. 가장 분명한 이유는 팀원들이 어린이와 가족을 위한 최고의 가상현실을 구현하는 일에 열중해 있고, 한 차원 낮은 가상현실에는 흥미가 없다는 것이었다. 하지만 그것이 전부는 아니었다.

기능적 고착

우리 가상현실 스튜디오가 세계에서 가장 빠른 그래픽 컴퓨터를 사용해 구석구석 실감 나는 가상현실 세계를 만들어내는 방법을 알아내기까지는 5년이 넘게 걸렸다. 아마도 이러한 노력과 열정 때문에 가상현실 스튜디오 구성원들은 값비싼 컴퓨터로 고품질 그래픽과 특수 효과를 얻지 못한다면 가상현실이 제대로 구현되지 않은 것이라고 생각했는지도 모른다.

실제로 1990년대 초의 가정용 컴퓨터는 조악하기 짝이 없는 3D 그래픽 수준에 머물러 있었다. 게다가 가상현실 응용제품은 가장 성능이 뒤떨어지는 PC에서도 문제없이 돌아가도록 만들어야 했으므로 캐릭터나 환경, 특수효과가 극히 단순화될 수밖에 없었다. 사실 지나치게 단순했다. 그런 원시적인 가상현실로 어떻게 디즈니 마법을 전달할 수 있다는 말인가?

문득 어느 대학의 심리학 강의 중에 교수가 보여주었던 실험이 떠올랐다. 교수는 대학생들에게 넓은 강의실 천장에 매달려 흔들거리는 밧줄이 양쪽 벽을 건드리도록 만들어보라고 했다. 밧줄을 잡고 벽으로 걸어가는 것은 금지였다. 밧줄 외에 강의실 안에 있는 것이라고는 평범한 펜치 하나뿐이었다. 대부분의 학생들은 문제 해결에 실패했다. 하지만 밧줄 끝에 펜치를 묶고 한쪽 벽을 향해 힘껏 밀어줌으로써 답을 찾아내는 학생도 드물게 나왔다. 밧줄은 진자처럼 움직여 반대쪽 벽까지 때렸다. 이 얼마 되지 않는 소수의 학생들은 펜치가 추로 사용될 수 있다는 새로운 가능성을 찾아냈던 것이다.

펜치-밧줄 실험은 '기능적 고착functional fixity'이라 불리는 현상의 한 예이다. 우리 두뇌가 주변 물체를 볼 때 익히 아는 용도로만 생각해 다른 잠재적 용도를 깨닫지 못하는 것, 이것이 기능적 고착이다. 기능적 고착을 극복한다면 돌멩이는 망치가, 연필은 무기가, 마분지 상자는 탁자가 될 수 있다. 빅뱅 혁신은 결국 기능적 고착을 넘어서 새로운 기회를 찾는 것이다.

잠재적인 빅뱅은 가끼운 곳에 있다

휴대전화 문자서비스는 오늘날 휴대전화 통신사의 수익구조에서 중요한 비중을 차지한다. 문자서비스는 네트워크 용량을 아주 조금 차지하고 이를 운영하기 위해 통신사가 쓰는 비용도 아주 낮은 수준이다. 문자서비스라는 빅뱅 승리는 1991년 유럽인들이 디지털 보이스 네트워크를 시작하면서 운영자들이 가입자들에게 유지보수 관련 문제 등을 통보하는 용도로 디지털 메시지를 포함시키면서 시작되었다. 유감스럽게도 최초의 문자서비스 설계자들은 운영자-가입자뿐 아니라 가입자들끼리 서로 통신하는 데도 문자메시지를 사용하게 되리라는 생각은 꿈에도 하지 않았던 모양이다.

1992년, 유럽의 통신기술 회사인 CMG는 문자서비스를 보완해 가입자들이 인터넷상의 인스턴트 메신저처럼 사용하도록 만들겠다는 생각을 해냈다. CMG는 통신사 보다폰Vodaphone을 도와 1993년에 최초의 가입자 간 문자서비스를 출시했다. 1999년까지 휴대전화 가입자들은 동일 통신사 망을 쓰는 사람과만 문자메시지 교환이 가능했고, 매출도 미미했다. 하지만 다른 통신사 가입자끼리도 연락이 가능해지자 문자서비스 사용량은 폭발적으로 늘어났고, 수익도 그에 따라 늘어났다.

기능적 고착 개념은 긴 도화선을 통한 빅뱅 승리를 찾아내는 데 중요한 단서를 제공한다. 모름지기 빅뱅이란 낯선 영역에서, 잘 안 될 것 같은 일이 현실이 되는 곳에서 나타나지 않는가. 우리 뇌는 좀처럼 문자메시지 서비스처럼 잠재적인 빅뱅을 보지 못한다. 대부분의 대학생들이 펜치의 새로운 가능성을 보지 못하는 것처럼 말이다.

마찬가지로 가상현실 스튜디오의 팀원들은 가정용 컴퓨터를 통한 가상현실 체험이라는 가능성을 보지 못하는 것 같았다. 그들에게 가정용 컴퓨터는 오로지 스프레드시트, 이메일, 1인용 오락 게임을 위한 장치였지 가상현실을 위한 기기가 아니었다. 성능이 뒤떨어지는 PC에서 어떻게 멋진 가상현실이 구현될지는 나도 알 수 없었다. 그게 가능한 일인지도 확신하지 못했다. 하지만 해법을 찾지 못하면 가상현실이 디즈니 이매지니어링에서 퇴출된다는 건 분명한 현실이었다.

나는 막다른 길에 내몰려 있었다. 그러나 다각화의 필요성을 떠들어 대는 나만 빼놓으면 가상현실 팀원들에게는 특별히 불편한 점이 없었다. 각자 자기가 하는 일을 즐겼고, 그들 대부분은 언젠가 고수익을 가져오는 가상현실 응용제품이 개발될 것이므로 디즈니 고유의 혁신 문화가 가상현실 기술을 외면할 리 없다고 믿었다. 나를 제외한 다른 팀원들은 가상현실 투자에 대한 경영진의 비판을 직접 접해본 일도 없었다. 한 주 한 주 흘러갈 때마다 내 괴로움은 커져갔다. 변화의 괴로움이 아니라 변화하지 못하는 괴로움이었다. 하지만 직원들은 괴롭지 않았다. 내게는 새로운 접근법이 필요했다.

익숙한 것만
바라보지 않게 하는 **리더십**

판다와 쥐가 등장하는 스토리보드는 몇 주 동안 그대로 벽에 붙어 있었다. 판다의 모습은 내게 중국을 떠올리게 했다. 이어 불교가 떠올랐고, 그 다음으로는 맨해튼 비치의 지역 정신건강 센터에서 심리치료사로 자원봉사하던 시절에 만났던 지도 선배가 생각났다.

그 지도 선배는 동양철학, 특히 불교에 심취했고 불행은 진정한 내면을 거부하는 데서 온다고 믿었다. 환자들에게 변화하라고 다그치는 대신, 결함 많은 자기 모습을 받아들이도록 해야 한다고 생각했다. 그는 또한 여러 사람과 만나 상호작용해야 하는 직업을 가졌지만 내성적인 성격 때문에 힘들어하는 환자에게 외향적으로 변하라고 요구하지 않았다. 대신 내성적이어도 괜찮은 다른 직업을 찾으라고 하는 식이었다.

이런 생각은 비단 불교에서만 볼 수 있는 것이 아니다. 인적자원 관리 컨설팅 경험이 풍부한 갤럽 Gallup 사는 이 같은 유형의 전직을 '재능을 과업에 맞추기'라고 부른다. 갤럽은 통계 조사를 실시한 결과 고객의 약점을 바로잡도록 시도한 경우보다 장점을 부각시킨 경우가 훨씬 더 긍정적인 결과를 나타냈다고 한다. 다시 말해 회로 디자인 능력은 천재적이지만 글쓰기 실력이 떨어지는 직원이 있다면 글쓰기 능력을 향상시키려 들기보다 회로 디자인에 전념하도록 하는 편이 회사에게나 직원 자신에게나 이익이라는 것이다.

불교와 갤럽이 옳다면 두뇌는 '가장 잘하는 것에 집중하라'라는 각본을 지닌 셈이다. 판다와 쥐의 스토리보드를 보면서 나는 가상현실 스튜디오에 그 두뇌 각본을 어떻게 활용할지 영감을 얻었다. 다음 팀장 회의 때 나는 우리가 처한 상황이 얼마나 심각한지 장황하게 설명하지도, 저사양 PC용 가상현실 응용제품 개발 필요성을 역설하지도 않았다. 대신 테마파크 판다도, 소규모 양방향 테마파크 판다도 못되는 상황에서 판다로 남아 있을 방법을 강구해보라는 과제를 부여했다.

사각지대를 꿰뚫어보다

몇 주 뒤 팀원들은 가상현실 테마파크 안을 들고 찾아왔다. 물리적 세계가 아닌 사이버 공간에 존재하는 테마파크였다. 고객이 보유한 PC와 인터넷 망으로 값비싼 설비 문제를 해결하고, 가상현실 전용 하드웨어 대신 저렴한 소프트웨어로 가상현실을 구현하자는 것이었다. 그래픽이나 특수효과는 단순화되더라도 전체적인 경험은 얼마든지 풍성할 수 있었다. 사용자가 나름의 캐릭터를 창조하고 독특하고 다양한 게임을 즐기며 수천 명의 다른 사용자들을 만나 새로운 전략을 배워가는 공간이었던 것이다.

우리 가상현실 세계에서 처음 만난 낯선 사람과 의사소통하면서 부딪힐 수 있는 사생활 침해 문제에 대비하는 장치, 자녀의 안전을 보장받을 수 있는 장치도 제시되었다. 그래픽이 단순하다는 점만 빼면 모든 면에서 수준급인 가상현실 세계였다. 이국적인 테마파크 판다는 아니었지만 그래도 쥐보다는 훨씬 더 판다에 가까운 모습이었다. 사용자들이 가상현실로 구현된 디즈니 캐릭터들을 만나고 놀이기구를 즐기며 게임을 하기 위해 월 회비를 진짜 돈으로 지불하는 방식이었다.

나는 흥분했다. 팀원들은 마침내 기능적 고착이 가리고 있던 사각지대를 꿰뚫어보았고 멋진 도약의 기회를 찾아낸 것이다. 가상현실 테마파크는 1990년대 중반에 무섭게 성장하던 인터넷 시장에 발을 내딛게 할 뿐 아니라, 전통적인 테마파크 비즈니스를 사이버 공간으로 확장시킬 기회도 부여하였다. 나는 즉각 청신호를 보냈고 툰타운 온라인 개발이 시작되었다. 스튜디오의 창작팀은 어린이 수천 명이 온라인에서 함께 참여할 수 있는 게임을 기획했고, 소프트웨어팀은 수백만 명을 수용할 수 있는 특별한 가상현실 게임 엔진을 설계했다. 가상현실 스튜디오에서는 그 새로운 엔진을 '판다 3D'라고 불렀다.

나는 툰타운 개발 경험에서 중요한 교훈을 얻었다. 하품이나 딴청을 즐겁게 받아들일 수 없는 한 뇌과학을 행동의 동기로 동원하지 말아야 한다는 것이다. 그저 팀원들이 익숙한 곳만 바라보지 못하도록 이따금 인위적인 눈가리개를 씌워줘라. 그러면 팀원들은 그때까지 보지 못했던 곳을 탐사하게 될 것이다. 마지막으로 팀이 빅뱅 기회를 찾아냈을 때 그 아이디어는 당신 것이 아니라 팀의 것이 되도록 해야 한다. 그래야 열정을 끌어낼 수 있다. 이 마지막이 가장 중요하다.

기능적 고착을 넘어서 온라인 가상현실 경험을 창조하게 된 것은 툰타운의 성공에 핵심적이었다. 그러나 충분조건은 되지 못했다. 디즈니의 다른 직원들이 새로운 아이디어를 받아들이도록 하기 위해 또 다른 사각지대를 해결해야 했던 것이다.

"무언가를 버리려면 먼저 그 **존재**를 **인정**해야 한다."

잠시 책읽기를 멈추고 고개를 들어보자. 그리고 정면을 바라보라. 당신의 두뇌는 시야에 들어오는 모든 것을 보고 있다는 착각을 선사할 것이다. 하지만 실상은 커다란 사각지대가 두 개나 있다. 사실은 중요할지 모르는 세부 요소들이 가려져버린 곳들이다. 내 말이 믿어지지 않는다면 다음 그림으로 실험을 해보라.

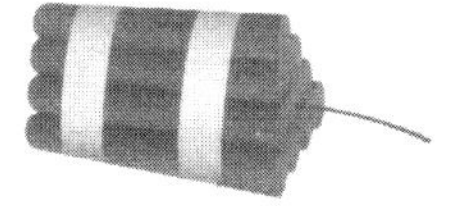

책을 잡고 팔을 쭉 편 뒤 오른쪽 눈을 감고 오른쪽 X를 응시하라. 그 상태에서 아주 천천히 책을 몸 쪽으로 끌어당겨라. 책이 20센티미터 정도까지 가까워지면 왼쪽의 다이너마이트가 사각지대로 사라져버린다.

이런 현상은 망막 때문에 나타난다. 시신경이 두뇌와 연결되는 과정에서 망막으로 파고들면서 수용체가 없는 사각지대가 만들어지는 것이다. 왼쪽 눈을 감고 다이너마이트 그림에 시선을 고정하면서 같은 실험을 반복하면 오른쪽 눈에서도 사각지대를 확인할 수 있다. 책과 눈 사이 거리가 20센티미터쯤 되면 X가 사라질 것이다.

기능적 고착도 이와 똑같은 방식으로 작용한다. 기대 때문에 사각지대가 만들어지는 것이다. 두뇌는 눈에 보일 것으로 기대되는 것은 알고, 보일 것이라 기대되지 않는 것은 모른다. 또한 우리가 보고 싶어 하는 것은 보게 하고, 보고 싶어 하지 않는 것은 보지 못하게 함으로써 빅뱅 기회를 놓치게 만든다.

고통스러운 결정은 나쁜 결정?

1990년대 디즈니 사에서 일부 경영진이 보고 싶어 하지 않았던 새로운 추세는 급성장하는 인터넷이 회사의 몇몇 비즈니스를 안전지대에서 끌어내게 되리라는 것이었다.

PC외 게임기용 컴퓨터 게임 개발과 미케팅을 담당했던 디즈니 인터랙티브가 바로 그런 비즈니스의 사례였다. 1990년대 말, 대부분의 게임 소프트웨어는 포장된 콤팩트디스크 상태로 판매되었다. 게임을 내려 받기에는 소비자들의 인터넷 연결 속도가 너무 느렸기 때문이다. 하지만 고속 브로드밴드의 확산은 곧 상황을 바꿔놓았다. 불과 몇 년 만에 미국 내 게임 구매자의 대부분이 단 몇 분 내로 대용량 게임을 너끈히 내려 받을 수 있게 된 것이다.

디즈니 인터랙티브의 일부 임원진은 인터넷 판매로의 전환을 달갑지 않게 여겼다. 온라인 사업으로 전환되면 디즈니 사 내부에서 세력이 약화될지 모른다고 우려했던 것이다. 실제로 디즈니 인터랙티브가 당면한 한층 심각한, 하지만 처음에는 알아차리지 못했던 도전은 고속 인터넷이 판매 형태를 바꿀 뿐 아니라 비디오 게임 자체의 특성도 변화시킨다는 점이었다. 고속 통신망 덕분에 게임 이용자들은 다른 이용자와 연결될 수 있었고, 이렇게 되자 혼자 하던 게임이 공동의 게임으로 바뀌었다. 그렇지만 디즈니 인터랙티브는 다수의 이용자들이 연결된 네트워크 게임 분야에서 경험이 많지 않았다. 그 분야에 집중하던 계열사는 디즈니 온라인이었다. 그러니 디즈니 인터랙티브로서는 위협을 느낄 수밖에 없었다.

디즈니 인터랙티브 관계자에게서 직접 들은 바는 없었지만 툰타운 또한 위협으로 인식되었을 것이다. 툰타운은 브로드밴드 통신을 통해서만 판매되었고 처음부터 네트워크 게임으로 설계된 것이었다. 그래서인지 디즈니 인터랙티브의 핵심 임원 몇몇은 툰타운 프로젝트를 고사시킬 작정을 하기도 했다.

이 상황에서 가장 흥미로운 점 중 하나는 임원들의 불안감이 무의식에 근간을 두었다는 것이다. 툰타운에 대한 전쟁이 선포되기 전까지 나는 디즈니 인터랙티브 임원들과 다정한 대화를 나누곤 했고, 그들에게서 브로드밴드 게임 확산으로 기존의 판매 모델이 망가지는 것이 초조하다는 말을 한 번도 듣지 못했다. 단일 사용자에서 다수 사용자 용도로 게임이 변화하는 것이 걱정스럽다는 말도 역시 들어본 적이 없었다.

그렇게 될 가능성은 모두 까마득히 멀었고 또 비현실적이었다. 그때까지만 해도 그들의 비즈니스가 잘 돌아가는 중이었기 때문이다!

하지만 내 안에 남아 있는 심리치료사의 기질로 보면 일부 임원진은 그런 식의 변화된 트렌드가 회사 내 입지에 미칠 영향에 대해 무의식적으로 우려하고 있었던 것이 틀림없다. 이런 우려가 무의식에서 일어나는 이유는 미래를 걱정하는 것이 고통스럽기 때문에 불길한 전망을 최소화하거나, 아니면 완전히 무시해버리는 인간의 성향 때문이다. 또 다른 이유는 스스로가 개인적 야망을 사회적 공동선보다 더 우위에 두는 닌자 전사처럼 보이고 싶어 하지 않는다는 점이다. 우리 인간에게는 모두 영역 본능이 있지만 그것은 사실 아름답지 못한 충동이므로 표면 아래로 밀어넣는다. 그리고 고통스러운 불안을 자신의 야망에 대한 위협으로 인식하는 대신, 문제의 근원을 내면에서('인터넷 확산은 나 개인에게도 문제가 될 수 있다.') 바깥으로('툰타운은 디즈니 사의 명성을 손상시킬 수 있는 형편없는 게임이다.') 이동시켜버린다.

무의식적 저항을 의식적 사고, 즉 '저 제안은 엉망진창이야' 라고 전환시키는 우리의 성향은 수많은 빅뱅 아이디어를 무참히 짓밟게 된다. 이를테면 "난 변화를 지향하는 사람이야. 하지만 이 아이디어는 안 돼" 라고 말하는 식이다. 우리의 뇌는 새로운 아이디어를 거부하기 위한 그럴듯한 이유를 계속 만들어내지만 정작 우리는 그 사실을 깨닫지 못한다. 그리하여 자신의 반응을 비판적으로 검토하지 않고 그 대단한 기회를 흘려보내고 만다.

이것은 두뇌가 인식을 통해 행동에 영향을 미치는 또 다른 예이다. 고통스러운 결정을 나쁜 결정처럼 보이게 만듦으로써 회피하게 만드는 것이다. 긴 도화선을 통한 생각의 빅뱅에 이르기 위한 핵심적인 첫 단계는 우리가 급진적 변화에 지나치게 비판적이라는 사실을 인정하는 것이다. 앞서 소개했던 동양 철학에 심취한 심리치료 지도 선배는 이러한 정신적 덫에서 빠져나가는 방법을 다음과 같은 말로 알려주었다. "무언가 버리려면 먼저 그 존재를 인정해야 한다."

우리와 대립했던 디즈니 인터랙티브 임원들은 툰타운이 디즈니 브랜드에 타격을 입힐 것이라고 분명히 확신했을 것이다. 툰타운의 그래픽에는 디즈니 특유의 섬세함이 없다고 진정으로 믿었을 것이다. 툰타운에는 개인 이용자들이 몇 시간 이상 매달려 있을 만큼의 매력적인 콘텐츠가 없다고 판단했을 것이다. 게임을 지속시키기 위해 온라인 대화와 상호작용이라는 검증되지 않은 방법에 기대고 있다는 점도 마음에 걸렸을 것이다.

과연 디즈니 인터랙티브는 우리에게 강력한 적수였다. 마이클 아이스너 회장이 TV, 영화, 테마파크에는 전문가였지만 게임 비즈니스에는 상대적으로 문외한이었기 때문이다. 툰타운 시범을 보고 난 후 아이스너 회장은 어깨를 으쓱해 보이며 내게 말했다. "크게 터질 수도 있고 망할 수도 있겠어. 난 잘 모르겠는걸." 결국 아이스너 회장은 디즈니 인터랙티브의 의견을 존중했고 툰타운 출시 계획은 좌절되었다. 디즈니 온라인은 우리 편이었지만 이미 다른 벤처 사업에 투자를 많이 한 상황이어서 가상현실 비즈니스에 모험을 걸 형편이 못 되었다.

디즈니 인터랙티브의 반대는 우리가 '그들이 보고 싶어 하지 않는 사각지대'를 정확히 짚어내고 툰타운의 위험부담이 충분히 통제 가능하다는 점을 보여줄 때까지 계속되었다. 우리는 게임 관련 전시회, 디

즈니 관련 제품 판매점 등을 통해 툰타운 게임을 무료로 수천 개 배포
했다. 곧 툰타운 애호가들이 수천 명씩 생겨나 인터넷 블로그나 대화
방, 게임 잡지 등에서 긍정적인 평가를 들려주기 시작했다. 급기야 일
본의 손꼽히는 게임 회사에서 툰타운의 아시아 시장 운영권을 사겠다
고 제의하기에 이르렀다.

디즈니 사는 당시 일본 기업의 제의를 받아들이지 않았다. 그러나 게
임 비즈니스 분야의 주요 기업이 관심을 보였다는 사실만으로도 툰타
운의 위험부담은 훨씬 작아 보이기 시작했다. 디즈니 인터랙티브의 반
대는 빛을 잃었고 디즈니 온라인은 즉시 툰타운 시험판을 발매하기로
결정했다. 이 시험판은 1년 넘게 수명을 유지했고 온라인 가상현실이
충분히 수익을 올릴 수 있음을 증명해주었다. 마침내 툰타운이 본격 비
즈니스로 출발할 여건이 마련된 것이다.

우리 두뇌가
나쁜 소식을 거부하는 이유

'보고 싶지 않은 것은 보지 않으려 하는 사각지대'를 설명하기 위해 디즈니 인터랙티브의 몇몇 임원들을 사례로 제시한 것은 좀 미안하다. 사실 그런 결함은 우리 모두에게 있다. 그래서 우리 모두는 빅뱅 기회와 위협을 좀처럼 보지 못하는 것이리라.

주식에 투자한 돈이 많을 때 주식 시장이 하락세라면 우리는 애써 일시적인 조정이라고 생각하려 든다. 사랑이 처음 싹틀 무렵에는 상대의 명백한 결점이 좀처럼 눈에 들어오지 않는다. 사랑은 눈먼 상태이다. 당연히 그 역도 성립한다. 상대가 마음에 들지 않는다면 우리는 그 장점조차 곱게 보지 않는다. 싫어하는 대상이 좋은 존재이기보다는 나쁜 존재이기를 바라기 때문이다. 이라크에서 내가 적들의 총신을 처음에 할로윈 불빛으로 오해했던 것도 어쩌면 총알받이가 되고 싶지 않다는 마음 때문인지도 모른다.

기대하는 바가 무엇인지를 미리 알려줌으로써 우리 뇌가 에너지를 절약하려는 이유는 자명하다. 우리 뇌는 방대한 정보 가운데 정말로 중요한 극히 일부에 초점을 맞출 때 가장 효율적이다. 그렇다면 원치 않는 정보를 걸러내도록 하여 얻는 진화적인 보상은 무엇일까? 과거 구석기 시대에 가장 중요한 정보는 사냥감이 줄어간다거나 우물이 말라간다는 불편한 진실이었을 것이다. 싸우기-도망치기 반응에서 보았듯이 두뇌는 즉각 위험이 닥친다는 증거가 넘치도록 많을 때 종종 그 나쁜 소식을 흘려버린다.

이 역설을 해결하는 열쇠는 두뇌가 위험의 증거들이 넘치도록 많다고 인식하는 방식에 있다. 두뇌는 즉각적이고 명백한 위협, 예를 들어 동굴에 침입한 곰을 몰아내는 것 같은 문제를 처리하는 데 많은 에너지를 쓴다. 하지만 결국 일어나지 않을 수도 있는 잠재적 위협에는 에너지 투자를 꺼린다.

나쁜 소식에 신속하게 반응한 대가

재앙을 예견하는 그리스 신화 속의 인물 가산드라가 되었다고 잠시 상상해보자. 그러면 우리는 일어날지도 모르는, 하지만 일어나지 않을 가능성도 높은 재앙을 걱정하며 정서적 에너지를 낭비하게 된다. 여기서 그치지 않고 그 위협에 대비하기 위해 짐을 꾸려 도망친다거나 성을 쌓는다거나 전투를 준비하며 물리적 에너지까지 낭비해야 한다. 결국 우리 두뇌는 일어날지도 모르는 나쁜 일에 대한 소식을 자동적으로 차단함으로써 실제로 일어날 나쁜 일에 대처하기 위한 에너지를 축적하는 것이다.

그런데 두뇌가 걸러내는 나쁜 소식은 거의 언제나 빅뱅 기회라는 좋은 소식을 동반하기도 한다. 예를 들어 디지털 이큅먼트 코퍼레이션 Digital Equipment Corporation의 CEO 켄 올슨Olson은 1997년, "모든 사람이 집에 컴퓨터를 두어야 할 이유는 전혀 없습니다"라고 호언장담했다. 오늘날 이 회사는 더 이상 존재하지 않는다. 자사의 시분할 미니컴퓨터 시스템이 개인용 컴퓨터PC의 강력한 위협을 받게 되리라는 점을 미처 예상하지 못했기 때문이다. PC가 거대한 기회라는 것을 깨달았을 때는 이미 늦었고, IBM이나 마이크로소프트 같은 선두주자들을 따라잡을 수 없었다.

나쁜 소식을 저항 없이 받아들이고 거기에 동반되는 좋은 소식의 이점을 취할 수 있는 지도자는 극히 드물다. 빌 게이츠의 경우를 보자. 1995년경 마이크로소프트가 독점하다시피 했던 PC 시장에 웹이라는 위협 요소가 등장했다. 그때까지 사람들이 PC를 구입하는 이유는 마이크로소프트의 윈도우즈 운영체계와 거기에 따라오는 워드프로세서, 엑셀, 아웃룩 같은 킬러 앱 때문이었다. 하지만 어느새 전자상거래, 인터넷 뉴스, 이메일, 인스턴트 메시지 등이 PC 구매의 더 큰 이유로 떠오르게 되었다. 마이크로소프트가 강자였던 영역에서 그렇지 않은 영역으로 PC의 역할 비중이 옮겨가는 상황이었다. 빌 게이츠 회장은 위협 요소를 무시하는 대신 직시했고 마이크로소프트 웹 포털MSN, 웹 브라우저(인터넷 익스플로러), 웹 서버에 집중적으로 투자하며 웹 부문을 강화했다.

나쁜 소식에 신속히 반응한 덕분에 마이크로소프트 사는 이후로도 계속 성장했다. 1995년에는 위협이었던 요소가 2008년에는 32억 달러의 매출을 더해주는 온라인 서비스로 자리 잡았다. 2008년 마이크로소프트의 총 매출 660억 달러와 비교하면 몇 십억 달러 정도의 매출은 빅뱅 승리라 할 수 없을 것이다. 하지만 빌 게이츠의 발빠른 웹 강화 전략은 디지털 이큅먼트 코퍼레이션을 침몰시켰던 재앙을 피할 수 있게 했다.

경쟁자의 사각지대를 살펴야 한다

　　예전에 이라크와 아프가니스탄의 전투 현장을 직접 살피고 다니는 동안 나는 정보 및 전투분과 장교들과 브레인스토밍 회의를 할 기회가 자주 있었다. 주제는 늘 같았다. '나쁜 테러범'을 더 잘 찾을 방법은 무엇인가? 지위가 높은 반군과 테러리스트들은 추격을 따돌리는 데 선수였다. 우리는 "어떻게 도망간 거지?"라는 질문과 계속 맞부딪혔다. 그 회의의 결론을 여기서 공개할 수는 없지만 두뇌의 사각지대를 인식하기 위한 유효한 방법이 적절한 질문 던지기였다는 점은 밝혀두고자 한다.

　　이라크에서 열렸던 어느 회의에서 나는 내가 신경과학자라고 밝히고 두뇌 진화와 두뇌의 사각지대에 대해 설명한 적이 있다. 나는 우리 자신의 사각지대를 체계적으로 살피고 동시에 적들의 잠재적 사각지대도 염두에 둔다면 테러범을 잡기 위한 새로운 아이디어가 떠오를 것이라고 했다. 당시 회의 참석자들은 두뇌 이야기가 나오자마자 딴청을 피

생각의 빅뱅

울 만큼 나를 잘 아는 상황이 아니었으므로 바로 동의했다. "좋아요, 한번 해봅시다." 나는 화이트보드에 다음 문장을 썼다.

Finished files are the result of years of scientific study combined with the experience of years. (완성된 파일은 몇 년에 걸친 과학적 연구와 경험의 산물이다.)

그리고 이 문장에 'F'가 몇 개나 있느냐고 물었다. 대부분의 사람들이 즉각 "세 개요"라고 대답했다. 나는 미소를 지으며 다시 살펴보라고 했다. 1분쯤 지나 한 장교가 "다섯 개군요!"라고 외쳤다. "다시 한 번 보시지요." 마침내 여섯 개라고 정답이 나왔다. 'F' 세 개는 전치사 'of', 별로 중요하지 않다고 생각해 평소 무시해버리곤 하는 단어에 들어 있었다. 나는 테러범은 'of' 전치사의 'F'와 같아서 우리가 보지 못하는 곳에 잘 숨는다고 말했다. 참석자들이 고개를 끄덕이는 동안 나는 다시 여덟 칸으로 이루어진 매트릭스를 그렸다.

	우리	그들
예상하는 것		
예상하지 않는 것		
원하는 것		
원하지 않는 것		

그리고 나서 나는 우리 두뇌가 예상하고 원하는 것만 본다는 것(테러범들의 두뇌도 마찬가지다), 그래서 우리와 적들의 사각지대를 꿰뚫어보

면 새로운 단서가 나오리라는 것에 대해 설명했다. 우리는 "적들이 어디 숨으리라 예상하는가, 어디에는 숨지 않으리라 예상하는가?", "적들은 우리가 어디를 살피고 어디는 살피지 않을 것이라 예상할까?", "우리는 적들을 어디서 찾고 싶어 하며 어디서 찾지 않고 싶어 하는가?", "적들은 어디에 숨고 싶어 하고 어디에 숨지 않고 싶어 하는가?"라는 질문을 던지면서 매트릭스의 각 칸을 채워나갔다. 한 시간쯤 후에 우리는 여덟 칸을 다 채웠고 이전에는 한 번도 제기한 적이 없었던 가능성을 찾을 수 있었다.

마법의 매트릭스

이후 나는 경영 컨설팅 실무에서도 이 '마법의 매트릭스'를 활용하고 있다. 이 매트릭스는 강력한 경쟁자와 치열하게 싸우고 있는 기업 고객에게 특히 유용하다. 적수의 시각에서는 세상이 어떻게 보이는지, 또 더욱 중요하게는 어떻게 보이지 않는지를 상상해보는 것이 가장 효과가 좋았다. 그러나 내가 아는 대부분의 경영자들은 내부 문제에 너무 골몰한 나머지 경쟁자의 시각에서 세상을 바라볼 짬을 내지 못한다. 그리하여 커다란 위협과 커다란 기회를 모두 놓치고 만다.

윈스턴 처칠은 이 작업의 신봉자였다. 제2차 세계대전이 끝난 후 그는 "자기 생각을 가다듬는 데 아무리 바쁘다 해도 지휘관이라면 때로 적들의 생각까지 고려 대상에 넣어야 한다"라고 말한 바 있다.

토니상을 받은 미국의 뮤지컬 제작자 데이비드 메릭Merrick은 "내가 성공하는 것만으로는 충분치 않다. 남들이 실패해야만 한다"라고 말하기도 했다. 자신의 성취가 동료들의 실패 때문에 더욱 빛난다면 기쁨이 더 커진다는 것이 인간의 솔직한 본성임을 부인하기는 어렵다. 때로는 남들이 실패해야 내가 성취할 수 있는 경우도 있다. 축구 경기처럼 경쟁하는 상황이 그렇다. 반드시 한쪽은 이기고 다른 쪽은 지는 것이다.

비즈니스 세계 역시 매우 경쟁적이다. 상대가 패배해야 자기 회사가 이길 수 있는 경우가 많다. 정부 계약이나 허가권을 따기 위한 입찰, 유능한 인재를 확보하기 위한 싸움 등이 그러한 예이다. 사랑 역시 승패가 갈리는 일이다. 전쟁은 언제나 그렇다.

이 모든 상황에서 우리는 기회와 위협을 보지 못하는 우리 자신의 사각지대뿐 아니라 적수의 사각지대에도 면밀한 주의를 기울여야 한다. 그곳에서 진정한 기회를 찾을 수 있기 때문이다.

조직의 혁신을 이끌어내는 은밀한 작전

인류가 번영할 수 있었던 이유 중 하나는 어느 시대든 능력과 기질 면에서 서로 다른 개인들이 있었기 때문이다. 예를 들어 어느 집단이든 수학을 잘하는 사람, 의사소통의 달인인 사람, 예술적 자질이 있는 사람이 따로 있다. 그러한 다양성을 잘 키우고 각각의 자질에 맞는 과업을 주는 집단은 빅뱅 성공을 이끌어내지만 다양성을 억누르는 집단은 필히 고난을 겪는다. 재능과 성향이 다른 인재들이 완전히 다른 방식을 실험할 자유를 누리게 될 때 조직은 혁명적 진보를 이룰 수 있다.

어느 조직에나 기발한 생각을 해내는 사람과 변화에 저항하는 사람이 있다. 그러므로 전자의 높이 나는 아이디어가 미처 목표물에 도달하기 전에 후자 손에 격추되지 않으려면 은밀한 작전이 필요하다.

남보다 앞설 수 있는 중요한 **능력을 선택**하라

호모 사피엔스는 무리 생활을 하는 종이다. 인간은 정서적 지지와 생존을 위해 서로를 필요로 한다. 인간은 서로 유용한 정보를 공유한다. 각자의 재능을 살려 역할을 나누고 협력해 일을 해낸다. 우리 각 개인은 가족, 부족, 회사, 국가와 같은 더 크고 복잡한 유기체의 일부로 행동하기도 한다.

우리 인간은 서로 협력하는 성향을 타고났다. 공동의 생존을 위해 협력했던 선조들이 자연선택을 거쳐 생존했기 때문이다. 협력을 가능케 하는 유전적 프로그램의 일부로서 우리 두뇌는 언어 능력을 비롯하여 표정과 몸짓 등 비언어적 신호를 읽을 수 있는 섬세한 능력을 발전시켰다.

그런데 다양한 부분들이 합쳐진 집단 유기체로서 진화되었다면 그 각 부분은 똑같은 능력과 성격 기질을 갖는 것이 좋을까, 아니면 그렇지 않는 편이 좋을까? 한편으로는 모두가 같은 이해관계와 성격, 가치를 지니는 경우가 더 조화롭고 효율적일 것 같아 보인다. 예를 들어 무리 구성원 모두가 위험 회피적인 성향이라면 사냥감이 풍부할 것 같은 먼 곳으로 옮겨간다는 위험한 선택을 내려야 할 때 이견이 별로 없을 것이다. 논쟁하는 데 시간과 에너지를 낭비할 필요 없이 신속하게 합의에 도달할 것이다.

하지만 다른 한편으로 그러한 집단사고에는 위험도 도사리고 있다. 모두가 위험 회피적인 성향인 무리는 기나긴 논쟁은 피했을지 모르지만 그 지역에서 먹을 것이 사라지면 굶어죽게 된다. 미지의 먼 땅으로 옮겨갔다면 먹을 것이 충분했을지도 모르는데 말이다.

성性 재생산을 연구하는 생물학자들은 기질, 외모, 성격의 다양성이 결국 긍정적인지 부정적인지에 대해 한 가지 단서를 제공한다. 그들에 따르면 성이라는 것은 결국 유전자를 뒤섞어 종 전체의 유전적 다양성을 증가시키는 의미가 있다고 한다. 박테리아 같은 유기체는 성이 분화되어 있지 않으므로 분열을 통해 재생산을 해결한다. 세대에서 세대로 유전자가 그대로 복사되는 것이다. 이렇게 되면 환경이 불리하게 바뀌었을 때 멸종하기 쉽다. 이에 비해 인간처럼 성이 분화된 유기체는 자녀가 부모와 다를 뿐 아니라 형제자매들도 서로 다르다. 성 재생산은 부모 양쪽의 유전자를 무작위로 뒤섞어 재조합하기 때문이다.

인간들 사이의 이러한 차이는 상당히 유익하다. 예를 들어 면역 체계는 사람마다 다르므로 흑사병 박테리아 같은 병원균이 형제 중 하나를 죽게 해도 다른 아이는 멀쩡할 수 있다. 그러나 형제가 똑같이 흑사병에 취약한 유전자를 타고났다면 가족 전체가 몰살당할 것이다.

집단유전학과 빅뱅

그런데 집단유전학과 흑사병 저항력이 기회 포착이나 조직의 성공과 대체 무슨 상관일까?

어떤 인구집단에서든 성 재생산을 통한 유전자 혼합은 구성원들의 유전자가 충분히 다양해지도록 만든다. 이 다양한 유전자는 지능이나 성격에도 적용된다. 사교성이나 내향성 같은 성격 특성, 그리고 수학이나 언어 같은 인지 능력이 유전적으로 전달되며, 또 자연선택을 통한 진화의 대상이라는 점은 이미 널리 받아들여지고 있다. 성적 재생산을 통해 뒤섞이는 다른 많은 특성과 마찬가지로 성격과 인지 능력은 가족 구성원 사이에서도 매우 다르게 나타난다.

여기서 강조해두어야 할 것이 있다. 진화가 다양성을 선호하는 것이 그저 다양성을 좋아하기 때문만은 아니다. 집단의 다양성은 종 전체의 생존에 기여할 때에만 유지된다. 그리하여 다양성이 이점이 되지 못하는 많은 측면에서 인간은 놀랄 만큼 서로 비슷하다. 우리 모두는 시력, 청력, 언어 능력을 유사하게 지니고 있다. 직립보행을 하고 고기나 풀을 모두 소화시킨다. 인간의 유전자는 0.1퍼센트만 서로 다른데 이는 유인원이나 개와 비교했을 때 다양성 면에서 훨씬 뒤떨어지는 것이다.

다양성이 세대에서 세대로 이어진다면 그럴 만한 진화적 이유가 있다고 봐야 한다. 말하자면 진화심리학자들은 무리 구성원들의 기질과 성격 차이가 여러모로 무리의 생존을 돕는다고 생각한다. 가령 무리의 모든 구성원이 리더가 될 수는 없다. 앞장서 이끌고 싶어 하는 구성원들과 뒤따르며 만족하는 구성원들이 섞여 있어야 안정적이고 효과적이다. 또한 위험부담을 기꺼이 감수하는 구성원도 일부 있어야 무리의 생존에 유익하다. 그런 사람들은 미지의 땅을 탐험하며 새로운 자원을 찾아오기도 한다. 그동안 무리가 보유한 기존 자원을 지키는 것은 위험을 회피하는 성향의 구성원들 몫이다.

인간의 지능은 단일체가 아니라 여러 가지 능력으로 구성된다. IQ가 똑같은 사람들이라도 공간 지각 능력, 언어 능력, 수학 능력, 사회적 능력, 운동신경, 음악적 재능 등은 각기 다르다. 한 가지 능력에서 탁월한 사람은 다른 능력은 뒤떨어지기도 한다. 그리하여 어느 무리에든 예술가, 기구 제작자, 회계사, 의사소통 전문가, 운동선수 등 자기가 가장 잘하는 일을 하는 전문가가 나온다.

진화는 이렇게 제너럴리스트보다 스페셜리스트로 이루어진 무리가 더 좋다고 판단했다. 그리고 인지적, 성격적 다양성을 유지해야 한다는 필요성 때문에 '남보다 앞설 수 있는 중요한 능력을 선택하라' 라는 두뇌 각본이 만들어졌다. 이는 아무리 거대한 정부 관료 사회라 해도 긴 도화선을 통한 빅뱅을 불러올 성격과 능력을 지닌 인물은 늘 존재한다는 뜻이다. 다음 장에서는 이를 설명하기 위해 차이나레이크와 사이드와인더 미사일의 경우를 살펴볼 것이다.

훔쳐내야만 하는 빅뱅

미그 17을 모는 중국인 조종사가 위험에 처했다. 러시아 전투기인 미그 17은 적기 F86보다 더 높이 날 수 있었다. 하지만 대만 조종사가 탄 F86은 계속 뒤를 쫓아오며 미사일을 발사했다. 미국이 반反 공산주의 동맹국에게 최근에 전달한 비밀 병기 미사일이었다. 대단히 성능 좋은 미사일이어서 대만 조종사들은 F86 한 대당 미그기 10대 이상을 떨어뜨리고 있는 상황이었다. 중국인 조종사가 아무리 방향을 바꿔보아도 미사일을 따돌리지는 못했다. 미사일은 마치 마음을 읽는 듯 방향을 바꾸며 뒤따라왔다. 남은 시간은 몇 초가 고작이었다.

이 수수께끼 같은 병기는 과거 대만이 사용하던 미사일에 비해 월등하게 좋았다. 제1차 세계대전 이후 모든 전투기들이 그렇듯 대만 전투기도 적을 죽이는 데 기관총을 사용했다. 사정거리는 몇 백 미터 정도 되었다. 하지만 이 새로운 미국 미사일은 몇 킬로미터 거리에서 발사되어도 치명적이었다. 미군은 단숨에 공대공 전투에서 기관총을 쓸모없게 만들어버린 셈이었다.

사이드와인더의
기적

대만과 중국 본토 사이의 갈등이 잔뜩 고조된 1958년 가을이었다. 중국 공산주의자들이 장제스 정부를 무너뜨린 1947년, 중국의 민족주의자들은 대만으로 퇴각했고 양측의 대립은 군사적 충돌로 이어졌다. 최근에는 중공이 대만의 두 섬을 대포로 공격하는 바람에 긴장이 높아졌다. 이런 상황에서 중공의 미그기와 대만 F86기가 공중에서 맞붙은 것이다.

꼬리 부분에 미사일이 바짝 따라붙었지만 미그 17의 중국인 조종사는 탈출 버튼을 누르지 않았다. 미사일을 따돌릴 기회가 남았다고 생각했을 수도 있고, 미사일보다 탈출 장치가 더 위험하다고 여겼을 수도 있다. 좌석 사출이 아직 신뢰하기 어려운 신기술이었기 때문에 고속 비행 중인 전투기에서 탈출을 시도하다가 사망하거나 불구가 되는 조종사가 적지 않았다. 이쨌든 조종사의 판단은 옳았다. 기체를 때린 미사일은 폭발하지 않았고 전투기는 손상을 입긴 했어도 비행은 가능했다. 조종사는 기지로 돌아와 무사히 착륙했다.

기체의 손상 정도를 살펴보니 놀랍게도 떠날 때보다 탑재 무기가 더 늘어나 있었다. 적군의 수수께끼 같은 새 미사일이 기체에 깊이 박혀 있었던 것이다. 자기가 영웅이 되었음을 깨달은 그 순간, 중국인 조종사는 미소를 지었을지도 모른다. 그 무렵 중공과 소련은 가공할 신무기인 사이드와인더를 입수하기 위해 혈안이 되어 있었다. 그들은 미사일을 분해해 파악한 뒤 대응 무기를 만들어 공대공 무력 균형을 다시 확립해야 했다. 새로운 미사일은 기관총보다 사정거리가 더 길 뿐 아니라 '발사 후 잊어버리면 되는fire-and-forget' 비유도탄이기까지 했다. 기관총은 사정권 안에 적이 들어오도록 계속 기체를 조종해야 했다. 하지만 이 새로운 미사일은 겨냥해 발사만 시키면 이후에는 알아서 목표물을 따라가는 방식이었다. 새로운 무기는 말 그대로 긴 도화선이 이끌어낸 빅뱅 혁신이었다.

소련은 사이드와인더를 본떠 K-13/R3-S라는 미사일을 설계해냈다. 하지만 공대공 전투력의 격차는 부분적으로 좁혀졌을 뿐이다. 최초의 R3 S1은 미국 미사일보다 뒤떨어졌다. 더 큰 문제는 소련이 베끼는 속도보다 미국이 사이드와인더를 개량해가는 속도가 더 빨랐다는 점이었다. 미국은 어떻게 사이드와인더 기적을 이뤄냈을까? 그리고 어떻게 계속해서 혁신을 이어갈 수 있었을까?

기능적 **고착**을 이겨내는 **전략**

사이드와인더 미사일의 뿌리는 대만 해
협 상공에서의 공중전이 일어나기 12년 전으로 거슬러 올라간다. 바로
캘리포니아 차이나레이크의 해군 조달국 산하 무기검사 기지에 근무하
던 물리학자 빌 맥린McLean이 목표물을 찾아가는 공대공 무기 개발을
시작했던 때이다. 무기 유도 시스템을 설계하는 부서를 이끌기 시작한
맥린 박사는 기관총으로 적의 비행기를 격추하는 전통적인 해군의 방
식이 빠른 속도로 나는 제트 전투기에는 효과가 없다는 점에 주목했다.
제트 전두기는 제2차 세계내전 밀에 독일인들이 서음 도입했고 소련도
곧 뒤를 따랐다. 맥린이 보기에 필요한 것은 적기의 빠른 움직임을 자동
으로 감지해 발사에서 명중에 이르기까지 무기를 이끌고 갈 시커seeker,
즉 추적 장치였다.

맥린은 워싱턴의 국립 표준 사무소에서 최초의 전자동 자기제어 무
기 BAT을 개발하면서 유도 무기 경험을 쌓았다. BAT는 앞에는 레이더,

아래에는 탄두를 장착한 대형 비행기였는데 제2차 세계대전이 끝나갈 무렵 태평양에 투입되었다. 발사되고 나면 BAT의 레이더가 금속 물체의 반사를 감지해 목표물을 잡고 명중시킬 때까지 탄두를 유도했다. 오늘날의 기준으로 보면 한참 뒤떨어지는 방식이었음에도 BAT는 일본 지상의 목표물을 많이 파괴했고, 스마트 무기의 능력을 충분히 입증했다.

이렇게 지상 목표물에 대한 레이더 유도 무기로 성공을 거두기는 했지만 맥린은 레이더가 비행기 추적에는 적합하지 않다고 보았다. 실제로 레이더는 너무 크고 비싸고 복잡하며 다루기 까다로웠다. 레이더 유도 무기를 발사하는 조종사는 계속 목표물을 레이더에 잡고 무기를 유도해야 했다. 차이나레이크의 해군 조종사들은 발사한 후까지 무기를 지켜보고 싶어 하지 않았다. 그들은 발사한 후에는 잊어버리고 다음으로 넘어가는 방식을 선호했다.

하지만 레이더가 필요 없는 비유도식 자동 추적 무기 개발에는 두 가지 장애물이 버티고 있었다. 첫째, 당시로서는 유일한 대안인 열 추적의 효과가 신통치 않았다. 모든 전투기 엔진은 강력한 열 신호를 방출하지만 1940년대의 초보적 열 이미지 처리법으로는 제대로 된 추적 시스템이 나오지 않았다. 둘째, 당시 미국 국방부는 레이더가 공중전에 적합하다는 결론을 내리고 레이더 유도 미사일에 자금을 집중하고 있었다.

이론적으로 보면 레이더 추적에는 열 추적과 달리 구름 너머의 적기도 추적할 수 있는 전천후 공격 능력이 있었다. 그러나 차이나레이크의 맥린과 그의 동료들은 구름을 통과해 목표물을 추적하는 능력은 별 가치가 없다고 생각했다. 대부분의 공중전은 구름 위에서 일어나기 때문이었다. 하늘에서는 비싸고 복잡하며 효과가 떨어지는 레이더 추적보다 간단하고 값싼 열 추적이 이상적이었다. 그럼에도 미국 국방부는 이런 주장에 귀를 기울이지 않았고 레이더 미사일에만 집중했다.

맥린에게 한층 더 불리했던 것은 차이나레이크가 신무기 개발을 위한 곳이 아니라는 점이었다. 모하비 사막에 있는 이 외딴 해군기지는 무기 설계가 아닌, 무기 시험의 적지였다. 차이나레이크에서 공대공 미사일을 개발하고 싶다는 의지를 전한 맥린의 상사에게 워싱턴 고위 공무원은 "그건 당신 일이 아니야"라고 분명히 못을 박기까지 했다. 그 공무원은 거대 관료체제에서 흔히 나타나는 기능적 고착을 드러낸 것이다. 그는 애초에 구상한 목적을 넘어서 조직을 활용하겠다는 생각을 전혀 하지 못했다. 펜치-밧줄 실험에서 대학생들이 펜치를 펜치로만 보고 끙끙거렸듯이, 대부분의 국방부 관리들 역시 수준급의 과학자와 엔지니어가 모인 차이나레이크가 다른 곳에서 설계된 무기를 시험하는 것 이상을 해낼 수 있으리라는 생각을 하지 못했다.

그러나 빌 맥린은 그런 기능적 고착에 사로잡히지 않았다. 그는 워싱턴의 감사를 받지 않는 재량 기금을 동원해 비공식적 연구 활동을 계속하며 열 이미지 처리와 추적 기술을 개발해나갔다. 조달 비리가 터져 일체의 비사금이 꽁꽁 묶인 오늘날에는 꿈도 꾸기 어려운 일이지만 몇십 년 전 맥린의 시대에는 상부의 허락 없이도 연구를 진행할 수 있는 여지가 어느 정도 있었던 것이다.

'미사일이라는 단어를 붙이지 말 것'

과거 워싱턴에서 일해본 경험 덕분에 맥린은 고위 공무원들이 좋아하지 않는 연구가 얼마나 위험한지 잘 알고 있었다. 자신들이 관할하는 프로젝트와 경쟁하게 될 수상쩍은 프로젝트의 낌새를 채면 관료들은 의회에 온갖 나쁜 소리를 해대 예산을 삭감시킴으로써 그 프로젝트를 사장시켜버리곤 했다.

이를 잘 아는 맥린은 열 추적 프로젝트를 워싱턴의 시야에서 감춰야 했다. 그리하여 '열 추적 미사일' 대신 '특수 기폭장치 602' 프로젝트라는 이름을 붙였다. 감사를 받게 된다면 미사일 탄두에는 기폭장치가 필요하고 기폭장치는 점화될 때 유도장치가 필요하기 때문에 간접적으로 미사일 기폭장치 연구를 진행해야 할 상황이었다고 둘러댈 작정이었다. 차이나레이크는 이런 식의 위장술과 혼란책을 총동원하여 소련과 워싱턴 양쪽의 감시로부터 비밀 병기 연구를 감춰냈다.

다음 5년 동안 맥린과 동료 과학자 및 엔지니어들은 은밀히 열 추적 미사일 기술을 연구했고, 지상에서 정확하게 비행기를 추적할 수 있는 단계까지 열 센서를 개발해냈다. 그리고 나니 그 열 추적기를 미사일에 시험 장착하기 위한 자금이 필요했다. 재량 기금으로는 충당하기 어려운 큰 비용이었다.

당시 워싱턴의 영향력 있는 인사들 중에는 차이나레이크에 우호적인 사람도 몇 명 있었다. 맥린의 프로젝트 연구비를 마련해준 해군 조달국도 그중 하나였다. 그리고 그 자금 지원에는 '미사일이라는 단어를 붙이지 말 것'이라는 지시가 따라붙었다. 맥린의 프로젝트가 서서히 진행되는 동안 명칭은 계속 바뀌었다. '로컬 프로젝트 612'였다가 '가능성 연구 567'이 되었고, 1951년에는 '사이드와인더'라 불리게 되었다. 적외선 열 추적 방식으로 온혈동물 사냥감을 추적하는 살무사의 이름을 따서 붙인 것이었다. 그 무렵 일련의 연구 성과에 만족한 워싱턴의 차이나레이크 옹호자들은 이제 사이드와인더를 공개해 공식 미사일 프로그램으로 만들 수 있다는 생각을 하고 있었다.

맥린과 차이나레이크는 열 추적 미사일을 설계, 제작, 시험하기 위해 충분한 자금을 받았다. 하지만 국방부가 레이더 유도 방식의 공대공 미사일 두 종, 즉 팰콘Falcon과 스패로우Sparrow의 본격 생산을 승인한 참이라 여전히 조심해야 하는 상황이었다. 정체불명의 프로젝트로 남아 있는 한 사이드와인더는 그 두 가지 거대 미사일 프로젝트 투자에 특별한 위협을 가하지 않았다. 반대로 사이드와인더의 성공이 혹시라도 의회에 알려져 팰콘과 스패로우에 대한 재정 지원을 재고하게 만든다면, 레이더 미사일 옹호자들은 수단과 방법을 가리지 않고 차이나레이크의 열 추적 프로젝트를 추락시키고 말 것이었다.

다음 2년 동안 사이드와인더팀은 미사일 설계, 시험, 설계 수정, 재시험에 이르는 과정을 12차례 반복했다. 이후 미국 최초의 우주인이 된 월리 쉬라Schirra 중위가 첫 번째 시험 발사를 진행했다. 그러나 차이나레이크 기지 상공에서 발사된 12발은 모두 전파로 조종되는 공중 목표물을 맞히지 못했다. 미세 진동의 문제가 있었고 전기적 잡음의 방해가 있었고 전력 공급의 어려움이 있었다. 한 가지 문제를 해결하면 새로운 문제가 튀어나왔다. 프로젝트의 실패가 레이더 미사일 옹호자들에게 얼마나 좋은 빌미가 될지 너무나 잘 알고 있던 터라 사이드와인더팀은 점점 맥이 빠졌다.

1953년 9월 11일, 마침내 사이드와인더가 처음으로 성공을 거뒀다. 소형 무인 정찰기를 맞히지는 못했지만, 카메라 영상을 꼼꼼히 살펴본 결과 사이드와인더가 목표물에 아주 가까이 접근했던 것이다. 일정 거리 안에 목표물이 들어왔을 때 폭발하는 탄두만 장착되어 있었다면 충분히 폭발했을 수준이었다. 그 성공은 우연이 아니었다. 이후의 시험도 역시 성공했다. 미 해군은 결국 빠르게 움직이는 제트 전투기를 파괴할 수 있는 비유도형 무기를 개발해낸 것이다.

"No는 더딘 Yes일 뿐이다."

사이드와인더가 성공리에 시험 비행을 마치자, 국방부의 해군 장성들은 열 추적 미사일의 가능성을 더 이상 무시할 수 없다고 판단했다. 그리고 항공모함 전투기에 사이드와인더를 공식 도입하면서 'AIM-9Air Intercept Missile 9'이라는 이름으로 생산하기로 했다. 해군의 이런 결정에는 레이더 유도 미사일인 스패로우와 팰콘의 부진도 한몫을 했다. 맥린이 예견한 대로 레이더 추적은 공대공 전투에서는 너무 복잡하고 효율성이 떨어졌다. 레이더 신호를 만들고 치리히며 조종시기 보내는 레이더 유도를 받기 위헤서는 온갖 전기장치가 필요했고, 결국 레이더 미사일은 전투기만큼이나 복잡한 존재가 되었다.

이와 달리 사이드와인더는 믿기 어려울 만큼 단순했다. 사이드와인더팀의 수석 엔지니어 하워드 윌콕스Wilcox는 사이드와인더가 '전기적으로는 탁상용 라디오 정도로 복잡하고 기계적으로는 세탁기 정도로 정교한 수준'이라고 설명했다. 무엇보다도 사이드와인더는 스패로우나 팰콘에 비해 더 작고 가볍고 값도 쌌다.

그러나 해군보다 훨씬 더 많은 전투기를 운용하는 공군은 사이드와인더를 반기지 않았다. 공군 지휘관들은 레이더 기술의 전천후 능력을 여전히 강조했다. 레이더 탐지 프로젝트가 지지부진한 상태였음에도 말이다. 빌 맥린과 하워드 윌콕스는 공군에 사이드와인더를 팔기 위해 여러 차례 시도했다. 윌콕스 박사는 탁월한 세일즈 능력을 갖춘 인물이었다. 지적이고 수줍은 맥린과 달리 윌콕스는 사근사근하고 편한 성격이었으며 백만 불짜리 미소까지 지니고 있었다.

회의가 시작되면 윌콕스는 사이드와인더가 목표물에 명중하는 모습을 영상으로 보여주었다. 그런 다음에는 사이드와인더의 낮은 제작 및 유지 비용, 사용의 용이성을 쉬운 말로 설명했다. 하지만 윌콕스의 부드러운 카리스마도, 인상적인 자료도 공군의 고집스러운 태도를 돌려놓지는 못했다. '충분히 훌륭하다면 완벽할 필요는 없다'를 모토로 삼았던 차이나레이크 연구진은 그들의 비타협적인 태도에 당황했다. '완벽한' 전천후 미사일을 추구했던 공군은 대부분의 공중전 상황에서 충분히 훌륭한 사이드와인더를 외면했다.

차이나레이크에서 성장기를 보낸 나는 그곳에서 '충분히 훌륭하다면 완벽할 필요는 없다' 외에 'No는 더딘 Yes일 뿐이다'라는 또 하나의 모토를 자주 접하곤 했다. 바로 이 두 번째 모토가 빌 맥린의 다음 행보를 결정했다. 맥린은 박사학위를 받은 모교 캘리포니아 공과대학의 지인을 통해 공군 장관의 특별 보좌관 트레버 가드너Gardener를 만나, 사이드와인더와 팰콘의 시합을 제안한 것이다. 사이드와인더가 이기면 공군이 열 추적 미사일을 받아들이라는 조건이었다. 가드너는 도전을 받아들였고, 시합은 1955년 뉴멕시코의 홀로먼Holloman 공군기지에서 열렸다.

시합은 다윗과 골리앗의 싸움을 연상시켰다. 공군은 모든 것을 팰콘에 유리하게 조치했다. 최신 제트 전투기를 배정했고 기술자 수백 명을 배치했으며, 온갖 지원 및 검사 장비로 가득 찬 전용 관제실을 마련했다. 맥린과 해군 측은 격납고 한 구석에서 오래된 전투기에 사이드와인더를 장착해야 했다. 기술자도, 장비도 없었다. 불공정한 조치에 화가 난 맥린은 팰콘 측 팀장을 찾아가 추가 장비를 요청했다. 그리고 무엇이 필요하냐는 질문에 맥린은 "플래시 하나랑 사다리는 어떨까요?"라는 말로 불편한 심기를 전했다.

사실 사이드와인더는 아주 단순해서 수많은 기술자도, 관제실도 필요 없었다. 첫 시험이 있기 전날 밤, 공군은 팰콘의 섬세한 전기장치가 제대로 작동할 수 있도록 미사일을 정성스럽게 천으로 닦기까지 했다. 맥린은 그저 사이드와인더를 전투기에 장착하라는 지시만 내렸다. 바깥에서 하룻밤을 보내도 문제없다고 하면서…….

충분히 훌륭할
때까지는 감춰라

다음 날, 동전 던지기에 따라 먼저 출발하게 된 사이드와인더는 완벽하게 날아 무선 조종되는 목표물을 단숨에 명중시켰다. 다음 차례가 된 팰콘은 제대로 발사되지도 못했다. 공군 엔지니어들이 미사일 안전장치를 제대로 해제하지 못했던 것이다. 다시 사이더와인더가 발사되었다. 이번에는 목표물의 꼬리 파이프(배기관)를 스치고 지나갔다. 이에 비해 팰콘은 두 번째 발사에도 실패했고, 결국 명중은커녕 발사조차 성공하지 못했다. 사이드와인더는 완벽하게 승리했다. 적어도 차이나레이크팀은 그렇게 생각했다.

그러나 홀로먼 공군기지 실험 후 몇 주가 지나자 공군 장교들이 사이드와인더는 충분히 검증되지 않았다고 주장하기 시작했다. 핵무기 탑재 폭격기와 같은 높은 고도의 목표물을 대상으로 시험이 이루어지지 않았다는 것이 이유였다. 그들은 열 추적 미사일이 높은 고도의 폭격기를 뒤따를 때 태양열의 방해를 받기 쉽다고도 지적했다. 이에 비해 레이더 유도 미사일의 경우는 그럴 일이 없다는 것이다.

새로 등장한 이 장애물에 대해 맥린도 처음에는 어찌 해볼 수 없을 것 같았다. 사이드와인더는 4000피트 상공까지 너끈히 날아오를 수 있었지만 공군도, 해군도 시험 목표물을 그렇게 높이 날릴 수 없었다. 차이나레이크 측은 고심 끝에 다시 공군으로 찾아가 기상천외한 제안을 했다. 전투기가 이륙해 먼저 로켓을 발사한 뒤 충분히 높은 고도에 이르면 두 번째로 사이드와인더를 발사해 첫 번째 로켓을 추적하여 명중시키겠다는 것이었다.

공군은 회의적이었다. 차이나레이크의 제안은 총알 하나로 다른 총알을 맞추겠다는 것이나 다름없었다. 이전에 한 번도 시도된 적이 없는 시험이기도 했다. 하지만 공군은 결과가 어찌되든 잃을 것이 없었고, 결국 맥린의 제안에 동의했다. 그리하여 1955년 8월, 홀로먼 기지에서 두 번째 시험을 실시했다. 조종사들은 6기의 로켓을 발사했고 사이드와인더 6기가 각각 로켓 하나씩을 추적하도록 했다. 육안으로 관찰한 결과 조종사들은 사이드와인더 6기 모두가 명중 가능 거리에 이르렀다고 보고했다. 시험 결과는 공군 전투기 조종사들 사이에서 금방 소문이 돌았고, 이에 따라 사이드와인더 옹호자들이 급격히 늘어났다.

이후 사이드와인더 6기의 궤적 분석을 해본 결과, 홀로먼 조종사들의 육안 보고는 틀린 것으로 나타났다. 대부분은 목표물과 그 정도로 거리를 좁히지는 못했다. 하지만 부정적인 결과 분석이 나왔을 때는 이미 대세를 뒤집기에 너무 늦은 시점이었다. 공군 조종사들은 열 추적 미사일을 강력히 원했고, 공군은 이를 받아들일 수밖에 없었다. 결국 1956년부터 공군도 사이드와인더를 도입했다. 비밀리에 연구가 시작된 지 10년 만에 '특수 기폭장치 602' 프로젝트가 빅뱅을 터뜨린 것이다.

사이드와인더 이야기에서 가장 중요한 부분은 빌 맥린의 의지가 아니라 워싱턴 인사들의 행동이었다. 1940년대에 차이나레이크의 보고를 받은 해군 무기국은 맥린에게 자금을 지원해 미사일 개발 프로그램의 다각화를 가능케 했다. 또 새로운 추적 방식이 충분히 가치를 입증해 워싱턴 권력자들의 공격을 이겨내게 될 때까지 비밀을 유지하도록 도왔다.

어떤 조직이든 비밀리에 긴 도화선을 만들어 빅뱅을 추구하는 맥린 같은 사람들이 있다. 인간 성향의 다양성은 어느 무리에나 개성 강한 인물을 만들어내고, 또 보수적이고 원칙적인 이들도 만들어낸다. 후자는 주로 지도층의 지위를 차지하며 전자의 위험한 생각을 불편하게 여기는 편이다. 그것을 잘 아는 개성 강한 혁신가들은 혼자 숨어서 일을 추진한다. 어느 정도 성과가 날 때까지 감추는 것이다.

나는 이러한 과정을 거듭하여 목격했다. 가령 내가 몸담았던 디즈니 이매지니어링 연구 개발 부서에서 우리는 비밀 작업을 '사이드와인더 프로젝트'라 부르기도 했다. 오늘날 디즈니 엡콧의 가상현실 놀이기구에서 착용하는 헬멧형 디스플레이도 처음에는 그런 비밀 프로젝트로 출발했다. '충분히 훌륭한 것보다는 완벽해야 한다'라는 신조에 매달려 더 복잡한 형태를 요구하는 직속 상사들에게는 그 디자인을 비밀에 붙여야 했다.

요점은 무엇인가? 혁신적 변화를 이루기 위해 지금 당장 너도 나도 그런 혁신적 아이디어를 찾아내야 한다는 이야기가 아니다. 회사 내의 누군가가 이미 그런 아이디어를 갖고 있을지 모른다. 리더의 일은 그 독창적이고 개성이 넘치는 인물을 찾아내 필요한 지원을 하고, 조직의 사각지대를 공략하도록 하는 것이다. 보수적인 인물들과 충분히 맞설 수준이 되었다 싶을 때까지 감춰두는 것도 중요하다.

해군 무기국은 바로 이런 전략을 통해 성공했다. 이는 그들에게 차이나레이크의 비공식 프로젝트를 지원할 돈과 힘이 있었기 때문에 가능한 일이기도 했다. 만약 나름의 '사이드와인더 프로젝트'를 추진하고 싶은데 돈도 권력도 없다면 어떻게 해야 할까? 그래도 빅뱅을 이끌어낼 긴 도화선에 불을 붙일 수 있을까?

아마도 CIA 직원인 돈 버크Burke와 숀 데니히Dennehy가 미국 정보 분야를 개혁해나간 이야기를 들으면 그럴 수 있다는 생각이 들 것이다.

CIA의 혁신 스토리

2006년에 처음 돈 버크를 만났을 때 나는 어딘지 이상한 느낌을 받았다. 180센티미터가 좀 넘는 키에 바싹 여윈 체구, 모래 색깔의 머리카락과 푸른 눈을 지닌 버크는 마치 온몸이 분해되었다가 살짝 어긋나게 재조립된 듯했다. 몸동작은 어색하게 뻣뻣했다. 미소를 지을 때에도 눈을 제외한 얼굴 나머지 부분은 굳어 있었다.

나중에야 버크가 FSHD라는 근육 장애를 앓고 있다는 사실을 알았다. 미네소티 에너키 Anoka에서 태어나 자란 그는 중학교 체육 시간에 친구들과 달리 턱걸이나 팔굽혀펴기를 할 수 없었고 병원에서 유전병 진단을 받았다.

병의 특별한 증세는 없었으므로 학교 친구들은 버크가 건강하지만 조금 멍청한 것이라 여겼다. "아이들이 바싹 마른 팔을 보고 짓궂게 놀리고 괴롭히기도 했어요." 13세까지는 건강했던 기억을 갖고 있었기에 버크는 따돌림을 참기 힘들었다. "그런 상황에서 선택은 두 가지죠. 자기 안으로 꽁꽁 숨어버리거나, 아니면 놀림을 무시하고 능력을 증명하는 겁니다."

버크는 두 번째를 택했다. 그는 세계 최고의 항공 대학으로 꼽히는 엠브리 리들Embry Riddle을 우수한 성적으로 졸업하고 CIA에 들어갔다. 정보 수집 및 분석을 위한 새로운 기술을 개발하는 업무였다. 그는 조기 승진을 거듭했다. 병이 언제 악화될지 모른다는 생각에 쉼 없이 자신을 채찍질하여 새로운 기술을 개발한 덕분이었다. 그는 업무 성과에서 늘 1등이었고, 단시간 내에 일을 해내는 인물로 정평이 났다. 2005년, 버크는 CIA 과학기술국의 중간 관리자로 승진했고 요원들의 정보 수집 분석을 도와주는 엔지니어 및 기술 전문가팀을 이끌게 되었다. "제임스 본드의 '007시리즈'에서 장비 제공을 맡은 Q와 비슷한 역할이지요."

버크의 팀은 상시적인 운영을 맡는 대신 상시 운영팀을 지원했다. Q가 그렇듯 버크도 요원들에게 하이테크 장비를 제공했다. CIA나 관련 정보기구에서 나오는 방대하고 산만한 정보를 정제하는 지식 관리 툴 개발이 그들의 주요 업무였다. 이는 전통적인 정보 분석과 점점 더 비슷해지고 있는 과업이었다.

정보의 쓰나미가 몰려오다

정보 분석은 기본적으로 탐정 일과 비슷하다. 방대한 자료를 훑어보고 분석해 외국 정부나 테러범들의 능력 및 의도에 대해 보고서를 작성한다. 분석가는 대상이 되는 개인이나 조직과 관련해 가능한 한 많은 자료를 수집하려 애쓴다. 최고의 분석가는 대상이 처한 상황의 모든 측면을 상세하게 검토해 '상대의 머릿속에 들어가려' 하고 대상처럼 사고하는 법을 익힌다. 이런 과정을 통해 대상의 이전 행동을 더 잘 이해하고 미래 행동을 예측할 수 있게 된다.

지난 20년 동안의 급격한 정보 혁명은 자료의 양을 폭발적으로 늘렸고, 이에 따라 정보 분석은 점점 더 어려워졌다. 오늘날에는 외국의 정보기기에 정통한 기술자가 정보 분석가가 되기도 한다. 1960년대 소련은 나름의 정보통신 기술을 설계하여 운용했다. 그 기술에 대한 정보를 찾는 분석가는 제한된 영역만 살피면 되었다. 하지만 이제는 최고로 복잡한 통신 기술, 예를 들어 아이폰과 같은 것도 모두에게 공개되어 있다. 이런 상황에서 통신 기술 정보 분석가는 특별히 설계된 외국의 기술뿐 아니라, 훨씬 더 광범위하고 신속하게 발전하는 일반 소비자 대상의 통신 기술까지도 연구해야 한다. 정보 분석가와 기술 분석가 모두가 정보의 쓰나미를 맞고 있는 것이다.

9·11 사태 이후 CIA는 정보의 과부하를 해결하기 위해 더 많은 분석가들을 고용했다. 하지만 그렇게 늘어나는 일자리보다 관련 정보량이 늘어나는 속도가 훨씬 더 빨랐다. 비크의 업무 중 하나는 분석기들이 새로운 기술의 도움을 받아 그 격차를 극복하도록 돕는 것이었다. 과거 냉전 시대에는 CIA를 비롯한 각국의 정보기구들이 나름의 정보 분석 기술을 개발하는 데 수억 달러를 투자했다. 이와 달리 버크의 시대에는 구글, 오라클, 마이크로소프트 등 민간 기업들이 개발한 분석 도구를 적용하는 것이 더 중요해졌다. 정보요원들이 다루는 자료는 여전히 극

비사항이지만, 그 자료를 저장하고 정리하고 분석하는 도구는 여느 직장인이 사용하는 것과 다름이 없어진 셈이다.

2005년의 어느 날, 정보 혁명과 그것이 자기 부서의 역할에 미칠 영향을 주시해온 CIA의 과학기술국 과장이 버크에게 연락을 해왔다. 그는 기술의 눈부신 발전으로 인해 과학기술국의 기존 업무를 재조정해야 하는지, 혹은 이미 정보 분석 업무가 재편되고 있는 상황인지 궁금해했다. 이미 과학기술국에 소속되어 있는 직원들 대부분은 외국 기술을 분석하기보다 기술 발전 프로젝트를 관리하거나 현장의 정보 기술을 운용하는 교육을 받는 상황이었다.

조직에서 창의적인 사고 능력으로 정평이 나 있는 돈 버크에게 과학기술국 과장은 다음과 같은 질문을 던졌다. "빠르게 변화하는 현대 사회에서 분석가란 어떤 존재인가?" 이 질문에 대해 "과학기술국에서 일하는 많은 기술자들"이라는 답이 나온다면 조직은 변화해야 했다. 인력 고용, 교육, 승진 기준 등이 CIA 자체 기술 개발뿐 아니라 다른 조직이나 타인의 기술 분석 및 지원 능력까지 포함하도록 해야 했던 것이다.

새로운 기술을 개발하는 엔지니어들은 다른 엔지니어의 작업을 연구하려 들지 않았다. 전통적으로 과학기술국은 분석가보다는 행동가를 고용했지만 분석 업무가 늘어나는 상황에서 이는 적합하지 않을 수도 있었다. 나아가 정보 분석을 위해서는 분석 기술, 글쓰기, 목표 평가 등 장기간의 전문 교육이 필요했는데 과학기술국의 기술자들은 그런 교육을 거의 받지 않은 상황이었다.

과학기술국은 '정보 분석'의 개념이 변화하고 있는지도 알고자 했

생각의 빅뱅

다. 본래 정보 분석은 CIA 내 조직인 정보국 소관이었다. 정보국은 분석가를 고용, 훈련시켰으며 중앙아시아의 곡물 작황에서부터 미국의 테러 위협에 이르기까지 모든 문제에 관한 정보를 분석 평가해 보고서를 작성했다. 외국의 무기나 기술에 대해 보고하는 과학자와 엔지니어들 일부도 정보국에 속해 있었다. 그런데 과학기술국이 기술 분석에 점점 더 관여하게 되면서 두 조직 사이의 전통적인 경계가 희미해졌고, 그에 따라 영역 갈등이 종종 일어났다. 과학기술국의 업무가 정보국의 영역을 계속 침범하게 될 것이라면 그 문제를 어떻게 해야 하는지도 미리 생각해두어야 했다.

버크는 "분석가란 어떤 존재인가?"라는 문제를 '연구 1단계'로서 4개월 동안 다루었다. 그는 과학기술국 소속원들을 광범위하게 인터뷰해 CIA가 실제로 움직이는 방식을 밝혀냈다. 그것은 기대했던 방식과는 달랐다. 예를 들어 직원들의 일상 업무 활동에서 공식 업무 조직도보다는 아는 사람, 좋아하는 사람이 중심이 된 비공식적 관계망이 더욱 중요했다. 공식적으로는 '행동가'의 업무를 맡은 직원이라 해도 친하게 지내는 정보국 직원들에게 외국의 기술을 가르쳐주면서 '분석가'처럼 행동하는 경향이 점점 늘어난다는 점도 밝혀냈다.

또한 과학기술국에 소속된 과학자와 엔지니어들은 서로 다른 기술이 어떻게 사용되는지, 각각의 강점과 약점은 무엇인지 등에 대한 여러 질문에 대답을 해주고 있었다. 이러한 기술적 통찰력을 바탕으로 정보국은 새로운 외국 기술이 실제 사용 가능한 단계인지, 우리 기술에 비해 우월한지 아닌지, 어떻게 제압할 수 있는지 등 핵심적 측면에 대해 판단을 내리고 있었다.

아는 정보를 놓치지 않을 방법

버크는 '연구 1단계'의 결과를 과학기술국장 스테파니 오설리번O' Sullivan에게 보고했다. 그리고 관련 기술 정보를 한꺼번에 모아두는 단일 데이터베이스가 없는 탓에 과학기술국의 기술 분석 능력이 제한되고 있다는 점을 지적했다. 유용한 기술 데이터가 직원들 머릿속이나 개인용 컴퓨터, 혹은 서로 연결되지 않는 데이터 네트워크에 저장되면서 잊혀지는 경우가 부지기수였던 것이다. 기밀 등급을 받은 정보가 공유되지 못하면서 기술자들은 자기가 하는 일을 동료에게 말할 수 없었고, 작업이 중복되는 일도 많았다. 그렇게 정보 분석이 이루어진 후 제한된 관련자들끼리만 공유한 후 개인적으로 보관하는 일이 반복되었다. 더욱이 베이비붐 세대의 본격적인 은퇴 시기와 맞물리면서 유용한 기술 정보가 은퇴자와 함께 CIA 바깥으로 사라지는 판이었다.

버크의 연구 결과를 듣고 난 오설리번 국장은 '아는 정보를 놓치지 않을' 방법을 찾아달라고 했다. 버크는 생각에 잠겼다. 그것의 필요성은 전에도 수없이 제기되었지만 늘 성과 없이 끝났다. 방대한 기술 정보를 쉽게 접근할 수 있는 데이터베이스에 모은다는 발상 자체가 CIA의 문화에 역행하기 때문이었다. CIA는 인적 자원(외국인 정보 수집원)에 의존하는 체제였다. 정체가 발각되거나 기술을 사용하는 방식이 새어나갈 경우 그 인적 자원은 즉각 죽임을 당할 수 있었다. CIA 요원이었던 올드리치 에임스Aldrich Ames가 정보원들의 이름을 KGB에 누설하여 연달아 체포, 고문, 처형당하게 했던 것이 그 예이다. 정보를 공유한다면 누군가의 생명이 위험에 처한다는 것을 CIA에서는 누구나 알고 있었다.

물론 기술적인 정보는 정보원의 정체만큼 민감한 것이 아니었지만 CIA 직원들은 기관의 모든 비밀을 목숨처럼 보호하는 습관이 있었다. 기밀로 분류된 서류는 몇 백 겹의 잠금장치 안에 보관되어 그 내용을 알아야 할 몇몇 사람만 접근할 수 있었다. 이들 직원들에게 기밀 분류된 기술 정보를 공유하자고 설득하는 일은 거의 불가능에 가까웠다. 기술 정보를 공유하는 것이 CIA 전체의 업무 효율을 높이고, 그것이 생명을 위협하기보다는 오히려 구하게 될 것이라고 해도 베테랑 요원들은 머릿속 기밀 정보를 빼내려는 사람을 위험하게 여겼다.

버크는 오설리번 국장의 부탁을 받아들인다면 과거 근육 장애로 겪었던 것보다 더 큰 따돌림을 당할 수도 있다는 점을 본능적으로 깨달았다.

인텔리피디아를
발견하다

그럼에도 그는 금방 결단을 내렸다. 지난 60년 동안 조직 내에 갇혀 있던 정보를 서로 공유할 수 있도록 장벽을 허물 방법을 찾아보겠다고 대답했다. 10대 시절에 아이들의 조롱과 놀림을 견뎌냈으니 CIA 요원들의 의심과 의혹도 견뎌낼 수 있을 것이라 생각했던 것일까?

다음 몇 달 동안 버크는 '연구 2단계' 에 매진했다. 누군가 기술 정보를 모으려고 시도한 사람은 없는지 살폈다. 과학기술국이 '아는 정보를 놓치지 않기 위한' 유효한 방법은 CIA 내부의 누군가가 이미 시작한 단일 데이터베이스에 연결하는 것이라 판단했기 때문이다. 버크는 CIA에 기밀주의 문화가 뿌리 깊긴 하지만, 9·11 사태 이후 들어온 젊고 첨단 기술에 밝은 요원 중에는 혹시 위키피디아와 같은 사회적 네트워킹과 협력 도구를 개발하고자 시도한 경우가 있지 않을까 생각했다.

그 생각은 틀리지 않았다. 그 무렵 CIA 정보기술국에서는 컴퓨터 과학자와 기술자들이 네트워크, 컴퓨터, 통신 시스템 관련 지식을 공유하기 위한 소규모 도구를 시험하는 중이었다. 위키피디아와 마찬가지로 등록된 사용자는 누구나 글을 쓸 수도, 남의 글을 수정할 수도 있는 방식이었다.

그러나 사용자 계정을 만들고 정보기술국의 도구를 사용해본 버크는 기대 이하라는 결론을 내렸다. 프로그래머가 아니라면 사용하기 힘들 정도로 인터페이스가 복잡했기 때문이다. 또한 CIA의 내부 네트워크에 한정되어 있어 다른 기관에 파견나간 직원들도, NSA와 같은 다른 정보기구도 사용이 불가능했다.

버크는 특히 두 번째 한계가 문제라고 보았다. 디지털 혁명은 이미 CIA 업무를 위한 기술과 다른 정보기구들의 업무를 위한 기술 사이의 경계를 허물어놓은 상태였기 때문이다. 과거 CIA는 소형 카메라나 비밀 통신 장비 등 HUMINT(인적 자원 정보) 수집을 위한 지원 기술에 주로 의존했다. 반면 다른 기관들은 SIGINT(신호 정보)를 위한 대형 전파 안테나, IMINT(이미지 정보)를 위한 고성능 망원경, MASINT(화학, 생물, 방사선 정보)를 위한 센서 등을 집중적으로 사용했다. 하지만 2005년이 되자 모든 정보기구가 같은 기술, 특히 컴퓨터 기술을 기본으로 삼고 있었다.

예를 들어 CIA는 인적 자원 정보를 저장하고 분석하는 데, NSA는 신호 정보를 분석하는 데, NGANational Geospatial-Intelligence Agency(국가 지리 정보국)은 이미지 정보를 분석하는 데 컴퓨터를 이용했다. 서로가 컴퓨터 기술을 어떻게 개선하여 활용할지 안다면 모든 기관에 도움이 될 것이었다. 그러므로 과학기술국이 보유한 자료를 연결시킬 이상적인 정보 공유 시스템은 모든 정보기구들에게 열려 있어야 했다. 버크는 다시 검색을 시작했다.

그리고 마침내 또 다른 곳을 발견했다. 인텔리피디아라는 곳이었다. 인텔리피디아의 정확한 웹 주소를 아는 사람은 그 방대한 정보 조직에서 극히 일부에 불과했다. 모든 정보기구와 군까지 연결되는 인텔링크Intelink라는 네트워크를 기반으로 한다는 것도 장점이었다. 인텔링크는 정부 전용의 네트워크로, 정보기구와 군에 소속된 사용자들이 수요가 많은 평가 보고서나 참고자료 정보 등을 올리는 용도로 쓰였다. 인텔리피디아에 수차례 글을 올린 후에 버크는 그 정보 공유 실험에 참여하고 있는 CIA 정보국의 숀 데니히를 만나게 되었다. 이라크 관련 자료 분석팀을 이끌고 있던 데니히는 인텔리피디아를 '이라키피디아'로, 즉 민간 및 군 정보 요원들이 이라크에 대한 유용한 정보를 접할 수 있는 공간으로 만들고자 노력하는 중이었다.

자금 지원이 없으면 빅뱅 혁신은 불가능할까?

때는 이라크 전쟁의 발발로 이라크에 대한 정보 수요가 폭발적으로 늘어난 시기였다. 정보 분석가든, 전장의 지휘관이든 이라크의 반군 세력 및 종파 간 폭력사태에 대응하기 위한 정보가 필요했다. 데니히는 인텔리피디아를 위키피디아와 마찬가지로 등록된 모든 사용자가 글을 올리고 편집하는 체제로 만들고자 했다. 이러한 민주적 편집 방식은 정보기구들이 60년 동안 견지해온 방식과 정면으로 배치되었다. 분석가들이 쓴 보고서를 책임자가 취합 편집하고 어느 선까지 자료를 공개할지 결정하는 것이 전통적인 방식이었기 때문이다. 자료는 제한된 대상에게만 보내졌고 업데이트는 애초에 글을 올린 사람만 할 수 있었다. 이에 비해 인텔리피디아는 '일 대 다수'라는 기존 패러다임을 '다수 대 다수'라는 새로운 패러다임으로 바꾸는 시도였다.

이렇게 하여 특정한 문제에 대해 서로 다른 수많은 견해가 한 공간에 모일 수 있는 기회가 최초로 마련되었다. 예를 들어 인텔리피디아에 이라크의 외국산 폭격기 대부분은 Y라는 지하드 조직의 자금 지원을 받는 X 국가에서 왔다는 정보 보고서가 올라왔다고 하자. 이와 상반되는 정보를 입수한 분석가는 그 보고서의 결론에 이의를 제기하며 그에 대한 근거를 댈 수 있다. 이런 식으로 여러 사람이 편집한 글들과 최초의 글은 고스란히 보관되어 누구든 논의의 전개 과정을 확인하며 나름의 결론을 내릴 수 있다. 이러한 민주적인 과정을 거쳐 광범위하면서 동시에 균형 잡힌 정보 보고서가 완성되는 것이다.

공식적인 정보 보고서는 사실 한 편의 영화와도 같다. 많은 내용이 편집 과정에서 삭제되어 관객들은 볼 수 없게 되는 영화 말이다. 하지만 이렇게 잘려나간 내용들은 정보 보고서의 일부 독자에게는 더할 나위 없이 중요할 수도 있다. 아주 지위가 높은 수요자, 예를 들어 대통령에게 올라가는 보고서에는 특정 사안의 상세한 내용을 다 담을 필요가 없다. 핵심 내용만 정리하면 된다. 그러나 군이나 경찰 기관의 구성원들은 대통령이라면 지루해할 세부 내용에 오히려 관심을 보일 수 있다. 대형 항구의 어느 도크에서 배가 출항했는가? 선장의 형제, 친척, 학교 친구는 누구인가? 그 배가 직전에 정박했던 항구는 어디인가?

실제로 이와 같은 세부 사항이 사람과 물자의 이동을 추적하는, 혹은 핵심 인물 간의 복잡한 관계를 밝히려는 사람의 입장에서는 핵심적이다. 인텔리피디아는 바로 그것을 가능케 했다. 그곳은 군과 정보기구에 소속된 사람 누구나 신원을 밝히고 이라크 관련 정보를 올리거나 수정할 수 있는 유일한 공간이었다.

당장의 골치 아픈
문제를 해결하다

몇 주 뒤 버크는 스테파니 오설리번 국장을 만나 데니히와 합의했던 내용을 보고했다. 즉 과학기술국은 인텔리피디아가 기술 데이터뿐 아니라 이라크와 다른 나라에 대한 모든 정보 업무에서 정보 교환이 가능한 광범위한 플랫폼으로 전환되도록 도와야 한다는 것이었다. 오설리번 국장은 즉각 그 제안을 긍정적으로 받아들였다. 인텔리피디아는 새로운 정보 전략으로 나아가는 중요한 한 단계가 되리라 판단한 것이다. 또한 정보 교류가 늘어나면 제2의 9·11 사태가 방지되고, 이라크 대량살상무기를 둘러싼 논란도 예방할 수 있으리라 판단했다.

버크는 '연구 2단계'를 확대하여 CIA 내의 기술 정보뿐 아니라 모든 정보기구 및 군의 정보 공유로까지 나아가게 된 것이 기뻤다. 그러나 그들 앞에 버티고 있는 견고한 장애물을 고려하지 않을 수는 없었다. 그와 데니히에게는 예산도, 인력도 없었다. 역할이 분리된 정보활동에 익숙해져 있는 노련한 요원들의 거부감과 저항도 불을 보듯 뻔했다. CIA 전통주의자에게는 과학기술국의 기술 정보를 확산한다는 것만 해도 CIA 정보 보고서를 다른 기관과 공유하는 것만큼이나 큰 재앙일 디였다. 실제로 데니나 오설리번 국장 같은 몇몇 인사를 제외하면 정보 공유의 필요성이나 보고서 작성 과정을 민주화할 필요성을 인식하는 사람조차 거의 없었다.

언젠가 헨리 포드는 "고객에게 무엇을 원하느냐고 물었다면 더 빨리 달리는 말이라는 대답이 나왔을 것이다"라고 했다. 그럼에도 포드는 차의 필요성을 모르던 고객들조차 결국 지갑을 열고 구입해줄 것이라 믿고 최초의 자동차를 제작했다. 버크와 데니히도 포드의 입장과 비슷했다. 대부분의 CIA 직원들은 기존의 업무 효율성을 높여주는 더 빠른 말을 원했지, 업무 자체를 바꾸는 혁신적인 신기술을 바라지 않았으니 말이다.

이 모든 요소를 고려해볼 때 인텔리피디아의 전망은 암울했다. 버크와 데니히에게 적군은 넘치도록 많았지만 아군은 손에 꼽을 정도로 적었다. 돈도, 직원도, 고객도 없이 정보 보고 과정을 혁신하는 일이 어떻게 가능할까? 정보 공유가 CIA의 임무를 위험에 빠뜨릴 것이라 믿는 반대파들의 공격을 어떻게 막아낼 것인가?

여기서 보안을 목숨처럼 여기는 정보국의 상사들에게서 인텔리피디아 추진을 허락받은 데니히의 경험은 중요한 단서를 제공했다. 인텔리피디아를 전파하는 매 단계에서 버크와 데니히는 정보 공유가 가져올 무궁무진한 가능성 대신 인텔리피디아를 통해 빠르고 쉽게 해결될 수 있는 현재의 골치 아픈 문제들을 찾기로 한 것이다. 한 번에 문제 하나씩 해결하면서 가다보면 결국에는 인텔리피디아가 정보조직 전체의 정보 공유 공간으로 성장할 것이었다.

이 전략을 실현하기 위한 첫 번째 과제는 닭이 먼저냐 달걀이 먼저냐 하는 문제를 해결하는 것이었다. 이라크 전문가가 아닌 정보 분석가들을 어떻게 설득하여 인텔리피디아에 글을 올리고, 또 올라간 글을 수정하도록 만들 것인가? 광범위한 주제에 대한 유용한 정보들이 일정량 이상으로 올라오지 않는다면 인텔리피디아 사용자는 한정될 수밖에 없었다. 그럴 경우 인텔리피디아의 글을 읽으면서 시간을 낭비할 사람은 없으니 말이다.

버크와 데니히는 CIA 요원들을 한 명씩 만나기로 했다. 그리고 인텔리피디아를 선전하는 대신 임무를 수행하는 데 어떤 어려움이 있는지 물어보았다. 그 과정에서 '지식 관리'라는 용어는 사용하지 않았다. 지식 관리는 정보의 보관, 보호, 복구, 확인, 수정 보완을 포괄하는 개념이었다. CIA는 사실상 정보 비즈니스였지만 그 누구도 자기 일을 정보 관리라고 여기지 않았고, 따라서 '지식 관리'라는 용어를 사용했다가는 그들의 입을 닫아버리게 하는 결과를 가져올 뿐이었다.

CIA에는 오설리번 국장처럼 직원 개개인의 머릿속에 저장된 지식을 알고 싶어 하는 사람이 있는가 하면, 전 세계에 흩어져 있는 요원들에게 최신 정보를 빨리 전달해야 하는 사람이 있었고, 또 요원들이 작성한 문서나 수행한 작전 기록을 빠짐없이 정리하는 일이 힘들다고 생각하는 사람도 있었다. 이를 감안할 때 인텔리피디아를 전파시킬 가장 좋은 방법은 정보 공유나 지식 관리 개념을 부각시키지 않은 채 그 각각의 업무가 훨씬 효율화될 수 있음을 알려주는 것이었다.

요컨대 인텔리피디아는 정보가 쉽게 연결되는 플랫폼이었고, 지식 관리나 정보 공유는 그 도구를 사용하는 각 개인이 자연스럽게 얻을 수 있는 부가 혜택인 셈이었다. 간단히 말해 버크와 데니히는 지동차를 팔면서 겉으로는 빨리 달리는 말을 내세웠던 것이다.

인력과 자금이
많이 투입되면 실패한다?

바야흐로 정보의 홍수는 CIA 직원들은 물론이고 관리자들까지도 감당할 수 없을 정도로 수위를 높여가는 상황이었다. 이런 상황에서 버크와 만나는 직원들은 인텔리피디아가 오랜 고민거리를 시원하게 해결해주리라 생각하지 않을 수 없었다. 더욱이 대부분은 이미 위키피디아를 사용한 경험이 있어 인터페이스 방식에도 익숙했다. 버크는 얼마나 쉽게 글을 올릴 수 있고 또 남의 글을 수정할 수 있는지 직접 보여주었다. CIA가 이미 사용하던 단순한 웹브라우저 방식인 만큼 추가 비용도 들일 필요가 없었다. 일단 직원들이 그 가치를 깨닫고 나면 더 이상 버크가 할 일은 없었다. 그저 몇 가지 확인 질문을 하고 간단히 방식을 설명한 후 직접 접속해보도록 하면 그만이었다.

그러나 상당수의 관리자들이 기꺼이 인텔리피디아를 받아들인 후에도 정보 공유에 반대하는 문화적 장벽은 남아 있었다. 이를 어떻게 극복해나가야 할까? 과거 경험을 바탕으로 버크는 상부로부터의 정보 공유 지시는 소용이 없다는 점을 익히 알고 있었다. 아는 것이 곧 권력인 조직에서 누가 자기 권력을 내던지고 싶어 하겠는가? 기밀 유지를 생명으로 하는 CIA에서 정보 공유라는 말은 모순이나 다름없었다. 새로운 PC 도구를 도입하라는 상부의 지시도 먹히지 않는 곳이 CIA였다. 값비싼 지식 관리 도구를 여러 차례 들여와 사용할 것을 지시했지만 직원들은 거부할 뿐이었다. 너무 복잡한 것도 문제였고 기능이 기대 이하이기도 했다. 간단히 말해 직원의 실제 업무에 적합한 방식으로 지식을 관리해주는 도구는 그때까지 없었던 것이다.

이런 이유들로 인해 버크는 인텔리피디아를 좋아하는 관리자들이 부하들에게 그것을 사용하라고 지시하지 않도록 했다. 자발적인 참여가 필요했다. 네트워킹과 상호작용 도구를 익숙하게 사용해온 신세대 CIA 직원들은 명령과 지시보다 정중한 부탁에 더 잘 반응할 것이었다. 또한 자발적인 참여를 유도하면 정보 공유를 곧 위험으로 인식하는 나이 많은 직원들의 역공도 줄일 수 있었다.

다음 6개월 동안 버크와 데니히는 인텔리피디아의 세일즈맨이 되어 CIA 곳곳을 돌아다녔다. 복도에서 나누는 대화, 식사 시간의 대화, 이메일 안내 등이 끊임없이 이어졌다. 그리고 2006년 가을, 이 두 사람이 내 사무실을 찾아왔을 때는 이미 인텔리피디아 캠페인의 성공이 명백해 보였다. 인텔리피디아는 명실공히 정보기구와 군에 소속된 사람들 수천 명이 드나들며 수만 건의 글을 올리는 공간이 되었던 것이다. 뿐만 아니라 인텔리피디아의 정보 효율성은 매달 급속히 높아지고 있었다.

그렇게 엄청난 일을 그토록 신속하게, 더욱이 별다른 자원도 없이 해냈다는 점에 감명을 받은 나는 혹시 자금 지원이 필요하면 도와주겠다고 말했다. 그러자 두 사람은 지체 없이 거절했다. '인력과 자금이 많이 투입되었을 때' 실패하고 만 프로그램이 많았다는 것이 이유였다. 자금 지원을 받은 프로그램은 어쩔 수 없이 '다양한 지시와 요구'에 시달리게 마련이다. 층층이 이어져 있는 관료제 때문에 의사결정이 늦어지고 이런저런 보고서를 쓰는 데만 해도 엄청난 시간과 돈이 낭비될 것이다.

또한 새로운 시스템에 돈을 쓴 경우 그렇게 투자한 것을 회수하는 차원에서라도 직원들에게 시스템 사용을 강요하기 쉽다. 이런 강요는 다음 두 가지 이유 때문에 대부분 실패하곤 한다. 하나는 직원들이 명령받은 대로 행동하지 않으려 한다는 것이고, 다른 하나는 설사 신기술을 받아들인다 해도 이전의 것과 똑같은 방식으로 사용하며 기존의 업무 과정을 유지한다는 것이다.

결국 인텔리피디아는 자금 지원이 없음에도 성공한 것이 아니라 자금 지원이 없었기 때문에 성공한 셈이다.

라그랑지 포인트

다음 3년 동안 인텔리피디아는 그 어떤 자금 지원도 없이 성장을 계속했다. 버크와 데니히는 월드와이드웹 World Wide Web이 그랬듯 인텔리피디아도 밑에서부터 자연스럽게 자라나야 한다고 믿었다. 인텔리피디아의 크나큰 매력은 그 저항적 성격이었다. 비공식적인 지하 운동의 성격이 유지되는 동안 인텔리피디아는 알코올이 10대 청소년에게 그렇듯 묘한 흡인력을 발휘했다. 허락되지 않는 일이기 때문에 짜릿한 것이다. 버크는 "데니히와 제가 인텔리피디아와 관련해 공을 세웠다고들 하지만 사실은 첫 번째 글을 올린 용기 있는 사람들이 진짜 공헌을 했던 셈이에요. 인텔리피디아가 충분한 사용자를 보유하지 못했던 초기에 그렇게 글을 쓴다는 것은 어떻게 보면 자신의 경력을 내던지는 일이나 다름없었거든요"라고 말했다.

2009년이 되자 사용자는 수만 명, 게시글은 수십만 건에 이르렀다. 인텔리피디아에 글을 쓰는 광범위한 사람들, 그리고 그 사람들의 자유로운 토론과 참여는 정보 보고의 품질과 적시성을 높여주었다. 예를 들어 2006년 10월, 맨해튼 상공을 나는 정체불명의 비행기 한 대가 발견된 사건이 있었다. 혹시 테러 공격이 아닐까 하는 의혹이 일었고, 문제의 심각성을 인식한 인텔리피디아 사용자들은 신속하게 짧은 글을 올리면서 다양한 출처에서 들어오는 새로운 정보를 전달했다. 인텔리피디아와 함께 분석가들은 인스턴트 메신저를 통해 시시각각의 상황을 교환했고 테러 공격이 아니라는 결론을 내렸다. 뉴욕 양키스팀의 투수 코리 라이들Lidle이 경비행기를 조종하다가 실수로 시내 고층건물을 들이받았던 것이다.

그 사건이 테러와 무관한 것으로 밝혀지긴 했지만 10여 명의 분석가들이 불과 두 시간 동안 80회 이상 관련 정보를 올리고 교환했다는 점은 주목할 만했다. 인텔리피디아가 정보 분야의 일상적인 업무 방식을 어떻게 바꿀 수 있는지 충분히 증명해주었기 때문이다. 이에 따라 상급 관리자들도 점점 관심을 갖기 시작했다.

말하자면 인텔리피디아는 맹인과 코끼리 우화를 하이테크 방식으로 해결하는 방식이라 할 수 있었다. 코끼리 꼬리를 만져본 장님은 뱀같이 생긴 동물이라 생각하고, 다리를 만져본 장님은 나무처럼 생겼다고 생각한다는 우화 말이다. 이런 경우 그 부분적인 경험을 종합하고 비교해야 실제 코끼리의 모습이 나온다. 인텔리피디아 사용자들도 이와 마찬가지로 경찰, 비행 통제 기관, 언론 등 서로 다른 출처에서 나오는 정보를 종합할 수 있게 된 것이다.

인텔리피디아는 이라크 전쟁에서도 크나큰 역할을 했다. 반군들이 급조폭발물 공격에서 염소가스를 사용한 것 같다는 의혹이 제기되었을 때 수사 전문가들은 화학 무기의 존재를 어떻게 증명할 수 있을지 거의 알지 못하는 형편이었다. 이때 그 문제에 해박한 지식을 가진 인텔리피디아 사용자들은 신속하게 현장의 증거 수집 방법을 알려주었다. 1급 정보 분석가인 톰 핀거Fingar는 "세계 곳곳 19개 지역에 흩어져 있는 20~30명의 전문가들이 정보를 제공했고, 이틀 만에 완벽하게 방법을 파악할 수 있었습니다. 회의를 소집하거나 시행착오를 무릅쓸 일은 없었지요"라고 당시 상황을 회고했다.

이 같은 긴급 상황에서 비공식적이고 민주적인 인텔리피디아의 접근법은 위계적인 기존의 정보 보고서와는 비교할 수 없을 정도로 강력하고 효과적이었다. 관료제의 한계를 벗어난 만큼 새로운 정보는 아주 신속하게 인텔리피디아에 올라왔다. 알카에다 같은 기습 공격에 대처할 때는 그런 신속성이 더욱 빛을 발했다. 또한 인텔리피디아에 올라온 글들은 언제든 수정 보완될 여지가 있었으므로, 이라크 대량살상무기 건과 같은 잘못된 결론을 도출할 위험도 최소화되었다.

마지막으로 인텔리피디아는 신뢰성까지 확보하고 있었다. 위키피디아의 사용자들이 익명인 것과 달리 인텔리피디아 사용자는 신분을 밝혀야 했다. 유용한 정보를 제때 올린다면 명성을 얻지만 반대로 잘못된 정보를 올린다면 개인석으로 치녕타를 입게 되는 구조였다. 이는 사용자들이 더 많이 연구하고 정확성을 기하도록 하는 암묵적인 장치가 되었다.

살짝만 밀어줘도
커다란 변화를
만들어내는 지점

2005년부터 2007년까지 정보기관의 CTO로 일하면서 나는 막대한 예산이 투입된 대규모 '지식 관리' 프로젝트가 처참하게 실패하는 장면을 대여섯 차례나 지켜보았다. 그렇기 때문에 버크와 데니히가 자금도, 인력도, 공식 지위도 없는 상태에서 불과 몇 개월 만에 인텔리피디아를 정착시킨 것이 더욱 놀라웠다. 그동안 수십억 달러를 쓰면서도 이루지 못했던 일을, 나아가 나라를 더 안전하게 만드는 일을 이뤄낸 것이다. 그 결실은 정보 공유에 거세게 저항해온 전통주의자들 때문에 한층 더 빛이 났다. 버크와 데니히를 비롯해 초기 인텔리피디아 사용자들은 조직의 위상을 떨어뜨린다는 비난과 수군거림을 결국 이겨낸 것이다.

버크에게 어떻게 상부의 지원도, 변변한 예산이나 인력도 없이 반대파를 넘어섰느냐고 물었을 때 그는 두 가지 답을 내놓았다. 이는 긴 도화선을 통해 빅뱅을 이끌어내고자 하는 사람 모두에게 도움이 될 만한 답변이었다.

첫째, 인텔리피디아는 예산이나 인력을 사용하지 않는 방식이었으므로 관료주의의 공격을 받지 않았다. 예산과 인력지원을 끊어 프로젝트를 고사시키는 관료주의적 방식이 통하지 않았던 것이다. 공식적으로 존재하지 않는 대상을 어떻게 죽여버릴 수 있겠는가?

사실 위키피디아 류의 강력한 도구가 무료로 제공되고 젊은 직원들이 거리낌 없이 사용하는 오늘날과 같은 상황에서 정보 기술로의 전환

생각의 빅뱅

에는 별다른 비용이 들지 않는다. 위험 회피적인 성향의 관리자들은 막연한 두려움으로 그런 전환을 제지하려 들겠지만 실제로는 공격할 방법이 마땅치 않다. 빅뱅으로 이어지는 가상 도화선은 현실 세계의 도화선보다 훨씬 더 끊기 어렵다는 점, 이는 우리가 꼭 기억해야 할 교훈이다.

버크가 말하는 인텔리피디아의 두 번째 성공 이유는 그것이 정보 기관들 영역의 '라그랑지 포인트Lagrange Point'에 위치했기 때문이었다. 라그랑지 포인트는 두 천체의 인력이 정확히 똑같이 작용하는 중간 지점을 말한다. 예를 들어 태양과 지구 사이의 라그랑지 포인트에 놓인 우주선은 그 자리에 정지한다. 하지만 그 균형은 금방이라도 깨질 수 있다. 우주선이 약간이라도 한쪽으로 틀어지면 그 방향으로 바로 끌려 들어가 떨어지고 마는 것이다. 이를 바꿔 말하자면 라그랑지 포인트에 서는 거의 노력을 들이지 않고도 엄청난 변화를 만들어낼 수 있다.

버크와 데니히는 바로 그 미국의 정보기구들과 의회 사이의 라그랑지 포인트를 찾아냈던 셈이다. 9·11사태와 이라크 대량살상무기 위협을 거치면서 의회는 더 활발한 정보 공유를 요구하게 되었다. 정보기구들은 전통적인 기밀 문화를 내세우며 여기 맞섰다. 버크는 자기들은 그 서 그 균형점에서 인텔리피디아를 정보 공유 쪽으로 살짝 밀어주었을 뿐이라고 설명했다.

빅뱅 결과를 얻기 위한 또 다른 교훈은 이 대목에서 찾아볼 수 있다. 어느 회사에든 빌 맥린이나 돈 버크 같은 인재가 있다. 또한 어느 회사에든 살짝만 밀어주면 커다란 변화가 일어나는 라그랑지 포인트가 있다. 사이드와인더의 개발 사례를 보면 빌 맥린의 뒤에는 적기를 떨어뜨릴 확실한 방법을 애타게 찾는 군이 있었다. 덕분에 맥린이나 차이나레이크팀이 미국 공대공 미사일 프로그램을 비효율적인 레이더 추적 방식으로부터 열 추적 방식으로 전환시키는 데 많은 돈을 쏟아붓지 않아도 되었다. 시급한 필요성이 동력을 제공했던 것이다.

돈 버크가 설명한 인텔리피디아의 성공 이유를 종합하면 빅뱅을 이룰 멋진 방법이 나온다. 조직의 인재를 찾아내고 그 인재를 라그랑지 포인트에 위치시키면 된다. 그 결과는 굉장할 것이다.

미래를 발명하는 기술

소설가 지망생들은 '설명하기보다 보여줘라' 는 말을 자주 듣는다. 인물이 열정적이라고 말해주는 대신 무료 급식소에서 자원봉사하는 모습을 보여주라는 것이다. 디즈니에서 페렌과 일하면서 나는 여기서 한 단계 더 나아갈 수 있었다. '설명하는 것보다는 보여주는 것이 좋다. 보여주는 것보다는 경험시키는 것이 더 좋다.'

우리는 시각, 칭각, 촉각을 자극하는 경험에 실제로 빠져보있을 때 낯선 개념을 가장 잘 이해하고 받아들인다. 앞서 말했듯이 혁신가들은 처음에는 작업을 감춰야 할지 몰라도 머지않아 빅뱅 아이디어를 설득시켜야 할 때가 온다. 이 순간 최고의 방법은 감각적·감정적 경험을 만들어내는 것이다. 우리 두뇌는 감각 자극에 민감하기 때문이다. 데스크톱 컴퓨터의 아버지인 앨런 케이가 말했듯이 "미래를 예측하는 최고의 방법은 미래를 발명하는 것이다."

감정을 불러일으켜야
사람의 마음이 바뀐다

그 재앙은 한 사람의 잘못이 아니었다. 하지만 뷰익의 판매량이 급감한 것에 대한 비난은 할리 얼Earl에게 집중되었다. 어떻든 간에 뷰익 1929년 모델을 디자인한 사람이 스탠퍼드 대학 육상선수 출신인 할리 얼이라는 점은 사실이었고, 대부분의 사람들이 그 차의 판매가 갑자기 5만 6000대나 줄어든 이유는 단 하나, 임산부를 연상시키는 자동차의 외형 때문이라고 생각했던 것이다.

신형 뷰익이 임산부를 연상시키는 모양이 된 이유는 창문 아래 차체를 한 바퀴 돌려감은 독특한 '허리띠' 디자인 때문이었다. 1929년형 뷰익의 허리띠는 약간 볼록한 형태여서 앞쪽에서 바라보면 차체가 살짝 부풀어 보였다. 오늘날의 곡선형 차체에서 보자면 표도 안 날 정도였지만 1929년 당시의 평면형 차체에서 이 디자인은 몹시 도드라져 보였다. 경쟁사인 크라이슬러 사의 월터 크라이슬러는 기자들 앞에서 이 차가 '임산부' 같다고 혹평했고, 이것이 뷰익의 운명을 결정했다. 그의 평이 대서특필되며 널리 퍼져나갔던 것이다. 당시만 해도 '임산부'는 지저분한 스캔들을 연상시키는 어휘였고, 조롱을 감수하며 그 모델을 구입할 소비자는 거의 없었다.

할리 얼은 GM의 알프레드 슬로언Sloan 사장에게 디자인팀에서는 훨씬 날렵한 모양을 디자인했으며, 문제는 제조팀에서 생산 편의를 위해 디자인을 변경한 데 있다고 해명했다. 뷰익을 임산부 형상으로 만든 것은 디자인팀이 아니라 제조팀이었던 것이다. 슬로언 사장이 할리 얼의 말을 믿어주었는지, 아니면 그 정도는 해고 사유가 아니라고 생각했는지는 확실치 않다. 그러나 어쨌든 할리 얼은 GM에 남아 이후 새로운 차들을 계속 디자인하게 되었다.

슬로언은 사실 할리 얼이라는 재능 있는 자동차 디자이너의 가능성을 믿는 입장이었다. 1926년 뉴욕 오토쇼에 출품된 할리 얼의 맞춤형 자동차를 보고 한눈에 반했기 때문이다. 더 낮고 더 길고 더 넓은 차체 디자인을 본 순간 슬로언은 업계 선두인 포드 사를 따라잡을 아이디어가 떠올랐다. GM 자동차가 더 멋진 외형을 지닌다면 포드 자동차보다 많이 팔 수 있을 것 같았다. 1920년대 말까지 자동차는 워낙 고장이 많아 외형보다는 성능이 더 중시되었다. 하지만 성능이 점차 개선되면서 다른 변수기 부각될 시점이 다가오고 있었다. 역설적이게도 '임신한 뷰익' 사건은 슬로언의 판단이 옳았음을 입증해주었다.

우연이 탄생시킨
혁명적인 아이디어

할리 얼은 1893년 로스앤젤레스에서 태어났다. 1889년에 미시건의 캐딜락에서 캘리포니아로 이주한 후 마차 사업을 시작했던 그의 아버지는 1903년에 자동차 제작으로 업종을 전환했다. 회사 이름도 얼 코치웍스Earl Coachworks에서 얼 오토모빌웍스Earl Automobile Works로 바꾸었다.

할리 얼은 할리우드 고등학교를 졸업한 후 아버지의 강권에 따라 스탠퍼드로 진학했지만, 1916년 럭비 경기 도중 입은 심각한 부상으로 학교를 중퇴했다. 그리고 아버지를 도와 할리우드 스타나 영화사 대표들을 위한 자동차를 생산하는 일을 하게 되었다. 주문형 자동차, 마차, 영화 상영을 위한 특수 마차 등을 제작하며 회사는 번창했고, 영화계의 거물인 패티 아버클Fatty Arbuckle이나 세실 드밀DeMille 같은 영화계 거물들도 얼 부자父子의 고객이 되었다.

처음부터 할리 얼의 디자인은 당시 자동차들에 비해 훨씬 세련된 형태였다. 1919년 오토쇼에 출품된 그의 주문형 자동차 디자인에 대한 〈로스앤젤레스 타임스〉의 평은 다음과 같았다.

푸른색 챈들러 자동차는 서부뿐 아니라 여타의 다른 지역에서 볼 수 있는 같은 유형의 디자인 중에서 가장 고전적이다. 하지만 낮은 차체가 매우 인상적이다. 큰 체구의 남자가 옆에 서면 자동차 지붕이 훤히 내려다보일 정도로 낮다. 그럼에도 내부 공간은 충분하니 몸을 구겨 넣을 걱정은 안 해도 좋다.

페니실린에서 테프론에 이르기까지 혁명적인 아이디어의 탄생 과정이 자주 그러하듯 할리 얼의 독특한 디자인 노하우, 결국은 전 세계의 자동차 디자인 방식을 바꿔놓게 된 새로운 방식도 우연에서 시작되었다.

1910년에 남동생 아트와 함께 협곡에서 야영을 하던 할리 얼은 로스앤젤레스 지역에서는 보기 드문 폭우를 만났다. 거세게 내린 비로 협곡은 끈적끈적한 진흙투성이가 되었고, 형제는 그 진흙으로 수십 가지의 자동차 모형을 만들며 놀았다. 6년 후 아버지와 일을 하게 된 할리 얼은 그때의 경험을 기억해냈고, 진흙을 디자인 작업의 재료로 사용했다. 진흙에는 나무 같은 재료에 없는 유연성이 있었다. 이런 장점 덕분에 할리는 디자인을 자유자재로 바꿀 수 있었다.

얼 오토모빌웍스 길 건너편에서 캐딜락 판매점을 운영하던 돈 리Lee는 할리 얼을 좋아하고 그의 재능을 아꼈다. 결국 그는 1919년에 얼 오토모빌웍스를 자사와 합병했고, 1925년경이 되자 돈 리의 회사는 할리 얼의 지휘 아래 연간 300대의 주문형 자동차를 제작 판매하는 데까지 성장했다. 그리고 이 차들의 독특한 디자인이 슬로언의 눈에 띄면서 1926년 할리 얼은 돈 리의 회사를 휴직하고 GM의 고급차 라살LaSalle의 설계를 맡게 되었으며, 이듬해인 1927년에는 디트로이트로 기 GM 자동차의 외관과 느낌을 총괄하는 부서를 맡게 되었다.

미적 감각과 자동차 디자인에 대한 열정이 남달랐던 할리 얼에게 '임신한 뷰익'은 오랫동안 상처로 남았다. 그는 "공장에서 작업 편의를 위해 옆판을 본래 설계한 것보다 더 불룩하게 만들어버렸다. 게다가 허리띠의 폭도 10센티미터 이상 늘어났다. 결과적으로 자동차는 양쪽이 부풀어 오른 괴상한 꼴이 되어버렸다"라고 한탄하며 두고두고 아쉬워했다.

다시 말해 할리 얼의 창의적 디자인은 '신속하고 쉽게 하라'라는 두뇌 각본의 희생양이 된 셈이었다. 공장에서는 더 쉽고 빠른 생산을 위해 신형 뷰익을 과거 모델과 비슷하게 변형시켰다. 매끈한 생산을 위해 매끈한 디자인이 꼼짝없이 자리를 내준 것이다.

공장 관리자들에게는 '보상 받았던 행동은 반복하고 처벌 받았던 행동은 회피하라'라는 또 다른 두뇌 각본도 작용했다. 그들은 생산 라인이 얼마나 효율적으로 돌아가느냐를 기준으로 승진하거나 해고당하는 상황이었기 때문이다. 그러므로 이들에게 디자인의 미적 효과는 중요하지 않았다.

임신한 뷰익 사건으로 몸살을 앓은 할리 얼은 생산 과정을 통제해야 할 필요성을 절감했다. 그는 진흙 모델 제작 방식으로 더 빨리 더 적합한 디자인을 찾아내면서 1931년에 마침내 GM 판매량이 포드를 추월하게 만들었다. 그리고 설계에서 생산까지 전 과정에서 디자인을 총괄하게 되었고, 1959년에 퇴직할 때까지 그 자리를 지켰다.

아름다운 차를 만든다는 목표를 지닌 할리 얼이 이윤 창출을 목표로 하는 기업에서 30년 가까이 디자인을 총괄할 수 있었다는 것은 두뇌의 특정 각본들이 다른 각본들을 조정하고 극복하는 과정을 보여준다. 할리 얼은 비록 신경과학자가 아니었지만, 두뇌가 '신속하고 쉽게 하라'라든가 '보상 받았던 행동은 반복하고 처벌 받았던 행동은 회피하라'라는 각본만으로 움직이는 것은 아니라는 점을 직감적으로 이해했던 것이다.

또한 할리우드에서 성장한 덕분에 할리 얼은 감정을 불러일으켜 사람들의 마음을 바꿔버리는 시각적 이미지의 엄청난 힘을 어릴 때부터 체득할 수 있었다. 감각적 반응의 중요성을 깨달은 그는 이를 자동차 디자인에 적용함으로써 GM의 수익성을 높이는 동시에, 자동차의 겉모습을 완전히 바꿔놓았다.

세계 최초의 콘셉트 카

그것은 누구도 본 적이 없는 모양이었다. 당시 자동차의 상징이었던 발판, 분리형 범퍼, 커다란 바퀴는 모두 사라졌다. 전통적인 직각 평면도 마찬가지였다. 차체에서 수직으로 솟아오른 평면 바람막이 창 대신 곡선으로 옆을 둘러싼 창문이 달렸다. 전면과 후면 범퍼도 곡선형이었으며 차체에 부착되어 있었다. 기존에는 차체 바깥쪽으로 튀어나왔던 전조등은 펜더 뒤쪽으로 숨어들었다. 그리고 전체적으로 유선형이어서 자동차의 앞과 뒤를 구분하기 힘들 정도였다. 전통적인 자동차보다 훨씬 낮고 긴 형태는 공기역학적인 우수성까지도 느끼게 했다. '임산부'라는 말은 절대 갖다 붙이지 못할 만큼 우아하고 날렵한 모습이었다.

바로 할리 얼이 1938년에 선보인 뷰익 'Y Job'이었다. Y라는 이름은 군용 비행기 실험작 'Y 시리즈'에서 따왔다.

실제로 생산되지는 못했어도 Y Job은 현대적인 자동차 디자인의 기본 요소를 모두 갖춘 역사적인 작품이었다. 차체로 합쳐진 펜더, 둥글게 차를 감싸는 창문과 범퍼, 안쪽으로 들어간 손잡이와 트렁크, 스페어타이어 등은 모두 이 Y Job에 기원을 두고 있다. 할리 얼은 Y Job이 실제 생산되지 못했다는 것 때문에 괴로워하지도 않았다. 애초부터 생산을 염두에 두지 않았기 때문이다. 그는 다만 미래의 자동차에 대한 자신의 콘셉트를 보여주고 싶었을 뿐이다. 1938년에 등장한 뷰익 Y Job은 세계 최초의 '콘셉트 카'였다.

눈이 번쩍 뜨일
자동차를 만들다

오늘날 우리는 상상력을 자극하는 미래형 자동차들이 앞다투어 오토쇼에 등장하는 상황에 익숙해 있다. 이에 비해 1938년까지의 오토쇼는 당시 생산 제품을 전시한 지루한 행사에 불과했다.

'콘셉트 카'라는 어휘는 미래형 모델이 플라스틱 차체라든지 태양열 발전 같은 새로운 콘셉트를 실현한다는 점에 착안하여 나왔다. 할리 얼의 Y Job이 보여준 콘셉트는 더 낮고 넓고 긴 자동차였다. 그 혁명적인 신형 뷰익으로 할리 얼과 GM은 현대 자동차의 많은 특징을 만들어냈을 뿐 아니라, '콘셉트 카'라는 새로운 개념까지 창조했다.

세계 최초의 콘셉트 카는 혁명적 아이디어를 전파하려는 할리 얼의 오랜 실험이 집약된 결과였다. 1933년의 시카고 박람회에서 '눈이 번쩍 뜨일 만한 전시품'을 내놓아달라는 부탁을 받고 할리 얼의 디자인팀은 세계 최초의 철판 지붕 캐딜락 자동차를 제작했다. 나무 프레임에 캔버스 천을 덮은 기존 자동차 지붕과는 전혀 다른, 성형 철판 하나로 만든 지붕이었다.

청중의 탄성과 환호를 보면서 할리 얼은 실물 크기의 모델이 설계도나 축소형 모델보다 훨씬 더 효과적이라는 점을 깨달았다. 그 깨달음은 GM 경영진이 1934년에 라살 생산을 중단하기로 했을 때 제대로 효과를 발휘했다. 비행기와 비슷한 외관의 신형 라살을 실물 크기의 목재 모델로 제작해 공개했던 것이다. 이사진이 모두 모이자 할리 얼은 장막을 걷으며 "자, 여러분들이 내년에는 생산하지 않기로 결정하신 차가 바로 이겁니다"라고 외쳤다.

이사진은 경악하며 한동안 말을 잃었고 곧 결정을 철회했다. 할리 얼 디자인팀은 Y Job부터는 신형 모델을 실물 크기로 보여줄 뿐 아니라 운행 능력까지 갖춘 완전한 시제품으로 선보였다. 고객이 타고 운전할 수 있는 모델은 겉모습만 보여주는 것보다 한층 더 반응이 좋았다. 미래형 자동차를 실제로 체험할 수 있었기 때문이다. Y Job은 이후 12년 동안 할리 얼의 승용차로 사용되었다.

이후에도 할리 얼은 1959년에 GM에서 퇴직할 때까지 컨버터블 지붕 창, 돌출 방식 라디오 안테나, 전기제어 창문, 난방 시트, 연료구 덮개, 유압식 핸들, 열쇠가 필요 없는 잠금 해제, 이중 후미등 등 헤아릴 수 없이 많은 혁신적인 아이디어를 고안했다.

새로운 시각 어휘가 필요하다

자동차 제조업체들이 콘셉트 카를 제작하는 이유는 미래형 시제품을 이용해본 감각적 경험이 두뇌 각본을 관리하는 한 방법이기 때문이다. 직접적인 감각 경험은 감정과 동기, 행동에 지대한 영향을 미친다. 두뇌 구조를 봐도 감각 경험이 왜 그렇게 중요한지 잘 드러난다. 소시지처럼 불룩한 모양으로 두뇌 표면을 이루는 신피질은 전체 중에서 무려 40퍼센트 정도가 시각, 청각, 촉각 정보 처리를 담당한다. 이것만 보아도 우리 두뇌가 감각 정보 처리를 얼마나 중시하는지 알 수 있을 것이다.

우리가 즐겨 사용하는 어휘 표현을 살펴봐도 감각의 중요성이 나타난다. 가령 '눈에서 멀어지면 마음도 멀어진다'고 하지 않는가. 작가들은 '설명하지 않고 보여줄' 것을 강조한다. '혜안가'라는 말도 남들은 '보지' 못하는 것을 보는 능력을 가졌다는 뜻이다. '눈으로 봐야 믿는다'는 말을 뒤집으면 보지 못하면 믿을 수 없다는 뜻이 된다.

결국 우리 신피질의 감각 영역은 시각, 청각, 후각으로 감지되는 실제 정보를 처리하는 것보다 훨씬 더 큰 역할을 하고 있다. 감각피질에서 나타나는 의식적 감각들은 이해, 믿음, 기억, 상상의 구성요소이기도 하다. 눈을 감고 과거의 경험을 떠올리거나 새로운 경험을 상상해보라. 어떤 일이 일어나는가? 마음속의 눈이 이미지를 '본다'. 촉감, 냄새, 맛을 기억하거나 상상한다. 걷거나 뛰고 수영하는 느낌을 기억해내기도 한다.

상상력에 영향을 미치는 것

기능성 자기공명영상 장치fMRI는 우리가 느끼고 생각하고 기억하고 문제를 해결할 때 두뇌의 어느 부위가 작동하는지 보여준다. 이 분석을 통해 우리가 과거 사건을 회고하거나 상상하거나 실제로 경험할 때 동일한 두뇌 부위가 작동한다는 점이 드러나기도 했다. 예를 들어 워싱턴 대학교의 캐서린 맥더못McDermott과 칼 즈푸나Szpunar가 대학생 피험자들에게 길을 잃어버리는 경험을 상상하게 하자 실제로 길을 잃었을 때, 혹은 길을 잃었던 일을 회고할 때와 동일한 감각부위가 작동했다. 실제 시각과 마음속 시각이 동일한 신피질 뉴런을 작동시킨 것이다.

마찬가지로 자기 생각을 들을 때나 남의 말을 들을 때나 동일한 피질 영역이 움직인다. 바꿔 말해 우리 감각피질은 실시간 감각을 처리하는 TV 스크린과 스피커의 역할을 하는 동시에 감각 경험을 저장하는 레코드 역할, 거기에 새로운 이미지와 소리를 합성하는 비디오 게임기의 역할까지도 담당하는 것이다. 감각피질이 앞으로 감아보기나 뒤로 감아보기를 실행하는 강도는 애초에 피질을 자극했던 경험이 얼마나 생생했느냐에 달려 있다. 그렇다면 새로운 색깔, 질감, 기능을 갖춘 자동차는 세부 특징이 드러나지 않은 흑백 자동차보다 훨씬 더 많은 감각 신경 활동을 불러일으킬 것이다. 색깔이 화려한 실물 크기의 자동차를 만져보고 냄새 맡고 운전까지 해보았다면 당연히 작은 모형 자동차를 보는 것보다 훨씬 더 기억에 남는다. 아마도 목청껏 내지르는 수많은 사람의 목소리들을 녹음했다가 다시 듣는 것처럼 생생한 기억이리라.

미래의 사건을 상상할 때나 과거 경험을 기억할 때 동일한 감각피질을 사용한다는 사실은 과거의 경험이 상상력에 영향을 미친다는 의미이다. 피질이 감각 자극에 노출된 적이 없다면 어떻게 앞질러 그 감각을 느낄 수 있겠는가? 한 번도 보지 못했거나 듣지 못했던 것을 상상하려 해보라. 무척 어려울 것이다. 완벽하게 동작하는 할리 얼의 콘셉트 카가 자동차의 외관이나 느낌을 바꾸는 데 그토록 중요했던 이유가 바로 그것이다. 새로운 감각 이미지를 생생하게 보여줘 자동차 업계와 소비자들의 두뇌가 그 차를 타는 새로운 경험을 상상하도록 만든 것이다.

콘셉트 카가 등장하기 전까지 자동차 디자인은 높은 차체, 커나란 바퀴, 발판 등 기존에 익숙했던 마차의 모습을 기본으로 삼았다. 하지만 Y Job은 완전히 새로운 시각 어휘를 제시하였고, 사람들이 마차와는 전혀 다른 자동차를 기억하고 상상하게 만들었다. 그 시각 어휘를 만드는 데는 바로 무궁무진한 변형과 조정이 가능한 진흙 모델링 방법이 크게 공헌했다.

소비자를 준비시켜야 한다

새로운 시각 어휘를 만드는 것은 소비자
들이 색다른 자동차를 탄 자기 모습을 상상하도록 만드는 핵심 단계이
다. 그러나 그 새로운 어휘가 전부는 아니었다. GM은 소비자들이 상상
을 넘어 그 새로운 경험을 원하게끔 만들어야 했다.

할리 얼의 콘셉트 카는 그 욕망을 불러일으키는 데 아주 효과적이었
다. 진짜 굴러다니는 실물 자동차, 엔진 소리가 나고 차 안에서는 고급
가죽 냄새가 풍기는 면면들은 소비자를 흥분시켰다. 그런 경험은 우리
두뇌 깊숙한 곳에 또렷이 저장된다. 감정적 회상이 생존에 중요한 역할
을 해왔기 때문이다. 곰에게 공격 받아 죽을 뻔했던 동굴, 처음 만났을
때 마음을 설레게 한 이성은 좀처럼 기억에서 사라지지 않는 법이다.
그러니 새로운 아이디어를 전파하는 데 강한 감정을 불러일으키는 것
이 얼마나 효과적인지는 두말하면 잔소리일 것이다.

기본적으로 위험한 환경에서 진화한 우리 두뇌는 검증되지 않은 방

식의 위험부담을 꺼린다. 그렇기 때문에 오래된 습관을 버리려면 강력한 감정적 이유가 필요하다. 할리 얼은 그것을 이해했고, 새로운 디자인의 감정적 효과를 최대화하여 콘셉트 카를 제작했다.

베이비스텝

할리 얼은 단순히 소비자들의 열정을 자극하는 데 그치지 않았다. 인간 행동에는 관성이 있어서 아무리 흥분되고 즐거운 방향이라 해도 단계별로 이동시킬 수밖에 없음을 그는 본능적으로 알고 있었던 듯하다. 그는 이렇게 말했다. "디자인의 혁신적인 변화를 이루려면 치밀하게 계획된 단계를 거치면서 소비자를 준비시켜야 한다."

할리 얼이 지휘하는 GM은 Y Job의 모든 특징을 한꺼번에 도입하지 않았다. 대신 한 해에 한두 가지만 더해나가 소비자들이 익숙해지도록 했다. 1940년형 뷰익은 전조등이 차체와 합쳐진 최초의 자동차였지만 (그전까지 전조등은 앞 범퍼 위에 세워진 형태였다) 평면 바람막이 창이나 발판은 그대로 두었다. 다음 해에는 뷰익의 발판과 펜더를 차체로 합치되, 각각의 형태는 유지했다. 1942년에야 발판이나 펜더가 두드러지지 않는 매끈한 차체가 나왔다. 제2차 세계대전 동안에는 GM 디자인에 거의 변화를 주지 않았다. 그리고 전쟁이 끝난 후 다시 Y Job의 특징들을 하나씩 구현하기 시작했다. 히든 헤드라이트 hidden headlight(차체 안에 감춰진 형태의 전조등) 같은 Y Job의 혁신적인 특징 중 일부는 1963년에야 GM 자동차에 채택되었다.

이러한 '베이비스텝baby step' 원칙은 영화나 라디오, 텔레비전, 컴퓨터 소프트웨어, 인터넷과 같은 다른 혁신적인 제품에서도 얼마든지 볼 수 있다. 최초의 영화는 연극 무대를 찍은 것이었고, 최초의 TV 쇼는 라디오 프로그램을 방송한 것이었다. 최초의 상업용 웹페이지는 인쇄된 잡지의 형태와 내용을 그대로 담았다. 새로 등장한 소프트웨어 프로그램들도 마찬가지다. '파일'이나 '편집' 같은 명령어 위치를 기존 프로그램과 똑같이 한다. 사용자들에게 너무도 익숙한 위치를 존중하는 것이다. 이들은 모두 베이비스텝의 수많은 단계를 거쳐 오늘날의 모습까지 변화해왔다. 디자이너들은 소비자의 기대를 살짝살짝 조금씩만 구부려 바꾼다. 섣불리 덤벼들었다가는 단박에 부러질지 모르기 때문이다.

TV 기술은 계속 진화하고 있다. 아마도 베이비스텝 과정을 통해 궁극적으로는 TV 시청 경험도 변화할 것이다. 오늘날 우리는 인터넷이나 휴대전화를 통해 TV를 볼 수 있다. 그 시청 방법은 모두 똑같다. 양방향성이 없는 방식이다. 하지만 그리 멀지 않은 미래에 TV 방송사들은 방송 내용 자체를 변화시킬 것이다. TV 시청 장치가 양방향 소통장치로 변해 누구나 오디오, 비디오, 텍스트를 실시간으로 전송할 수 있게 되는 것이다. 그러면 TV 뉴스에는 시청자들이 만들어 보내는 기사가 다수 포함될지 모른다.

책도 마찬가지이다. 오늘날 소비자들의 독서 양태는 인쇄된 책장을 넘기는 것에서 전자책 단말기나 스마트폰을 통해 책을 읽는 시스템으로 점차 넘어가고 있다. 양방향 소통이 가능한 이들 장치는 책의 속성 자체를 바꿀 수 있다. 예를 들어 독자가 책에 나온 이름을 클릭하면

사진, 비디오, 목소리 녹음 파일이 흘러나오는 것이다. 삽화나 사진은 비디오로 바뀌게 되고 데이터나 통계 자료는 업데이트가 가능해질 것이다.

책은 이처럼 정적인 매체에서 계속 변화하는 동적인 매체로 바뀔 것이다. 물론 신기술의 빅뱅 승리가 어디서 일어날지 정확히 예측하기는 어렵다. 지난 15년 동안 TV 시청에 양방향성을 부여하려는 시도가 여러 차례 가해졌지만 번번이 실패로 끝났다. 소비자들이 새로운 기술과 새로운 행동을 받아들이지 않았기 때문이다. 할리 얼은 이에 대해 다음과 같이 말한 적이 있다.

미래의 제품이 어떤 모습일지 알 방법은 없다. 다만 알아내려고 계속 노력해야 한다. 나는 미래의 자동차에 대해 예측하기보다는 내 발로 깊고 험한 강을 건너가겠다. 내 발을 내딛는 것이 훨씬 더 안전하니까.

자동차 디자인 분야에서 할리 얼이 거둔 성공, 그리고 지난 한 세기 동안 전자미디어가 진화한 모습을 살펴보면 혁신적인 제품을 개발하는 길은 두 가지로 요약할 수 있다. 먼저 할리 얼의 경우는 먼 미래의 빅뱅 결과에서 출발해 그 결과로 이어지는 과정을 베이비스텝으로 걸어나갔다. 영화나 텔레비전은 이와 달리 현재에서 시작해 조금씩 바꿔나가면서 서서히 앞으로 나아가는 식이었다. 그러나 두 접근법 모두 베이비스텝을 취한다는 점은 동일하다.

할리 얼의 빅뱅 혁신에는 디자인에 강조점을 두었다는 또 다른 특징도 있다. Y Job을 선보일 때 할리 얼의 디자인팀은 엔진 성능보다는 시각적 아름다움에 치중했다. 물론 아이폰과 같은 빅뱅 혁신이 기술 진보를 바탕으로 하여 이루어지는 오늘날의 상황에서는 오로지 미적 접근만으로 미래를 상상하게 하는 작업은 더 이상 효과가 없다. 거기에 더해 미래에 등장하는 기술적인 측면까지도 설계해 보여줘야 하는 것이다.

그런데 아직 등장하지 않은 기술을 어떻게 보여줄 수 있을까? 그 유일한 방법은 타임머신을 타고 미래로 가서 미래 기술을 가져오는 것뿐이다. 다음 페이지에 등장하는 브랜 페렌처럼 말이다.

예술, 과학, 기술을
완벽하게 **결합**시키는 능력

10살 먹은 소년 브랜 페렌Ferren은 아버지와 판테온 신전 안에 있었다. 1963년 여름, 추상화가인 아버지 페렌은 외아들이 건축의 세계를 접하게 해주려고 로마 여행을 하는 중이었다. 하지만 아들 페렌은 건축물보다는 건물 지붕에 있는 TV나 라디오 안테나에 더 관심을 보였다. 오래된 건축물은 그냥 뭐 구닥다리일 뿐이지 않은가. 그는 새것이 좋았다.

그래서 판테온 신전에 들어간 것도 순전히 아버지를 위해서였다. 이 둥근 건물은 앞서 보았던 것들과는 퍽 달랐지만 구닥다리이기는 마찬가지였다. '지겨워. 정말 지겨운걸.' 소년은 생각했다. 그러다가 우연히 천장에 눈길이 닿았다. 바깥에서 볼 때는 코린트 기둥들이 삼각형 지붕을 떠받치는 평범한 형태였지만 신전 안쪽은 구멍 뚫린 돔 지붕 아래로 원형을 이루고 있었다. 돔 구멍으로 들어오는 햇살이 유일한 조명 역할을 했다. 소년은 호기심이 생겼다.

"이건 얼마나 된 거죠?" 소년이 아버지에게 물었다.

"1800년이 넘었지."

"아니, 지붕 말이에요. 저건 나중에 만든 것 같은데요."

소년에게는 역학 지식이 형편없던 고대의 건축가들이 가운데 커다란 구멍이 뚫린 돔 지붕을 만들기란 도저히 불가능해 보였던 것이다. 아버지는 미소를 지었다.

"이 건물은 모두 같은 시기에 지어진 거야."

이어 아버지는 로마인들이 천장이 실제보다 더 굽어보이도록 하기 위해 인위적 원근법forced perspective을 사용했다는 점, 콘크리트를 부어 지붕을 만들었다는 점을 설명해주었다. 지붕 콘크리트는 가벼우면서도 강한 부석浮石(화산 폭발로 생기는 구멍 뚫린 암석)을 섞어 만든 것이었다.

소년 페렌은 벌어진 입을 다물지 못했다. 콘크리트, 특히 가벼운 콘크리트는 현대의 발명품이라고 생각했기 때문이다. '더욱이 예술가들은 르네상스 이전까지 인위적 원근법을 사용하지 못했다고 생각했는데…….' 자기가 믿고 있는 기본 가정을 다시 점검해야 할 상황이었다.

이전에 한 번도
시도되지 않은 방법

페렌은 이제 예술과 과학이 별개의 것이라는 생각을 버리게 되었다. 판테온의 디자인에는 빛이나 인간의 인식에 대한 깊은 이해는 물론이고 건축 과학도 긴밀하게 결합되어 있었다. 판테온의 내부를 채우는 햇살은 그 자체가 판테온의 일부였다. 고대 로

마인들은 햇빛을 건축 재료로 삼는 마법을 행한 셈이었다.

뉴욕 맨해튼의 집으로 돌아온 페렌은 판테온의 빛에 대한 생각을 떨치지 못했다. 빛은 가지고 놀 수도, 특정 모양으로 만들 수도, 새로운 분위기를 창출할 수도 있는 굉장한 존재였다. 페렌은 빛을 연구하기 시작했다. 카메라 사용법과 필름 현상법도 익혔다. 고등학생이 된 후에는 사업을 시작했다. 음악이나 연극 공연에서 조명을 디자인하는 일이었다.

페렌은 다른 사람들과 똑같은 방식으로 빛을 디자인할 생각은 없었다. 판테온의 돔 구멍을 통과해 내려오던 햇빛 덕분에 페렌은 빛이 그저 소도구나 인물을 비춰주는 것 이상의 역할을 할 수 있음을 잘 알고 있었다. 그러니까 빛은 무게와 질감을 가질 수 있었고 그 자체가 소도구나 인물이 될 수 있었다.

MIT에 합격할 만큼 성적이 좋았던 페렌은 고등학교를 끝마치지 않고 16세에 대학에 입학했다. 그러나 대학에서 1년을 보낸 후 지루함을 참지 못하고 중퇴한 뒤 뉴욕으로 와서 조명 디자인 사업에 본격적으로 뛰어들었다. 다음 몇 년 동안 그는 TV 광고나 영화를 위한 무대 디자인, 음향 및 조명, 특수효과까지 영역을 넓혀갔다.

이전에 한 번도 시도되지 못한 방법을 연달아 선보이면서 페렌은 곧 그 분야의 독보적인 존재기 되었디. 로큰롤 벤드 '에미슨, 레이그 엔드 팔머' 공연을 위한 조명, 불꽃 효과, 오디오와 비디오 작업을 한 이후 그는 브로드웨이 연극 〈셜록 홈즈〉의 감독을 맡았다. 페렌은 소리와 빛, 무대 디자인을 총동원해 실감나는 폭풍우 장면을 만들었고, 그 폭풍우는 연극의 주요 등장인물의 역할까지 하게 되었다.

또 영화 〈상태개조Altered States〉를 찍으면서 특수효과 때문에 골머리를 앓던 켄 러셀Russell 감독이 페렌의 명성을 전해 듣고 도움을 요청해 왔다. 그리하여 페렌이 이 영화에 집어넣은 특수효과는 곧 영화의 상징이 되다시피 했고, 이후의 공상과학 영화나 공포영화에서 수없이 모방되었다.

다음 20년 동안 페렌은 브로드웨이, 로큰롤 밴드, 텔레비전, 영화 등에서 특수효과 디자인 작업을 계속했다. 영화 〈흡혈 식물 대소동Little shop of horrors〉으로 아카데미 기술상 후보에 오르기도 하였다.

1990년대 초에 그는 어소시에이트 앤드 페렌Associate and Ferren이라는 회사를 세워 쇼 비즈니스의 기술 혁신을 계속하며 세계적인 명성을 누렸다. 예술, 과학, 기술을 완벽하게 결합시키는 그의 능력을 높이 산 월트 디즈니 이매지니어링도 그에게 새로운 놀이기구 설계 작업을 맡겼다. 그리고 1993년에는 아예 페렌의 회사를 합병시켜 페렌을 디즈니의 부사장으로 선임했다. 페렌은 곧 월트 디즈니 사의 연구 개발 부문의 책임자가 되었다.

내일이 오늘 존재하도록 만드는 법

나는 디즈니 연구 개발 책임자로 승진한 페렌 밑에서 6년 동안 일하면서 그의 '타임머신' 혁신법을 지켜볼 수 있었다. 페렌의 방법은 할리 얼의 콘셉트 카의 그것과 비슷했지만 한 가지 결정적 차이가 있었다. 페렌은 새로운 디즈니 놀이기구나 영화, 각종 양방향 장비를 단순히 미적으로 디자인하는 데 그치지 않았다. 기술적인 측면까지도 몇 년 후의 모습으로 구현하였던 것이다. 그것은 정말 대단한 솜씨였다. 그는 오늘날 아직 존재하지 않는 기술을 어떻게 보여줄 수 있었을까?

페렌은 이 문제를 두 가지 방식으로 해결했다. 첫째, 그는 내일의 기술들은 변형된 형태로 오늘 존재하게 마련이라고 생각했다. 예를 들어 디지털 컴퓨터를 보자. 수백만 달러짜리 기업 및 정부용 최신 컴퓨터의 성능은 10년 후 일반 데스크톱 PC의 성능과 같다. 핵무기 설계 등 특수한 목적에 동원되었던 고성능 컴퓨터가 평범한 PC 수준이 되어버리는 것은 18개월마다 컴퓨터의 크기와 비용이 반으로 줄어든다는 무어의 법칙 때문이다. 이 계산에 따르면 오늘날 수백만 달러짜리 컴퓨터는 20년 후에 겨우 3900달러짜리가 될 것이다.

페렌은 이러한 기술의 흐름에 착안해 오늘날 최고 수준의 기술을 통해 내일의 소비자 기술을 구현하고자 했다. 예를 들어 고사양 그래픽 컴퓨터, 디스크 저장 시스템 등 첨단 기술을 총동원하여 10년 후에는 이미 일상화된 텔레비전 시청 경험을 시뮬레이션하는 것이다. 가상 경험을 위해 평범해 보이는 텔레비전 앞에 앉은 고객은 그 뒤쪽의 커다란 공간에 가득 들어찬 각종 컴퓨터와 비디오 장비들은 보지 못한 채 새로운 텔레비전을 경험하게 되는 것이다.

미래 기술을 오늘로 가져오는 페렌의 두 번째 방식은 고성능 장비를 창조적으로 혹사하는 것이다. 1990년대 중반 페렌은 언젠가 디지털 프로젝터가 영화 필름을 대체하게 될 것이라 생각했고, 의심 많은 할리우드 영화감독, 제작자, 촬영기사 등에게 그 미래를 직접 보여주기로 했다. 필름 현상, 복사, 운송 등에 매년 수억 달러를 지출하는 영화사들에게 디지털 시네마는 반가운 소식인 동시에 새로운 사업 기회이기도 했다.

하지만 필름 프로젝터는 토머스 에디슨이 발명한 지 백 년이 흐르도록 제자리걸음을 하고 있었다. 그렇게 화질이 고르지 못하고 흐릿한 필름 프로젝터 영상을 보면서 디지털 프로젝터의 발전을 예상하기는 어려웠다. 프로젝터로는 안 된다는 것이 당시 할리우드의 상식이었다.

물론 1990년대 중반에는 그 상식이 옳았다. 가장 비싼 디지털 프로젝터를 사용해도 극장 스크린은 너무 어두웠다. 페렌은 특별 렌즈와 램프를 만들어 최고 사양의 디지털 프로젝터 밝기를 10배쯤 키웠다. 그렇지만 램프가 과열되고 자외선까지 방출하면서 프로젝터의 액체 크리스탈이 손상을 입는 상황이 벌어졌다. 이에 따라 자외선 방출을 줄여야 할 것 같다고 보고하자 페렌은 이렇게 대답했다. "뭐가 어떻다고 그래? 프로젝터는 영화계 사람들을 설득할 때까지만 버텨주면 그만이야!"

이 대답을 통해 나는 페렌이 기술 타임머신을 보는 시각을 알 수 있다. 그에게는 기술 자체보다 신기술의 감정적·인지적 효과가 더욱 중요했다. 기술은 의도한 효과를 얻을 때까지만 버텨주면 되었으므로 정해진 한도 이상으로 혹사해도 좋았던 것이다.

이런 접근이 늘 성공했던 것은 아니지만 디지털 시네마의 경우는 대성공이었다. 파라마운트 같은 다른 영화사들과 연합하여 디즈니는 할리우드 대형 극장에서 신기술을 시연했고, 현장에 모였던 영화 관계자들은 디지털 미래가 가능할 뿐 아니라 꼭 필요하다고 확신하게 되었다. 결국 디지털 프로젝터가 필름 프로젝터를 대체하기 시작했고, 2007년에는 전 세계 5000여 곳의 극장에서 디지털 프로젝션 기술을 사용하게 되었다.

기술은 아직까지
할용되지 않은 그 무엇이다

2000년에 디즈니를 떠나기 전까지 페렌은 10여 개의 '타임머신'을 개발했다. 콘셉트 카가 그랬듯, 이 타임머신들도 실제 제품으로 이어진 경우는 드물었다. 그러나 이 타임머신들은 혁명적인 아이디어들이 서서히 제품화되도록 이끌었다.

1996년, 페렌은 미래의 테마파크에서는 방문객들이 휴대전화 형태의 슈퍼컴퓨터를 가지고 다닐 것이라 예상했다. 무어의 법칙에 따르면 정부와 기업용 고성능 컴퓨터는 데스크톱 PC로 갔다가, 다시 크기가 줄어들고 값도 싸지면서 휴대용 제품으로 변할 것이었다. 실제로 스티브 잡스가 2007년에 내놓은 아이폰 모델은 1980년대의 1천만 달러짜리 슈퍼컴퓨터보다도 성능이 좋지 않은가. 페렌은 테마파크 방문객을 위한 휴대용 장치 모델을 만들어 시연하라고 지시했다. 또 다른 타임머신이었다.

연구 개발팀의 엔지니어와 디자이너들은 값비싼 고성능 소형 컴퓨터로 미래의 PDA/휴대전화를 구현했다. 그리고 디즈니 테마파크의 수천 명에 달하는 관람객들 앞에서 타임머신 장비를 시연했다. 신기술에 대한 관람객들의 반응은 폭발적이었다. 곧 미키마우스가 어디서 사인을 해주고 있는지 문자메시지로 알려주는 단순한 장비가 킬러 앱이 되었다. 다음 몇 년 동안 디즈니는 ‘미키는 어디?Where’s Mickey?’와 같은 단순한 휴대용 장비를 대여섯 개 만들어 성공을 거두었다. 예를 들어 공원 내 위치를 감지해 관람객에게 정보를 속삭여주는 봉제인형 ‘친구 미키Pal Mickey’가 그러했다. ‘친구 미키’ 덕분에 관람객들이 놀이기구 앞에서 줄을 서서 기다리는 동안 그들을 즐겁게 해야 한다는 해묵은 숙제가 어느 정도 해결되었다.

페렌이 디즈니 사에서 선보인 타임머신은 최대한의 감정적 효과를 추구한다는 점에서 할리 얼의 콘셉트 카와 통했다. 페렌은 사람들이 꼭 필요해서라기보다는 재미있고 자극적이고 영감을 주기 때문에 새로운 제품을 구입하게 된다는 점을 분명히 이해하고 있었다. 페렌은 강력한 감정적 효과를 얻을 수 있다면 비용을 아끼지 말라고 입버릇처럼 말하곤 했다. 그리하여 연구 개발팀은 타임머신의 사운드 효과를 위해 평범한 스피커 대신 고출력 고성능 스피커를 동원하기도 했다. 비디오 디스플레이는 가능한 한 크고 밝게 했다. 플로리다 매직 킹덤의 외계인 만나기 놀이기구를 시연할 때는 강력한 감정을 불러일으키기 위해 이국적인 향기까지 동원했다.

디즈니에서 10년 동안 일하면서 나는 대학원 시절이나 박사 후 과정에서 배우지 못했던 중요한 점을 깨달았다. 그 이전까지 나는 두뇌가 고유의 기능을 담당하는 여러 컴퓨터가 모여 있는 형태라고 생각했다. 컴퓨터 하나하나는 듣기, 보기, 냄새 맡기, 움직이기, 체온이나 심장박동 등 정해진 기능을 수행한다고 여겼다.

그리고 그중에서 가장 중요한 컴퓨터는 이성과 예측, 논리를 담당하는 전두엽이라고 믿었다. 누군가의 행동에 영향을 미치고 싶다면, 예를 들어 급진적인 신기술을 받아들이도록 하고 싶으면 그 행동이 논리적이라고 전두엽을 설득하면 될 것이었다. 그러나 디즈니에서 나는 전두엽은 기대한 만큼의 의사결정 능력이 없으며, 두뇌는 독립된 컴퓨터들의 연합체 그 이상임을 배웠다. 다시 말해 두뇌는 서로 다른 부분이 화음을 이루어 더 큰 전체를 만들어내는 오케스트라와 같았다. 그러므로 두뇌에 영향을 미치려면 전두엽과 같은 한 부분만 움직이게 할 것이 아니라, 각 부분이 함께 연주하도록 만들어야 한다.

페렌은 그 점을 이미 알고 있었던 것 같다. 모든 감각과 감정을 동시에 자극하는 새로운 경험으로서 디즈니 애니메이션 제작을 보고 배우라고 지시한 것을 보면 말이다. 〈인어공주〉, 〈미녀와 야수〉, 〈라이온 킹〉 같은 히트작을 만들어낸 디즈니 애니메이션 그룹은 청중을 감동시키는 다

감각 경험을 창조하는 전문가들이었다. 그들은 조명, 색채, 음영과 함께 음악까지도 세심하게 다듬어 사랑, 공포, 분노 등의 감정을 빚어냈다.

예를 들어 〈알라딘〉의 시작 부분에서는 인물들의 말과 행동뿐 아니라 인물이 그려지고 표현되는 방식도 관객의 호감을 불러일으킨다. 인물의 외곽선은 부드럽고 둥글다. 빛 또한 부드럽고 따뜻하다. 하지만 후반부에서 주인공들이 사악한 자파르와 대립하고 있을 때는 각진 외곽선, 거칠게 비치는 빛, 날카로운 음악 등이 장면에 긴장감을 부여한다. 관객들은 그 세부적인 차이를 다 알아차리지 못하지만 감정은 고스란히 전달받을 것이다. 내가 디즈니에서 페렌과 일하면서 얻은 교훈은 이처럼 우리 뇌의 전두엽이 그 이유를 정확히 파악하지 못하더라도 충분히 감동을 느낄 수 있다는 점이었다.

감정이나 동기에 영향을 미치는 가장 효과적인 방법은 우리 감각을 제대로 공략하는 것이다. 이는 변화에 대한 두뇌의 자연스러운 저항을 극복하기 위해 시각, 청각, 후각을 마비시켜야 한다는 의미가 아니다. 감각적 경험은 서로 조화를 이루어야 한다. 복잡하지 않은, 풍부한 경험이 되어야 한다. 예컨대 할리 얼은 Y Job의 다양한 혁신 요소들을 조화롭게 결합해 '유선형의 우아함'이라는 하나의 콘셉트로 탁월하게 응집시켰다. 테마파크를 위한 휴대용 장비에는 게임, 화상회의, 비디오 재생 등 다양한 기능이 들어 있었지만 페렌은 사용자들이 '들고 다니는 즐거움'이라는 핵심 아이디어를 풍부하게 경험하도록 유도했다.

페렌은 '고객 대신 기술이 힘들게 움직이도록' 하라고 강조했다. 멋진 신기술이 그 자체로 끝나면 안 된다고도 했다. '기술은 아직까지 활용되지 않은 그 무엇'이라는 것이 혁신에 대한 그의 정의였다.

사람의 **마음**이 아닌
가슴에 대고 말하라

페렌은 10년 후에나 기술이 따라잡을 수 있는 무언가를 대상으로 삼은 적이 한 번도 없다. 그는 처음부터 가능한 한 빨리 실현할 수 있는 미래 요소를 발견하고 싶어 했다. '길게 보고 짧게 행동하기'라고 부를 수 있을 만한 접근법이었다.

이 접근법은 즉각적인 보상을 원하는 두뇌 특성에 잘 맞는다. 일련의 짧은 도화선과 작은 승리를 계속해서 이어나가는 것이다. 그러나 타임머신을 통해 이루어지는 짧은 도화선 상의 작은 승리들이 결국은 빅뱅 성공으로 연결된다. 실세 기술과 상호작용하는 실세 소비자들의 실세 경험이 바탕이 되기 때문이다. 다시 말해 페렌은 타임머신으로 수많은 시행착오를 거치고 나면 새로운 제품이 어디를 향해야 할지 가늠할 수 있었다. 이를 바탕으로 빅뱅으로 가기 위한 단계별 계획도 수립할 수 있었다.

아이폰 탄생 비화

애플이 내놓은 빅뱅 제품인 아이폰도 그런 단계를 거쳐 서서히 등장했다. 이 혁명적인 휴대전화기의 기원은 개인용 컴퓨터PC의 아버지 앨런 케이Kay가 추진했던 타임머신 프로젝트로 거슬러 올라간다.

1968년에 유타대 대학원을 졸업한 앨런 케이는 평면 스크린에 그래픽 사용자 인터페이스를 갖춘 작은 노트북 컴퓨터인 '다이나북Dynabook' 개념을 고안했다. 궁극적인 목적은 아이들도 사용할 수 있을 만큼 작고 단순하며 값싼 컴퓨터의 개발이었다. 그렇지만 다이나북은 미래 지향적인 수준을 넘어 공상과학 수준의 개념이었다. 1960년대 말 당시의 컴퓨터는 무게 수천 파운드에 가격은 수백만 달러 수준이었던 것이다. 한 개인이, 게다가 아이가 혼자 사용하기 위해 컴퓨터를 소유하고 또 들고 다닌다는 발상은 우스울 뿐이었다. 평면 스크린과 실시간 그래픽 또한 까마득한 얘기였다. 그러나 앨런 케이는 무어의 법칙을 신봉하는 실리콘밸리에 살았고, 그래서 언젠가는 다이나북이 실현될 것이라 믿었다.

앨런 케이는 결국 제록스 사의 팔로알토 연구 센터PARC; PaloAlto Research Center가 1970년에 문을 열도록 도왔고, 컴퓨터 과학자들을 고용해 다이나북을 개발하기 시작했다. 그들은 PC가 향후 10년 이내에 등장하지 못하리라는 것을 알고 있었다. 그럼에도 연구소 자체가 제품 개발보다는 미래 예측을 목표로 삼은 만큼 연구를 계속할 수 있었다. 앨런 케이는 구텐베르크의 활자술로 책의 대중화가 이루어졌듯이, 완전히 새로운 전자 매체로 어린이들의 학습을 도울 수 있다고 여전히 믿고 있었다.

아이들을 위한 책 한 권 크기의 컴퓨터 개발 작업을 계속하면서 앨런 케이는 1984년에 애플 컴퓨터를 설계했다. 1987년에는 새로운 타임머신인 콘셉트 비디오를 내놓기도 했다. 콘셉트 비디오는 미래 기술이 어떻게 기능할 것인지를 보여주었다. '지식 네비게이터Knowledge Navigator'라 불리는 이 비디오는 방대한 정보에서 사람들이 어떻게 자기의 방향을 설정하여 의사소통하고 하루 일정을 관리하게 될 것인지 시연했다. 카메라, 음성 인터페이스, 터치 스크린 등이 채용된 지식 네비게이터는 오늘날의 아이폰과 흡사한 형태이다.

할리 얼의 콘셉트 카나 페렌의 타임머신과 마찬가지로 앨런 케이의 지식 네비게이터도 고객들에게 강력한 감정적 반응을 불러일으키고자 했다. 지식 네비게이터는 휴대용 컴퓨터가 우리 삶을 얼마나 간편하고 또 재미있게 만들어줄 것인가에 대한 기대와 낙관을 불러일으키기에 충분했다. 콘셉트 비디오는 대성공을 거두었다. 대중의 반응은 열광적이어서 제품화되지도 않은 지식 네비게이터를 어디서 구입할 수 있느냐는 전화가 빗발칠 정도였다.

콘셉트 비디오의 성공에 고무된 애플은 PDA, 즉 개인용 휴대단말기Personal Digital Assistant 개발을 시작했고, 1988년에 최초의 PDA인 애플 뉴턴을 시장에 내놓았다. 손글씨를 인식할 수 있는 터치 스크린, 개인 일정 달력, 오디오, 텍스트 편집을 포함한 각종 응용 프로그램을 깃춘 장치였다. 애플 뉴턴은 애플이 재정적 위기를 겪고 PC 사업에 집중하게 된 1990년대 말까지 생산되었다. 애플 뉴턴이 시장에서 사라질 무렵 앨런 케이는 연구진을 이끌고 디즈니에 합류했다. 그리고 페렌의 지휘 하에 5년 동안 어린이를 위한 학습 컴퓨터 개발에 매진했다.

여기서 중요한 것은 손바닥 크기만 한 컴퓨터 장치에 대한 애플의 관심이 앨런 케이의 이직이나 애플 뉴턴의 단종 이후에도 식지 않았다는 점이다. 1997년에 애플의 CEO로 복귀한 스티브 잡스Jobs는 뉴턴 류의 제품을 다시 개발하겠다고 공언했다. 애플은 뉴턴을 통해 화면 키보드나 마우스 없이 너무 많은 기능을 우겨 넣어서는 안 된다는 크나큰 교훈을 얻은 상황이었다. 물론 뉴턴도 개발자 입장에서는 가능한 한 단순화한 형태였지만 모든 기능을 다 사용하려면 힘들고 시간도 많이 걸린다는 평가를 받았던 것이다. 개인이 들고 다닐 장치는 오로지 한 가지 기능에 초점을 맞추는 편이 더 효과적이었다. 디지털 음악 시장을 분석한 후 스티브 잡스는 그 한 가지 기능을 음악으로 잡았다. 그리고 2001년, 애플은 아이팟을 출시했다.

다음 5년 동안 애플은 서서히 아이팟에 사진, 게임, 그리고 비디오 등의 기능을 부가해나갔다. 마침내 2007년, 터치 인식 기술, 고해상도 디스플레이를 통해 사용자가 정보의 바다를 항해할 수 있게 되었을 때 애플은 휴대전화와 PC 기능을 덧붙여 이를 '아이폰'이라 명명했다.

길게 보고
짧게 행동하기

몇 십 년에 걸친 동안 아이폰의 진화 과정을 살펴보면 앨런 케이의 타임머신이 얼마나 중요한 역할을 했는지 알 수 있다. 소형 PC가 어떻게 사용되어야 하는가에 대한 그의 혜안은 스티브 잡스와 애플에게 중요한 나침반이 되었다. 요컨대 앨런 케이의 콘셉트는 '단순하게 하라. 더 단순하게 하라'라고 요약할 수 있을 것이다.

애플은 다이나북에서 지식 네비게이터와 뉴턴을 거쳐 아이팟과 아이폰에 이르는 긴 여정에서 최대한 단순하게 하라는 원칙을 견지했다. 2005년의 어느 매체와의 인터뷰에서 스티브 잡스도 타임머신과 콘셉트 카의 중요성을 강조한 바 있다.

모터쇼에서 정말 멋진 자동차를 본 뒤 4년 후에 실제 생산품을 만나게 되면 실망하는 일이 많습니다. '대체 어떻게 된 거야? 눈부신 성공을 거둘 수 있었는데 막판에 실패하고 말았군!' 이라고 생각하지요.

그 이면은 이렇습니다. 디자이너들이 굉장한 생각을 해냈더라도 막상 엔지니어에게 가면 "아니, 이렇게는 만들 수 없어요. 불가능해요"라는 말을 듣게 됩니다. 여기서 대폭 수정이 이루어집니다. 공장에 가면 다시 "우린 이런 건 만들지 못해요!"라는 말이 나옵니다.

그래서 저는 강한 모습을 보여야 했습니다. 아이맥iMac을 개발할 때였지요. 엔지니어들은 늘 그렇듯 안 되는 이유를 38가지나 댔습니다. 그래서 제가 "아니, 이렇게 만들어야 해요"라고 했더니 "왜 그렇게 해야 하지요?"라고 묻더군요. 저는 "제가 CEO니까요. 그리고 이렇게 만들 수 있다고 제가 생각하거든요"라고 대답했지요. 엔지니어들은 마지못해 따랐습니다. 그리고 엄청난 히트를 치게 되었지요.

할리 얼, 브랜 페렌, 앨런 케이, 그리고 스티브 잡스는 모두 빅뱅으로 연결되는 긴 도화선에 성공적으로 불을 붙였다. 두뇌 각본을 잘 이해한 덕분이었다. 우리 두뇌는 전에 보지 못했던 것에 본능적으로 저항하는 성향이 있으므로 혁신적인 새 개념은 생생한 실물로 제시해야 한다는 점을 말이다. 직접 몸으로 새로움을 체험할수록 더 좋다. 구석기 시대에 머물러 있는 우리 두뇌는 어떻게든 위험을 회피하려 하므로, 손을 잡고 이끌어 단계별로 한 걸음 한 걸음 전진해 새로운 경험에 이르게 해야 하기 때문이다.

콘셉트 카와 타임머신이 주는 마지막 교훈은 강한 긍정적 감정을 이끌어내야 한다는 것이다. 감탄과 흥분, 그리고 재미가 없다면 사람들의 행동 관성을 넘어설 수 없다. 월트 디즈니의 말은 이를 잘 표현해준다. "사람들의 마음에 대고 말할 수도 있고 가슴에 대고 말할 수도 있습니다. 하지만 세상에는 마음보다 가슴이 훨씬 더 많습니다."

가슴의 언어

제2차 세계대전에서 많은 유대인들을 살려낸 독일 기업가로 스필버그 영화에까지 등
장하게 된 오스카 쉰들러는 아이디어를 파는 것은 어떻게 포장하느냐의 문제라고 말
했다. 바꿔 말한다면 그 아이디어에 대한 기대와 흥분을 불러일으키는 것이 논리로
설득하는 것보다 훨씬 더 중요하다고 할 수 있다.

안토니오 디미시오를 비롯한 신경과학자들은 이에 대해 우리 두뇌기 논리적 선택을
위해 객관적 사실을 더 중시하지만, 실제 의사결정을 내릴 때에는 그 사실이 안겨주
는 감정에 더 많이 좌우되기 때문이라고 설명한다. 그러니 우리가 타고난 위험 회피
성향, '지금 여기' 중심 성향을 넘어서 위험부담을 안고 미래 지향적인 아이디어를
받아들이려면 강한 긍정적 감정을 유발해야 한다. 희망이나 공감 같은 감정으로 무의
식적 두려움을 의식적인 열정으로 바꿔넣어야 한다.

뇌는 **두려움**을 **기억**하게 되어 있다

신속한 보상을 선호하는 우리 두뇌의 표면 바로 아래에는 두려움이 자리 잡고 있다. 굶어죽을지 모른다는 두려움, 맹수에게 치명적인 상처를 입을지 모른다는 두려움, 집을 잃어버릴 수 있다는 두려움 등등……. 우리 두뇌는 내일 일어날 일을 두려워하며 오늘에서 최선을 찾게끔 한다. 현대 세계에서 우리는 이와 같은 죽음의 두려움을 거의 겪지 않게 되었지만 두뇌는 여전히 두려움을 기억하며 무의식 중에 모든 것을 움켜쥐게끔 만든다.

예를 들어 휴식 시간에 도넛을 하나 더 먹을지 말지를 고민할 때 굶어죽을지 모른다는 두려움은 사고 과정에 들어오지 않는다. 도넛의 맛이 얼마나 좋을지, 먹고 난 뒤 살이 찌지는 않을지 생각할 뿐이다. 하지만 굶주림에 대한 구석기 시대의 두려움은 무의식적으로 영향을 미친다. 그토록 많은 사람들이 손을 내밀어 도넛을 하나 더 집어드는 이유가 바로 여기 있다.

감정적 사각지대

두뇌가 감춰두고 있는 구석기 시대의 두려움에 이처럼 실용적인 이유가 존재한다면 그것을 왜 표면으로 끌어올려 최대한의 영향력을 행사하지 않는 것일까? 두려움이 유발하는 행동, 예를 들어 도넛을 하나 더 먹는 것이 진화적으로 의미를 가진다면 모든 감정요소가 그 행동을 촉진하지 않는 까닭은 무엇인가?

두려움을 표면으로 끌어올리는 데는 비용이 들기 때문이다. 위험요소를 피해 달아나거나 위험요소를 공격하느라 늘상 에너지를 사용한다는 것은 힘든 일이다. 두려움에 대한 반응이 일어날 때 혈액에 들어오는 호르몬들은 면역체계를 손상시킬 뿐 아니라 심장과 두뇌에도 부담을 준다. 그래서 만성 스트레스는 심혈관계 질환, 암, 기억 상실, 우울증을 일으키기도 한다. 맹수는 우리를 죽일 수 있다. 그런데 맹수에 대해 항상 걱정하고 스트레스를 받는다면 그것 때문에도 죽을 수 있다.

이 점을 이해하는 두뇌는 과거에서 이어져 내려온 두려움을 수면 아래 감춰두었다. 스트레스 호르몬의 피해를 최소화하기 위해 나쁜 일이 일어날 가능성을 애써 무시하기도 한다. 그리하여 보고 싶은 것만 보고, 보고 싶지 않은 것은 보지 않게 된 것이다. 이렇듯 감정적인 사각지대는 과도한 스트레스 호르몬에서 우리를 보호하지만, 동시에 빅뱅 기회를 놓치게 만들기도 한다.

오늘날보다 평균 6배쯤 위험하다고 추정되는 시기를 살았던 선조들이 일상적으로 겪은 압박과 긴장을 생각하면 우리 두뇌의 스트레스 처리 방식에 수긍이 간다. 불안감을 표면 아래로 밀어내리는 것이 그 한 가지 메커니즘이다. 다른 것도 있다. 두려움이나 분노 같은 부정적인 감정에 균형을 맞추기 위해 즐거움이나 만족감 같은 긍정적인 감정도 느끼도록 하는 것이다. 부정적인 감정이 스트레스 호르몬을 분비시켜 신체에 해를 입힌다면 긍정적인 감정은 우리 신체를 다시 회복시킨다. 예를 들어 반려동물과의 신체 접촉은 혈액을 타고 도는 천연의 면역제인 T세포 수를 늘린다. 웃음도 그렇다. 친구나 가족과 보내는 즐거운 시간은 혈압과 심장박동 수를 떨어뜨린다.

긍정적인 감정의 놀라운 힘

노스캐롤라이나 대학교에서 긍정적 감정을 연구하는 생리 실험실을 이끄는 바버라 프레드릭슨 Fredrickson 은 인간이 부정적인 감정의 피해를 상쇄하기 위해 긍정적인 감정을 느끼게 되었다고 주장한다. 즐거움, 평온함, 감사, 흥분 같은 감정은 정서적 배터리를 충전시켜 스트레스 상황에 대처하도록 해준다. 긍정적인 감정은 즉각적인 효과를 내기도 한다. 근무가 끝난 후 휴식을 취하거나 보드 게임을 즐기는 것은 다음 날 다시 해야 할 힘든 업무를 감당하도록 해준다.

긍정적인 감정은 다음 날 하루가 아니라 훨씬 더 오랫동안 해야 하는 행동을 이끄는 데도 작용한다. 프레드릭슨이 '확대와 연장' 이라고 부르는 이러한 행동은 장기적 보상과 단기적 보상을 자연적으로 연결시키는 드문 사례라 할 수 있다.

강아지들이 서로 물고 할퀴면서 노는 장면을 떠올려보자. 그 행동의 동기는 즐거움이지만 이는 나중에 성견이 되었을 때 살아남기 위해 필요한 행동이기도 하다. 강아지들은 모의 싸움놀이를 통해 근육이 튼튼해지고 공격 및 방어 전술도 익히게 된다. 어린 원숭이가 나뭇가지 사이를 뛰어다니며 노는 행동도 마찬가지다. 이것은 훗날 천적을 피할 기술을 연마하게 한다. 남자아이들의 레슬링, 카우보이 놀이, 도둑잡기 놀이, 전쟁 비디오 게임이나 여자아이들의 인형놀이, 소꿉장난도 성인이 되어 제 역할을 다하기 위한 일종의 연습이자 준비이다. 스포츠 같은 어른들의 놀이도 비상사태에 대비해 몸을 단련시킨다. 운동으로 강화된 면역 체계와 근육 및 심혈관계는 위협에 맞서거나 도망치기 쉽게 해준다.

또한 세상을 살아나가는 인간의 능력은 인간관계의 양과 질에 크게 의존한다. 그래서 더 많은 사람을 알고 신뢰할수록 위기 상황에서 도움을 청할 곳이 많아진다. 우리 선조들은 먹을 것, 도구, 자녀 양육 부담을 나누기 위해 사회적 관계를 활용했다. 오늘날에도 우리는 비즈니스를 확대하기 위해, 새 직장을 구하기 위해, 제대로 된 의사를 찾기 위해 지인들에게 의지한다. 프레드릭슨에 따르면 즐거운 놀이가 이러한 사회적 자원을 늘리는 역할까지도 맡는다고 한다. 모르는 사람과 상호작용할 기회, 이미 아는 사람들과 유대를 강화할 기회가 되기 때문이다.

긍정적인 감정은 사회적 자원뿐 아니라 지적 자원도 확장시킨다. 편안히 휴식하며 호기심이 충만할 때 우리는 새로운 경험을 기꺼이 받아들여 유용한 지식과 아이디어를 얻는다. 책이나 잡지를 읽는 것, 인터넷 검색을 하는 것, 좋은 강의를 듣는 것, 친구들과 담소를 나누는 것 등이 모두 지적 자원을 늘리고 더 나은 삶을 살도록 해준다. 어쩌면 우리 선조들이 불을 발견하고 새로운 도구를 사용하고.옷을 지은 것도 한결 편안하고 여유로와서 호기심이 많아진 상태에서 이루어졌을 것이다.

현대를 사는 우리 역시도 선조들처럼 '확대와 연장' 행동을 한다. 이러한 지적 확대는 부정적인 감정에 동반되는 인식의 협소화를 보완해준다. 가령 두려움을 느낄 때 우리는 도망치기와 관련 없는 정보들을 차단한다. 화가 났을 때는 화난 대상에만 주의를 집중한다. 우리 선조들이 만약 그렇게 늘 협소하고 제한된 정보에만 의지했다면 변화무쌍한 시대를 견뎌내지 못했을 것이다. 그러나 탐험, 실험, 발명 같은 확대 행동 또한 선조들의 특징이었다. 그 덕분에 가뭄부터 빙하기까지 이겨낼 수 있는 빅뱅 진보가 가능했던 것이다.

이런 관점으로 보면 두려움 같은 부정적인 감정은 짧은 도화선에, 호기심 같은 긍정적인 감정은 긴 도화선에 연결된다는 추론을 이끌어낼 수 있다. 그렇다면 긴 도화선에 불을 붙여 빅뱅으로 향하는 한 가지 방법은 두뇌가 자신과 주변 세상을 좋게 느끼도록 만드는 것이라는 이론도 가능하다. 이완되고 상냥하며 호기심을 느끼는 상태에서 두뇌는 새로운 아이디어와 경험을 받아들일 수 있고 감정적·인식적 사각지대까지도 꿰뚫게 된다.

신피질이
늘 패배하는 이유

지금 당장 겪고 있는 문제를 생각해보면 부정적인 감정에 따른 인식 협소화 효과를 상쇄하는 긍정적인 감정의 확대 효과가 납득이 갈 것이다. 불면증에 시달리는 사람의 경우를 보

자. 그가 잠들지 못하는 가장 큰 이유는 부정적인 감정이 동반하는 협소한 인식에 갇혀버린 탓이다. 이는 불안감일 수도 있고 불면증에 대한 두려움일 수도 있다. 대부분의 불면증은 불면증에 대한 두려움에서 온다고 한다. 잠들지 못할 것을 걱정하기 때문에 잠들지 못하는 것이다.

그런데 아무리 논리적으로 설득하려 해도, 아무리 불면증에 대한 공포로 잠을 못 이루는 것이 비논리적이라고 강조해봐도 스스로를 옭아매는 협소한 사고를 벗어날 수는 없다. 이성과 논리는 부정적인 감정을 해결하지 못한다. 감정의 치유는 또 다른 감정으로만 가능하다. 이 때문에 불면증 치료에서는 부정적인 감정을 긍정적인 감정으로 바꾸어 악순환의 고리를 끊어버리는 방법을 사용한다. 침대에서 일어나 산책을 하거나 TV를 보고 책을 읽는 등 두려움과 공존할 수 없는 이완 활동을 하도록 하는 것이다.

분노를 논리로 해소하는 것도 거의 불가능하다. 계속 화낼 필요가 없다고 아무리 스스로를 설득해봐도 초점을 다른 곳으로 돌리지 않는 한 분노를 떨쳐내기는 어렵다. 이 때문에 분노 관리 전문가들은 상상, 심호흡, 근육 이완 등 평온감을 주는 활동을 하도록 유도한다. 이러한 사례들은 감정이 이성보다 더 강력하다는 상식을 확인시켜준다.

그런데 도대체 왜 우리 두뇌는 이성보다 감정에 더 큰 비중을 두게 되었을까? 생존을 위해서는 이성과 감정이 모두 필요하지 않은가? 이 질문에 대한 대답은 당신과 주변 사람들의 두뇌를 어떻게 관리하여 긴 도화선을 만들고 빅뱅을 일으킬 것인지 방향을 제시할 것이다.

감정은 오래전부터 존재해온 변연계에서, 이성은 최근 진화한 신피질에서 관장한다. 그리고 두 부위의 해부적·생리적 특성으로 말미암아 감정은 이성보다 더 큰 영향력을 갖게 된다. 편도체와 같은 변연계 구조는 직접적으로 두뇌의 운동 센터와 연결되어 근육을 움직이게 하고, 아드레날린이나 코르티손 같은 호르몬이 분비되도록 한다. 감각 정보도 신피질보다 변연계에 먼저 도착한다. 변연계가 받아들이는 정보는 이후 신피질로 들어간 정보보다 한층 거칠고 자극적이다. 변연계는 정확하기보다는 신속한 정보를 원하고, 불완전한 정보를 기준으로 행동한다. 그리하여 맹수로부터 달아나야 하는 위급한 상황에서 신피질이 미처 개입하기 전에 먼저 명령을 내린다.

변연계가 만드는 결과는 신피질의 그것보다 한층 빠를 뿐 아니라 더욱 강력하다. 신피질과 편도체는 신경 섬유를 통해 대화를 나누는데, 그 대화를 재연하면 아마 다음과 같을 것이다.

편도체 조심, 조심해! 위험한 상황이야! 뱀! 뱀이야!

신피질 잠깐 진정해봐. 그래, 이제 보인다. 아직은 뱀인지 아닌지 확실히 모르겠는걸. 유심히 살펴야 해. 수도 호스인지도 몰라. 전에는 마당에서 뱀이 나온 적이 없었거든. 내 데이터와 정보를 충분히 비교해보고 다시 알려줄게.

편노제 비교하고 어쩌고 할 시간이 없어. 난 여기서 낭장 나갈 거야.

신피질 가만 있으라니까. 귀중한 칼로리를 낭비하고 있어. 이건 전혀 위험하지 않은……

편도체 이미 늦었어. 우리는 벌써 피하고 있다고!

신피질 대체 왜 그러는 거야? 내가 이기는 적은 한 번도 없군.

신피질이 늘 패배하는 이유는 편도체에서 나오는 신경 섬유가 편도체로 들어가는 신경 섬유에 비해 훨씬 더 잘 발달했기 때문이다. 편도체가 뿔나팔을 부는 동안 신피질은 속삭이는 셈이다. 생각의 경험과 느낌의 경험을 비교해도 변연계와 신피질의 차이가 확연히 드러난다. 변연계에서 나오는 두려움, 분노, 욕망 등의 느낌은 신피질이 만드는 생각들보다 훨씬 더 강렬하다. 감정의 힘에는 신체의 감각까지도 더해진다. 변연계가 신피질에 고함을 질러댈 때면 위장이 조여들고 심장박동과 호흡이 빨라진다. 그야말로 온몸으로 변연계의 감정을 느끼는 것이다.

그러면 누군가의 마음에서 부정적인 감정을 몰아내고 짧은 도화선의 위협에서 긴 도화선의 기회 쪽으로 시각을 돌리는 방법에 대해 생각해보자. 두뇌는 말하자면 관련 교육을 받은 선장이 조타실을 지키고 관련 교육을 받지 못한 선원들이 기관실을 맡은 배와도 같다. 조타실은 신피질에 해당하고 기관실은 변연계라 할 수 있다. 조타실에서는 바다 전체가 한눈에 들어오지만 기관실에서는 작은 창구멍으로 밖을 살필 수 있을 따름이다.

그런데 이 배에는 두 가지 특징이 있다. 기관실의 선원들은 선장보다 먼저 바깥을 볼 수 있고 선장의 명령 없이 항로를 바꿀 수도 있다. 선장의 일은 명령을 내리기보다는 관찰하고 과거의 경험을 기억해 판단하며 계획하고 조언하는 정도이다. 급박한 위험이 없을 때에는 기관실의 선원들이 선장에게 복종한다. 그렇게 하지 않을 이유가 없기 때문이다. 하지만 알고 보면 기관실 선원들은 두 부류로 갈려 있다. 한 무리는 위험이 다가오지 않는지 늘 살피면서 위험이 예상되면 바로 배 방향을 바꿔버린다. 다른 무리는 좋은 소식이 없는지 기대하면서 좋은 기회 쪽으로 배를 몰고 가려 한다.

이런 상황에서 선장은 위험을 걱정하는 선원 무리가 배를 조종하지 못하도록 명령할 수 없다. 위험이 예상된다고 하면 조타실에서 뭐라 하든 이 무리의 선원들은 원하는 대로 행동하고 말 것이기 때문이다. 선장의 유일한 희망은 좋은 소식을 기대하는 무리가 걱정이 많은 무리를 물리치는 데 있다. 조타실에 있는 선장은 계속해서 좋은 소식을 내려보낸다. 작은 창구멍으로는 볼 수 없는 긍정적인 소식이다. 적도 근방에 다 왔다고, 빙하 따위는 없다고, 열대의 섬이 많이 나타났다고, 최고의 럼주를 마실 수 있다고 알려줌으로써 그는 좋은 소식을 기다리는 선원들이 걱정 많은 선원들을 제압하고 배의 직접 통제권을 차지하도록 유도한다.

긍정적인 감정이 장기적 성공을 거두도록 하려면 두뇌를 적이 아닌 동지로 생각해야 한다. 그러면 긍정적인 감정은 자연스럽게 장기적인 성공의 방향으로 우리를 인도할 것이다. 긍정적 감정을 회피하거나 감추는 대신 적극적으로 강화하여 부정적 감정을 이기도록 만들어라. 《감성의 리더십 *Primal Leadership*》이라는 책을 쓴 심리학자 대니얼 골먼 Goleman도 논리적으로 설득하려 하는 대신 열정을 끌어내는 리더가 훨씬 더 성공을 거둔다고 주장한 바 있다. 열정은 부하 직원이나 동료들의 변연계에 전염되고 긍정적 감정을 이끌어내기 때문이다.

세상에 희망을 주는 빅뱅

런던을 출발해 요하네스버그로 향하는 비행시간은 꽤 길었다. 제약회사 사장인 프라사드Prasad는 옆자리 승객에게 서둘러 말을 걸지 않았다. 우울한 표정의 케냐인은 이륙 직후부터 쉴 새 없이 술을 들이켜며 뭔가 고민을 털어놓고 싶은 듯했다. 그러나 몇 시간이 흘러도 케냐인이 먼저 말을 시작하지 않았으므로 결국 프라사드 사장이 평소의 수줍은 성격을 떨쳐버리고 괜찮냐고 물었다.

케냐인은 젖은 눈으로 상대를 바라보더니 울면서 사정을 털어놓았다. 런던 주재 외교관으로 일하는 그는 에이즈 환자를 묻기 위한 묘지 부지를 마련하라는 임무를 받고 고국으로 가는 길이라고 했다. 해외 근무 중 고국에 들를 때마다 친구와 친척들이 에이즈로 죽었다는 소식을 들었던 터라 묘지 땅을 찾는 일이 한층 더 가슴 아프다는 것이다.

말없이 케냐인의 이야기를 듣던 프라사드가 물었다. "어째서 그 사람들이 다 죽어야 하지요? HIV 환자의 수명을 10년 이상 연장시키는 항바이러스 약물의 병용 치료법이 나와 있지 않습니까?"

케냐인이 고통스러운 표정을 지었다. "있지요. 하지만 약값이 한 해 1만 5000달러나 한답니다. 케냐 사람들한테는 그런 큰돈이 없어요."

프라사드 사장은 생각에 잠겼다. 화학자이며 제약회사를 운영하는 그는 항바이러스 약품의 제조 과정을 알고 있었으므로 약값이 그렇게 비싸다는 데 놀라지 않을 수 없었다. 약품을 만드는 회사가 특허를 보유하고 있어 마음대로 독점 가격을 매기는 모양이었다.

"전 인도에서 작은 제약회사를 경영하고 있습니다. 가격을 낮출 방법이 없는지 찾아보지요." 프라사드 사장이 이렇게 말하자 케냐인은 믿지 못하겠다는 얼굴로 대답했다. "이건 당신에게는 그저 지인들한테 들려줄 재미있는 경험담일 뿐일걸요." 케냐인은 상대가 약속을 지킬 것이라고는 조금도 기대하지 않았던 것이다.

프라사드는 비행기에서 내려 호텔로 향하면서 계속 케냐인에 대해 생각했다. 가족과 친구를 잃은 슬픈 얼굴, 그리고 '이건 당신에게는 그저 지인들한테 들려줄 재미있는 경험담일 뿐일걸요'라는 말이 뇌리를 떠나지 않았다. 그는 곧 케냐인과의 만남이 그저 '재미있는 경험담'에 그치도록 하지 않겠다는 마음을 먹었다.

며칠 후 그는 출장을 끝내고 인도의 하이데라바드Hyderabad로 돌아갔다. 항바이러스 약품과 일반 의약품을 생산하는 '매트릭스'라는 작은 제약회사가 그의 일터였다. 사무실에 들어가자마자 그는 HIV 약품에 대해 찾아보았다. 어떻게 만들어지는지, 가격이 어느 정도 하는지 등에 대해 충분히 알아본 그는 지도부딘Zidovudine, 라미부딘Lamivudine, 스타부딘Stavudine, 네비라핀Nevirapine이라는 네 개의 약에 초점을 맞추었다. 이들은 HIV 바이러스 RNA가 DNA로 전환되는 것을 방해하여 병의 진행을 막는 역전사효소 억제제reverse transcriptase inhibitor, 逆轉寫酵素抑制劑였다. 역전사효소 억제제는 세 개의 약을 병용하는 것이 더 효과가 좋아 LSN(라미부딘, 스타부딘, 네비라핀)이나 LZN(라미부딘, 지도부딘, 네비라핀) 형태로 투약한다. 프라사드는 이 밖에도 에이즈 관련 자료를 모두 통독하여 병 확산 속도가 가장 빠른 곳이 어디인지, 환자들의 재정 상황이 어떠한지도 파악했다.

그렇게 자료를 분석하는 과정에서 프라사드는 자기의 추측이 맞았다는 사실을 확인할 수 있었다. 네 개 약품의 가격은 특허 보유자의 로열티 때문에 그렇게 비쌌던 것이다. LSN이나 LZN 1년 복용량의 순수 제조비용은 1000달러가 채 되지 않았다. 그 무렵 프라사드는 HIV 같은 레트로바이러스의 프로테아즈 억제제인 인디나비어indinavir를 생산하는 중이었다. 덕분에 저소득 국가를 위한 약품을 생산할 경우 특허 로열티를 지불하지 않아도 되는 WTO의 긴급 공급 규정을 알고 있었다. 매트릭스 사도 브라질 정부에게 인디나비어를 긴급 공급가격으로 판매한 경험이 있었다. 케냐를 비롯한 아프리카 국가들에게도 그런 식으로 약을 공급한다면 연간 가격을 1000달러 아래로 떨어뜨릴 수 있었다.

그러나 1인당 연간 소득이 몇 백 달러에 불과한 아프리카 사람들에게는 1000달러도 너무 높은 가격이었다. 아프리카의 자선기관이나 정부, 상대적으로 형편이 나은 환자들이 항바이러스 병용약제를 구입하려면 가격이 150달러 수준으로 떨어져야 했다. 라미부딘, 스타부딘, 지도부딘, 네비라핀의 화학 구조를 분석한 프라사드는 좀더 효율적인 다른 조합도 가능할지 모른다는 생각을 하기 시작했다. 그렇게 되면 매트

릭스는 로열티를 물지 않고 약간의 이윤만 더해 150달러 정도에 약을
팔 수 있었다.

설득을 위한
적절한 어휘

정보 수집을 끝낸 후 그는 매트릭스 이
사회를 소집해 상황을 알렸다. 그리고 회사가 라미부딘, 스타부딘, 지
도부딘, 네비라핀을 생산하면 어떨지 의사를 타진했다. 반응은 몹시 부
정적이었다. 매트릭스 사가 새로운 병용법을 개발해 약값을 낮출 수 있
으리라는 가능성 자체를 부정하는 임원들도 있었고, 매트릭스처럼 작
은 회사에서 약을 추가 생산하는 것은 위험하다는 의견도 나왔다. 프라
사드 사장은 일단 물러섰다. 물론 간단히 포기할 생각은 없었다.

다음 몇 달 동안 이사회가 열릴 때마다 그는 다른 접근을 시도했다.
회사가 화학 산업이 아니라 보건 산업에 종사하는 만큼 중요한 보건 문
제를 외면해서는 안 된다고 설득했다. 그 설득이 먹히지 않자 HIV 약
값 인하 경쟁이 없는 상황에서 처음 움직이는 기업이 누리게 될 우월한
지위를 강조하기도 했다. 그래도 여진히 이사회의 반응은 싸늘했다.

그 싸늘한 태도는 프라사드의 결심을 한층 더 단단히 굳히는 역할을
했다. HIV 치료약 시장을 연구하면 할수록 매트릭스가 돈도 벌면서 귀
중한 생명도 구할 수 있다는 믿음은 더욱 강해졌다. '이건 당신에게는
그저 지인들한테 들려줄 재미있는 경험담일 뿐일걸요' 라고 했던 케냐
인의 냉소적인 말도 여전히 머릿속에 남아 있었다. 프라사드는 다시

한 번 설득을 시도했다. 회사는 그동안 제품 생산 범위를 지나치게 축소시켜왔으므로 이제는 위험부담을 낮추기 위해 오히려 약의 종류를 확장시켜야 한다고 주장했다. 그리고 HIV 치료약의 신규 생산은 기존 제품의 수요가 줄어들 경우를 대비한 일종의 보험이 될 것이라고 설득했다. 반대파는 여전히 의견을 굽히지 않았다.

그럼에도 프라사드 사장은 매트릭스 생산 라인에 네 종류 약을 더하라고 일방적으로 명령할 생각은 하지 않았다. 그는 인도 동쪽 지역의 대지주로 소작농들을 평등하게 대우했던 할아버지를 본받으려 애쓰는 인물이었기 때문이다. 그의 할아버지는 밑에서 일하는 사람들에게 관대해야 한다고, 가령 매년 디왈리Diwali 축제 때 너그럽게 베풀면 생산성이 몇 배로 불어나 돌아올 것이라고 손자에게 가르쳤다. 과연 리더십을 잘 아는 할아버지의 손자답게 프라사드는 훗날 하이데라바드 지역에서 직원들에게 주식을 나눠준 최초의 경영자가 되었다.

그는 스스로를 조직의 대장이라기보다는 토론을 자극하고 합의를 이끌어내는 조정자로 생각했다. 그런 민주적인 방식이 '사람의 가슴을 움직이는 데도 좋고 비즈니스를 하는 데도 좋다'고 믿었다. 하지만 이번에는 매트릭스 직원들이 좀처럼 자신이 원하는 방향대로 움직여주지 않았다. 프라사드는 잠시 갈등했다. 직원을 평등하게 대하는 전통을 지킬 것인가, 아니면 수백만 명의 목숨을 살리는 길로 가야 할 것인가.

결국 그는 평등주의 전통을 유지하는 쪽으로 결론을 내렸다. 대신 방법은 바꿔야 했다. 여러 차례에 걸친 설득이 실패를 거듭했으므로 그는 다음 행보를 오랫동안 고민해야 했다. 직원들의 시각에서 볼 때 HIV 프로젝트를 추진하지 말아야 할 이유는 두 가지였다. 첫째, 매트릭스 사는 2년 전까지만 해도 파산 상태였다가 프라사드가 인수한 후 수익성 없는 생산 라인을 간신히 정리해놓은 참이었다. 흑자로 돌아섰다고는 해도 그 정도는 미미했다. 그 상황에서 공격적인 연구 개발 투자를 했다가는 곧바로 회사의 취약한 현금 흐름에 치명상을 입힐 위험이 컸다. 더 중요한 것은 매트릭스 관리팀은 HIV 프로젝트가 수익성 있는 사업인지조차도 확신하지 못했다는 것이다. 실제로 저소득층 시장의 가격 민감도를 고려하면 제조비용을 $\frac{1}{10}$ 가까이 줄여야 간신히 수익이 날 수 있었다.

프라사드는 마침내 HIV 프로젝트의 장점만 부각시킬 것이 아니라 부정적인 측면 또한 경감시켜야 한다는 점을 깨달았다. 그는 이사회에 두 가지 제안을 내놓았다.

첫 번째 제안은 매트릭스 사가 네 가지 새로운 약을 생산해야 한다고 주장하는 대신 한 해 몇 백 달러 수준의 약 합성이 가능한지 확인하기 위해 8개월 가량의 연구 개발 프로젝트를 진행하자는 것이다. 거기서 약 합성이 불가능하다고 판명되면 HIV 프로젝트는 포기하고, 반대로 저비용 생산으로 수익을 올릴 수 있다는 점이 증명되면 생산 설비를 수정하여 역전사효소 억제제 사업에 뛰어든다는 것이었다. 만약 사업에 착수한 후에라도 빠른 시간 내에 수익이 나지 않으면 HIV 프로젝트는 중단시키는 것으로 정리했다.

두 번째 제안은 연구 개발 프로젝트의 이름을 '희망 프로젝트'라 부르자는 것이었다. 성공하면 아프리카를 비롯한 개발도상국의 환자 수백만 명이 더 나은 삶을 얻게 될 것이라는 희망을 담은 이름이었다. 프라사드는 저가의 HIV 약품 시장에 먼저 뛰어드는 사람이 누리게 될 선점 효과나 기존 제품의 수요가 감소하는 것에 대한 위험 방지책으로서의 가치는 더 이상 언급하지 않았다. 논리적인 설득보다는 가슴에 호소하기로 방향을 바꾼 것이다.

열정의 전염력

수줍은 성격을 타고났지만 프라사드는 열정적인 사람이었다. 그의 검은 눈은 열정으로 빛났고 말투는 확신에 차 있었다. 그는 손짓을 해가며 열변을 토했다. "우리 회사는 독수리의 날카로운 눈, 치타의 날쌘 움직임, 그리고 코브라의 치명적인 공격력을 두루 갖춰야 합니다." 한마디 한마디에 힘이 들어가 있었다. 그의 열정, 에너지, 낙관적 사고에는 전염력이 있었다.

나 역시 언젠가 프라사드 사장과 세 시간 동안 점심을 먹으며 그의 열정을 체험한 적이 있다. 그와 대화를 하면서 그전까지는 실현 가능성이 희박하다고 여겼던 많은 계획들이 갑자기 충분히 해볼 만한 일로 느껴진 것이다. 참으로 신기한 경험이었다. 2004년의 매트릭스 사 이사회 현장에 있지는 못했지만 나는 그가 얼마나 강력하고 설득력 있게 자기의 생각을 전달했을지 충분히 짐작이 간다.

희망 프로젝트 추진 결정이 내려진 후 그는 연구 개발팀에게 그들의 일이 세상을 바꿀 기회가 될 것이며, 팀원들이 모두 연구 개발 능력을 충분히 보여주리라 믿는다고 격려했다. 그리고 6개월 후, 그러니까 희망 프로젝트의 시한을 두 달이나 남겨둔 시점에 연구 개발팀은 프라사드가 옳았음을 증명해냈다. 매트릭스의 화학자들과 제조 전문가들이 세 가지 약 병용 처방을 대량 생산하는 경우 연간 180달러 선에서 가격을 맞출 수 있다는 결론을 이끌어낸 것이다. 요하네스버그로 향하는 비행기에서 케냐 외교관을 만난 지 1년이 채 지나지 않은 시점이었다. 그 짧은 시간에 케냐인이 말한 금액의 $\frac{1}{100}$로 HIV 약품 가격이 내려가게 된 것이다.

연구 개발팀의 성과는 고무적이었지만 연간 150달러라는 목표를 달성하려면 아직도 30달러를 더 낮춰야 했다. 1만 5000달러라는 출발점에 비하면 30달러는 작은 차이에 불과했지만 아프리카의 어마어마한 HIV 약품 수요를 감안한다면 결코 작다고는 할 수 없었다. 치료약이 필요한 HIV 환자 2000만 명이 30달러씩 더 내면 순식간에 6조 달러가 되어버리니 말이다. 늘 돈에 쪼들리는 비정부기구나 아프리카 국가들이 어디서 그런 돈을 마련하겠는가? 이제 HIV 병용 치료약이 저소득 시장에 적정 가격으로 공급되기 위해서는 외부의 지원이 필요했다.

그러던 중 프라사드는 윌리엄 클린턴 재단이 전 세계 저소득층 HIV 환자에게 항바이러스 약품을 공급하고 싶어 한다는 소식을 들었다. 클린턴 HIV/AIDS 사업을 실현하기 위해 만들어진 이 재단은 화학물질이나 원료의약품에 대한 소량 주문을 단일 대량 주문으로 모아주어 제약회사들이 힐인을 받을 수 있도록 도왔다. 중국에시 화힉물질이나 원료의약품을 싼값에 공급하는 업체를 찾아내기도 했다.

이런 식의 공급 지원 프로젝트는 소규모 제약회사들이 바이엘이나 글락소 스미스클라인GSK 같은 대형 업체들만 누리던 규모의 경제 혜택을 볼 수 있도록 했다. HIV 약품을 필요로 하는 비정부기구나 각국 정부들이 공동으로 구매를 진행해 할인을 받도록 돕기도 했다. 프라사드는 매트릭스 사도 클린턴 재단을 통해 화학물질이나 원료의약품 구매 단가를 낮추고 최종 약품 판매가 역시 떨어뜨릴 수 있다고 생각했다. 제약 사업은 빵집의 빵 굽기와 비슷했다. 한 번에 구워내는 양이 많을 수록 단가는 낮아지는 법이었다.

클린턴 HIV/AIDS 사업을 총괄하는 이라 매거지너Magaziner와 만나 논의한 끝에 프라사드는 세 약품 병용 치료제 가격을 140달러까지 낮출 수 있게 되었다. 이제 케냐인의 가슴 아픈 이야기는 그저 '재미있는 경험담'에 그치지 않아도 되었다. 그러기는커녕 곧 세상을 바꿀 참이었다.

2004년 말, 매트릭스 사가 치타처럼 날쌔게 움직이게 하겠다는 약속대로 프라사드 사장은 LSN과 LZN 병용 치료약을 시장에 내놓았다. 제조 과정에 효율성을 기하고 클린턴 재단의 공급 지원까지 받아 가격이 저렴해진 이 치료약은 날개 돋친 듯 팔렸다. 2009년이 되자 전 세계 HIV 약품 시장에서 매트릭스 사의 점유율은 40퍼센트에 달했다. 그리고 각지의 저소득층 HIV 환자 200만 명 이상이 치료 혜택을 받았다. 프라사드는 매출과 수익 급증에 힘입어 2001년 200만 달러에 인수했던 회사를 5년 후인 2006년, 10억 달러에 매각했다.

긴 도화선이 어마어마한 빅뱅을 터뜨린 것이다.

변연계와 의사소통을 잘하는 **것**

역전사효소 억제제를 생산하자고 설득하기 위해 프라사드 사장이 회사 직원들에게 내놓은 두 가지 제안 중 하나는 익숙한 두뇌 각본이고, 다른 하나는 새로운 두뇌 각본을 활용하는 것이었다. 익숙한 두뇌 각본은 '가능한 한 빨리 가능한 한 많은 것을 가져라'였다. 그는 희망 프로젝트의 첫 단계에 8개월이라는 시한을 정해둠으로써 위험을 회피하고 신속히 보상 받으려는 두뇌의 타고난 성향을 만족시켰다. HIV 프로젝트의 위험부담을 낮춰 직원들의 마음속 두려움을 달래준 깃이다.

그런데 그보다 더 눈에 띄는 것은 HIV 프로젝트의 장점을 훌륭하게 설득해냈다는 점이다. 가히 감성 리더십의 교과서적 사례라 평가할 만하다. HIV 사업을 '희망 프로젝트'라 이름 붙인 것은 '신피질보다는 변연계에 더 주의를 집중하라'라는 새로운 두뇌 각본에 잘 부합하는 것이었다.

2008년에 버락 오바마가 보여주었듯이 '희망'이란 다른 어떤 어휘보다도 더 큰 감정적 효과를 가져온다. 희망은 언제나 우리를 앞으로 나아가게 하는 1차적인 동기이기 때문이다. 우리는 언젠가 꿈이 이루어질 것이라 희망한다. 사랑하는 사람이 성공하기를, 우리의 노력으로 세상이 조금이라도 더 좋아지기를 희망한다. '희망'이라고 불리는 프로젝트는 바로 그런 요소로 매트릭스 직원들의 변연계가 움직이도록 만들었다.

물론 적절한 어휘 선택이 전부는 아니었다. 그가 메시지를 전달하는 방식도 매우 효과적이었다. 그는 열정과 단호한 의지를 담아낼 줄 알았다. 그의 목소리, 표정, 몸짓 등 비언어적 메시지도 강력한 감정을 불러일으켰다. 우리는 남의 행동을 보면서 변연계와 신피질의 '거울 신경세포Mirror neuron'를 작동시키곤 한다. 가령 테니스 코치가 시연하는 올바른 서브 방법을 보고 있을 때 동작 피질의 거울 신경은 마치 우리가 직접 서브를 넣는 것처럼 작용한다. 이렇게 두뇌 속에서 실제 행동이 이루어져야 우리가 동작을 인식할 수 있게 된다.

감정 인식도 마찬가지다. 편도체 속 거울 신경세포는 남들의 고통스러운 표정을 볼 때 작동한다. 우리 스스로 고통을 느낄 때 작동하는 바로 그 신경세포이다. 남들의 얼굴에서 기쁨이나 분노를 감지하면 변연계는 그 감정을 고스란히 느낀다. 그러니 '희망'이라는 강력한 어휘가 풍부한 표정 및 비언어적 메시지와 함께 전달되었을 때 한층 큰 효과를 거두리라는 것은 자명한 사실이 아니겠는가.

'공감 리더십resonant leadership'이란 용어는 한 사람의 열정이 상대의 변연계를 작동시키는 상황에 잘 들어맞는다. 열정과 에너지, 낙관적 생각을 발산하는 사람은 타인의 변연계에 똑같은 진동을 일으킨다. 마치 딱 맞는 주파수로 소리를 내면 유리잔이 공명을 일으키다가 깨지는 것처럼 말이다. 그러므로 변연계와 더 효과적으로 의사소통을 하려면 낮은 높이로 말하기보다 열정적으로 노래해야 한다.

열정적인 혜안가의 강력한 메시지가 필요한 순간

이번에는 앞서 언급한 '좋은 소식을 기다리는 선원, 나쁜 소식을 예상하는 선원'이라는 변연계 모델을 통해 프라사드의 직원 설득 과정을 설명해보자. 그는 양쪽 선원 무리 모두에게 제대로 된 '노래'를 불러주었다. 나쁜 소식을 예상하는 선원들에게는 자장가를 흥얼거려 희망 프로젝트의 부정적 측면에 대한 걱정을 누그러뜨려 주었다. 동시에 좋은 소식을 기다리는 선원들에게는 자부심과 기대로 가득 찬 밝은 노래를 불러주었다.

매트릭스 사의 이사진이 비이성적으로 행동한 것은 아니었다. 논리적인 설득에서 감정적인 설득으로 방향을 바꾼 프라사드가 속임수를 쓴 것도 아니었다. 매트릭스의 이사들이 의사결정에 감정을 개입시키지 않았다면 그게 오히려 비이성적이었으리라. 신경학자 안토니오 다마시오Damasio에 의하면 우리는 감정을 배제하고는 이성적인 의사결정을 내릴 수 없다고 한다. 의식 차원만 가지고는 위험과 보상의 복잡한 결합관계를 제대로 판단하기 어렵다는 것이다.

매트릭스 사가 동시에 고려해야 했던 질문들을 한번 생각해보자. 새로운 치료약을 어떻게 개발할 수 있을까? 새로운 치료약 개발에는 얼마만큼의 시간과 돈이 소요될 것인가? 비정부기구나 각국 정부들은 150달러 수준의 치료약을 구매해줄까? 규모의 경제에서 이점을 누리는 대형 제약회사가 매트릭스보다 더 낮은 가격으로 약품을 판매하지는 않을까? 매트릭스 사가 약품 생산을 위해 수백만 달러를 쓴 후 더 좋은 신약이 시장에 등장하면 어떻게 할까?

인간의 의식은 포스트잇 몇 장 붙이면 꽉 차버리는 작은 게시판과도 같다. 한꺼번에 많은 정보와 판단을 담아낼 공간이 없는 것이다. 하지만 무의식은 엄청난 양의 정보를 저장할 수 있다. 의식적인 마음이 작은 게시판이라면 무의식은 국회도서관이라 할 수 있다. 잠시 읽기를 멈추고 특정한 사람, 장소, 사물에 대해 당신이 알고 있는 바가 얼마나 되는지 떠올려보라. 그리고 그중 특정 시점에 의식 차원으로 떠오르는 정보가 얼마나 적은 양인지도 생각해보라.

다마시오 박사는 복잡한 문제에 대해 결정을 내려야 할 때 우리 스스로 기억과 연결된 감정적인 플러스와 마이너스 요소를 종합하고 총점을 계산한다고 설명한다. 감정에 기반해 논리적으로 사고하는 과정에서 매트릭스 직원들은 그저 의식적 차원으로만 잠재적 결과들을 예상하고 그 각각의 가능성과 비용을 고려한 것이 아니었다. 그들은 과거에도 경험했던 그와 비슷한 상황을 기억하며 그 기억과 연결된 감정을 끄집어냈다. 그리고 두려움 같은 부정적 감정과 희망 같은 긍정적 감정의 무게를 무의식적으로 비교하여 결정을 내렸다. 각각의 선택 가능성에 대해 생각할 때 신체 감각으로 느껴지는 긍정적 혹은 부정적 감정이 결정적인 기준이었다.

예를 들어 뱃속의 긴장감을 느낀 직원들은 자신이 HIV 프로젝트를 싫어한다는 점을 느꼈을 것이다. 반면 가슴이 흥분되고 뿌듯해진 직원들은 자신이 실은 HIV 프로젝트를 좋아하고 있음을 깨달았을 것이다. 바로 이것이 직감적인 판단이다. 우리 두뇌의 무의식적, 감정적인 부분이 의식적인 부분에서 이루어지는 이해타산적인 계산에 더해지는 것이다. 뇌의 이 두 부분은 신체 반응을 통해 연결된다.

결국 우리 신체는 단기적 사고와 장기적 사고가 전투를 벌이는 전장이라 할 수 있다. 앞서 말했듯이 진화는 단기적 사고의 편이므로 인간의 본능도 위험한 일, 오래 기다려야 보상이 주어지는 일을 꺼리게 되었다. 그렇기 때문에 프라사드 같은 열정적인 혜안가가 강력한 희망 메시지로 잠재적 두려움을 넘어서도록 해주지 않는 한 장기적 기회를 추구하기가 쉽지 않다. 월트 디즈니는 마음보다 가슴에 하는 말이 훨씬 효과적이라고 했다. 전문적인 두뇌 과학자가 아니었지만 그의 혜안은 정확했다.

긴 도화선을 통해 빅뱅을 만들어나가는 과정에서 프라사드 사장이 두뇌 각본을 동시에 여러 개 사용했다는 점도 주목할 만하다. 그는 두뇌에 신속한 승리를 주면서 동시에 그 승리가 감정적으로 만족스러운 것이 되도록 했다. 치명적인 연속 펀치라고나 할까?

프라사드는 반복되는 실패에도 굴하지 않았다. A전략이 실패하면 B전략, C전략을 계속 내놓았다. 제대로 된 전략을 찾을 때까지 계속 시도했다. 이런 끈질긴 태도는 두뇌 각본이 원하는 방향으로 움직이도록 하는 데 아주 중요하다. 혁신적이지만 생소한 제안을 사람들이 단번에 받아들이게끔 설득해내는 일은 아무리 탁월한 리더라 해도 거의 불가능에 가깝다. 인간의 두뇌는 동일한 각본에 따라 움직이지만 사람마다, 상황마다 차이가 있다. 예를 들어 매트릭스 이사들은 파산 상태를 막 벗어난 입장이었으므로 다른 기업의 직원들보다는 위험 회피적인 성향이 한층 크게 나타났을 것이다.

이처럼 무리마다 서로 다른 문화, 그리고 상하좌우 관계의 역동성은 긴 도화선이 만들어내는 빅뱅 아이디어에 대한 반응에 크게 영향을 미친다. 디즈니 이매지니어링의 경우 위험부담이 큰 혁신적 아이디어를 받아들이기가 그리 어렵지 않았다. 미래 지향적인 예술가, 엔지니어, 디자이너로 이루어진 무리였기 때문이다. 반면 실패가 곧 인명 손실로 이어질 수 있는 정보기관에서는 혁신적인 아이디어가 퍼져나가기가 상대적으로 더 어려울 수밖에 없다.

큰 승리는 큰 필요에서 나온다

프라사드 사장의 이야기에서 얻을 수 있는 마지막 교훈은 새로운 제품과 기술을 팔아 수익을 올릴 빅뱅 기회가 개발도상국에 많다는 점이다. 2004년 당시 유럽과 북미의 부유한 국가들은 자국의 HIV 환자들을 값비싼 항바이러스 병용요법 약품으로 치료하고 있었다. 하지만 가난한 국가들, 특히 사하라 사막 이남의 아프리카 국가들은 높은 약값을 댈 여력이 없었다. HIV 치료의 불평등은 저가 치료제에 대한 수요를 계속 높여갔다. 간절히 빅뱅을 기다리는 상황이었던 것이다. 빅뱅의 가능성이 대단히 컸으므로 누구든 미지않아 도화선에 불을 붙일 수밖에 없었다.

그 '누군가' 가 프라사드였던 것은 우연이 아니었다. 평등을 강조하던 할아버지의 가르침 덕분에 그는 주변의 불평등한 상황에 예민했다. 그가 태어난 작은 농촌 마을에는 전기가 없었다. 하지만 불과 10여 킬로미터 떨어진 이웃 마을은 마음껏 전기를 사용했다. 그가 다닌 학교에

서는 자전거를 타고 마을에서 마을로 돌아다니는 선생님 한 분이 학생
들을 가르쳤지만 이웃 마을에는 상근하는 선생님이 있었다. 다른 아이
들이 어째서 바람은 늘 같은 방향에서 부는지, 왜 달의 모양은 계속 바
뀌는지 궁금해하는 동안 어린 프라사드는 거리도 멀지 않은 두 마을의
삶이 어째서 그토록 다른지 고민했다.

당밀 사업과 제약 사업으로 성공한 후에도 프라사드는 인도의 빈부
격차에 대한 관심을 놓지 않았다. 그런데 그의 불평등에 대한 태도는
복합적이었다. 한편으로는 부의 균등 분배, 의료 보장, 공평한 교육 기
회를 추구하는 사회주의자였지만 다른 한편으로는 가족의 미래를 위해
돈을 벌어야 하는 시스템을 받아들이는 자본주의자였기 때문이다. "제
머리는 돈을 벌고 싶어 하고 가슴은 가난한 이들을 돕고 싶어 했지요.
그리고 몸은 열정으로 차 있었고요. 저는 늘 그 세 힘의 균형을 맞추기
위해 애썼습니다."

마침내 매트릭스 사에서 그는 자본주의 성향과 사회주의 성향의 조
화를 이룰 방법을 찾았다. 2006년에 매트릭스를 매각한 후에도 그는
자기를 움직여온 세 힘에 따라 매각 대금을 3등분하여 나누었다. $\frac{1}{3}$은
가족을 위한 펀드에, $\frac{1}{3}$은 새로운 TV 기지국 사업 투자에, 나머지 $\frac{1}{3}$은
맹인 어린이 치료를 위한 자선 재단 설립에 썼던 것이다.

더 단순하고 더 값싼 제품

인구학적 변화와 기술 발전 방향
을 고려해볼 때 프라사드가 그랬듯이 가난하고 소외된 사람들에게 필

요한 것을 공급하는 데서 수많은 빅뱅이 구현될 수 있다. 지금도 세계의 부는 북미와 유럽에 편중되어 있는데 아시아, 아프리카, 남미의 인구가 급증하면서 그 편중 현상은 한층 더 심화되고 있다. 이와 동시에 나노재료, 녹색 에너지 같은 기술로 인해 저소득 국가에서 삶의 질을 높이는 비용은 계속 낮아지고 있다. 이 두 가지 경향을 결합시킬 기회는 무궁무진하다. 그 기회가 쉽사리 눈에 들어오지 않지만 아마도 머지않아 이 세상의 수많은 프라사드들이 그 기회를 포착할 것이다.

나름의 긴 도화선을 통한 빅뱅 승리를 찾으려면 스스로를 프라사드의 위치에 놓고 상대적으로 불리한 시장이 오랫동안 겪어온 문제를 어떻게 해결할 수 있을지 고민할 필요가 있다. 《저소득층 시장을 공략하라 *The Fortune at the Bottom of the Pyramid*》를 쓴 프라할라드Prahalad는 과거에는 신기술의 가격이 낮아지면서 자연스럽게 부국에서 빈국으로 흘러들어갔지만, 이제는 중국, 인도, 인도네시아와 같은 시장이 커지면서 글로벌 기업들이 그 시장만을 겨냥한 맞춤 제품을 만들어 팔게 되었다고 설명한 바 있다. 이런 기업은 매출 증가 외에 규모의 경제 효과를 얻고 부국에서도 통하는 경쟁력 있는 제품까지 갖추게 된다.

예를 들어 제너럴 일렉트릭은 중국 시장을 겨냥해 만든 단순한 심전도 장치가 서구에서도 팔리면서 시장점유율이 20퍼센트로 뛰어올랐다. 이 장치는 대형 병원에서 사용하는 장비 수준에는 못 미쳤지만 중국 병원들이 사들일 수 있을 만큼 저렴했고, 결국 중국의 심장 치료 상황을 크게 개선했다. 이후 이 장치는 서구의 소규모 병원, 방문 간호사, 간병 전문가들에게도 팔려나갔다. 노키아는 전화기 하나 주위에 여럿이 몰려 통화하는 가나와 모로코 사람들을 위해 스피커 달린 휴대전화를 개발했다. 이 전화기는 이후 함께 MP3 음악을 감상하고 싶어 하는 서구의 10대 청소년들 사이에서 큰 히트를 쳤다.

개발도상국을 위한 제품이 선진국에서 팔리게 되는 이런 상황은 미래의 빅뱅 기회를 낳는 또 다른 타임머신이다. 오늘날의 첨단 최고급 기술이 아니라 저소득 시장을 위한 더 단순하고 더 값싼 제품이 타임머신이 될 수 있는 것이다.

긴 도화선에
어떻게 불을 붙일 것인가

원자폭탄은 연쇄반응을 일으키기에 충분한 만큼의 방사성 물질이 있어야 폭발한다. 그렇지 못하면 뜨거워지기만 할 뿐 폭발할 수 없다. 조직 내부의 혁신가와 빅뱅 인재도 이와 마찬가지이다. 혁신가와 빅뱅 인재들이 충분히 모여 함께 일하지 못한다면 빅뱅 폭발은 일어날 수 없다. 빅뱅은 임계 질량을 요구하기 때문이다.

무뇌의 서로 다른 **각본들을** 어떻게 **조화**시킬 것인가

인간에게 혁신을 촉구하는 상황 가운데 으뜸은 단연코 전쟁이다. 제2차 세계대전은 V2 로켓, 레이더, 소나 같은 상상을 뛰어넘는 신기술을 낳았다. 오늘날의 디지털 컴퓨터도 독일군 암호를 해독하기 위해 미국과 영국이 사용하던 해독 엔진에서 기원을 찾을 수 있다. 핵무기 또한 제2차 세계대전의 결과물이다.

냉전시대의 기술적 진보 역시 인상적이다. 인공위성, 유인우주비행선, 초경량 소형 전자기기 등등이 그렇다. 빅뱅 진보가 어떻게 일어나는지 더 잘 이해하려면 다음 질문을 던지면 된다. "첩보 위성, 무인 비행장치, 스텔스 전투기와 같은 냉전시대의 놀라운 성과물은 어디서 나왔을까?" 답은 제품을 생산해낸 방위산업 업체들도, 그 기술을 필요로 했던 군 연구소도, 학자들도, 기업체의 연구 개발 조직도 아니다. 그 모든 혁신적 성과물을 낳은 긴 도화선은 똑같은 곳, 바로 미국 방위고등연구계획국DARPA: Defense Advanced Research Projects Agency이었다.

실패할 수 있는
자유를 허하라

1958년에 설립된 DARPA는 역사상 그 어떤 기관보다도 더 많은 빅뱅 성공을 이뤄냈다. 오늘날의 무선 및 광섬유 통신을 가능케 해준 위성위치확인 시스템GPS과 갈륨비소 통신 트랜지스터 기술도 바로 DARPA에서 나왔다. DARPA는 인터넷의 고향이기도 하다. 핵전쟁 상황에서도 끄떡없는 통신 네트워크를 구축하려는 과정에서 인터넷이 탄생했기 때문이다.

DARPA가 그토록 빛나는 성공을 거둔 이유 중 하나는 많은 실패가 밑거름이 되었기 때문이다. 그 한 가지 예로 핵무기 폭발로 우주선을 움직여 행성 간 여행을 실현하려 했던 오리온 프로젝트가 있다. 이 프로젝트는 어떻게 그 무거운 핵무기를 우주 공간으로 밀어올릴 것인지, 승무원들을 방사능에서 어떻게 보호할 것인지, 그리고 우주 공간에서의 핵무기 실험을 금지하는 국제 조약을 어떻게 비켜갈 것인지 하는 문제를 결국 해결하지 못했다.

사실 수류탄 크기의 핵무기를 만든다는 목표는 물리 법칙에조차 어긋나는 것이었다. 또 DARPA의 초감각지각 실험은 현재의 초감각지각 연구 수준을 넘어서는 것이어서 이루어질 수 없었다. 테러 공격의 가능성을 선물 거래 상품으로 만들겠다는 최근의 시도는 테러 공격으로 돈을 벌겠다는 발상 자체에 대한 대중의 반감 때문에 처절하게 실패했다. 하지만 이러한 실패의 책임을 물어 DARPA의 누군가가 처벌받는 일은 없었다. 오히려 이것은 '실패할 수 있는 자유'를 부여했고, 최고의 보상을 위해 최악의 위험부담도 감수할 수 있는 문화를 만들어냈다. 그리하여 더 많은 홈런을 칠 수 있게 하였다.

더 많은 홈런을 쳤다는 것이 전부는 아니다. DARPA의 50년 역사는 두뇌의 서로 다른 각본들을 어떻게 조화시킬 것인지에 대한 교훈을 우리에게 보여주기 때문이다.

진화는 스페셜리스트를 선택한다

나무를 자세히 관찰하다보면 흥미로운 점을 발견하게 된다. 줄기에서 뻗어 나온 굵은 가지의 형태와 그 가지에서 뻗어 나온 작은 가지의 형태가 동일한 것이다. 나뭇잎의 굵은 잎맥이 가느다란 잎맥들로 갈라지는 모습 또한 줄기가 굵은 가지로, 이어가는 가지로 갈라지는 모습과 똑같다. 흙 아래쪽을 볼 수 있다면 그 형태가 뿌리에도 나타난다는 것을 알 수 있을 것이다. 굵은 뿌리는 가는 뿌리들로 갈라지고, 이는 다시 잔뿌리로 갈라진다. 가지나 잎과 똑같은 형태이다.

수학자들은 이런 자기유사성self-similarity을 프랙탈fractal이라 부른다. '갈라진' 혹은 '부러진'이라는 뜻을 가진 라틴어 단어 'fratus'에서 온 어휘이다. 우리는 나무들이 프랙탈 기하학에 따라 자라는 까닭을 아직 정확히 알지 못한다. 하지만 자기유사 유형에는 충분한 이유가 있을 것이다. 자연계의 수많은 생물이 같은 특징을 보이니 말이다. 동물(인간을 포함해)의 동맥과 정맥도 프랙탈 기하학을 보이고 바다의 앵무조개도 마찬가지다. 두뇌 신경세포에 달린 수상돌기도 나무와 똑같은 프랙탈 기하학 형태를 이루고 있다.

유기체 역시 반복적 형태를 보인다. 배양접시의 박테리아는 프랙탈 유형으로 뻗어나간다. 생명의 벽돌조각이라 할 수 있는 DNA, 그리고 DNA가 모여 있는 염색체 역시 프랙탈 기하학을 나타낸다. 〈포춘〉 선정 500대 기업의 조직도를 살펴봐도 맨 위부터 아래까지 갈라져나가는 유형이 비슷하다. 부서장 한 사람이 직접 보고를 받는 부하 직원들은 일정한 수를 넘지 않는다. 이는 리더가 효과적으로 통제할 수 있는 수가 한정되어 있다는 뜻이다. 인간들이 모인 조직까지도 반복 유형을 나타낸다는 점은 DARPA의 성공 요인과 관련해 특히 의미심장한 대목이다.

분화된 전문화

어려운 문제를 해결해내는 DARPA의 비결은 인간의 문제 해결 최소단위인 두뇌 속 개개의 뉴런을 통해 설명할 수 있다. 신경세포는 단세포 유기체처럼 간단한 형태가 아니다. 그것은 여러 부분으로 나뉘어 각 부분이 고유의 기능을 담당하고 있다. 뉴런의 수상돌기는 다른 신경세포의 정보를 받아들인다. 세포체는 당을 에너지로 바꿔 활동 에너지를 얻고 단백질을 생산하며 성장을 통제한다. 신경세포의 전기 자극을 시냅스를 통해 다른 세포에 전달하는 축삭돌기라는 것도 있다. 그 전달 과정에서 신경전달 물질이 분비되는데, 싸우기-도망치기 반응을 일으키는 아드레날린도 신경전달 물질의 하나이다.

신경세포의 유기적 특성, 그리고 신경세포들 사이의 결합 특성은 일종의 분화된 전문화라고 말할 수 있다. 신경세포 하나가 수상돌기, 세포체, 축삭돌기로 나뉘어 각자 전문화된 역할을 해내듯이, 두뇌의 특정 위치에 존재하는 뉴런들은 다른 곳의 뉴런들과 차별화된 과업을 수행한다. 예를 들어 신피질에는 먼 거리를 여행할 수 있는 축삭돌기를 갖춘 추상세포pyramidal cell, 錐狀細胞도 있고, 근처의 세포하고만 연결될 수 있을 만큼 축삭돌기가 짧은 과립세포granular cell, 顆粒細胞도 있다.

추상세포는 두뇌의 여러 지역에서 들어온 정보를 종합 분석하는 반면에 과립세포는 자기가 있는 부분의 피질 신경 정보들만 다룬다. 이런 식의 분업 덕분에 추상세포는 원거리의 두뇌 부분과 소통하고 과립세포는 근처의 피질 뉴런만 다루는 전문성 분화 현상이 나타난다. 신피질의 특정 영역에서 나타나는 분화된 전문화 유형은 피질 전체를 놓고 보아도 마찬가지다. 두뇌 가장 뒤쪽에 있는 시각 처리 지역의 세포들은 피질 가장 앞쪽의 운동 관할 세포들과 전혀 다르다. 기능에 따라 형태도 달라지는 것이다.

진화는 이렇게 두뇌 조직의 전 차원에서 제너럴리스트보다는 스페셜리스트를 선택했다. 성격과 지능의 집단 유전학에서도 이러한 분화된 전문성 원칙이 무리 안에 있는 개인들 간의 차이를 가져왔다. 어느 무리를 보든, 어느 세대를 보든 간에 마찬가지다. 무리 전체는 상위의 두뇌 하나처럼 움직인다. 각 부분의 특징과 능력에 딱 맞는 과업을 부과하여 성과를 최적화하는 상위 두뇌 말이다. 두뇌 각본은 개인의 두뇌가 서로 다른 상황에 어떻게 대처해야 할지를 알려줄 뿐 아니라, 무리를 이룬 두뇌가 최고의 결과를 얻기 위해 어떻게 조직되어야 하는지도 알려준다. 그 각본은 '개인들이 모인 무리는 부분으로 나뉘어야 승리할 수 있다' 일 것이다.

DARPA는 개인으로 이루어진 무리부터 무리로 이루어진 더 큰 무리에 이르기까지 분화된 전문성 원칙을 잘 구현하고 있는 조직이었다. 개인들이 이루는 무리에서 빌 맥린이나 돈 버크 같은 개성 강한 인재가 나왔듯이, 작은 무리들로 구성된 거대 조직에서도 기발한 발상에 능한 작은 무리가 있게 마련이다. 국방부라는 초거대 무리 안에서 DARPA가 바로 그런 존재였다. 당시 국방부에는 육·해·공군의 국방 연구조직이 있었고, 이들은 저마다 위험부담이 큰 연구를 수행하고 있었다. 그러나 이들은 늘 현재 군이 당면한 문제에 신속히 해결책을 제시해야 한다는 압박에 시달렸고, 이 때문에 혁신적 진보 대신 진화적 진보에 좀더 초점을 맞출 수밖에 없었다.

이 같은 군 소속 연구소들의 단기적 성향은 아이젠하워 대통령이 DARPA(당시의 명칭은 ARPA였다)를 설립한 이유이기도 했다. 1957년 소련의 스푸트니크 발사는 아이젠하워 행정부에 크나큰 충격을 안겼다. 대통령은 과학기술 수준으로나 연구 개발 투자 규모로나 까마득한 후발주자였던 소련이 어떻게 우주 개발에서 미국을 앞설 수 있었는지 알고 싶어 했다.

이에 아이젠하워의 참모들은 방위 관련 연구 개발을 담당하는 군 연구소들이 단기적 성과에 집중해 장기적 프로젝트를 수행하지 못한 탓이라는 분석을 내놓았다. 연구소들은 대표적 위험 회피형인 군대라는 소비자에 맞춰 급진적 변화보다는 점진적 보완과 개선에 초점을 맞추었던 것이다. 그래서 제트기, 탱크, 잠수함 등 기존의 기술을 개선하려 했을 뿐, 첩보 위성과 같은 완전히 새로운 기술에는 관심을 두지 않았다.

5성 장군 출신으로 군대식 사고에 익숙했던 아이젠하워는 군 연구소들이 지금 당장 소련의 과학기술 진보에 맞서 신속하게 기존 방식을 바꾸기는 어렵다고 판단했다. 그리하여 방위고등연구계획국, 즉 DARPA를 만들었다. 더 이상 소련의 과학기술에 뒤통수를 맞는 일이 없도록 하기 위한 나름의 조치였다. 아이젠하워는 이 신설 기관을 군에서 완전히 독립시켰다. 군이 개입했다가는 고위험, 고보상 프로젝트를 제대로 수행하지 못할 것이라 예상했기 때문이다. 요컨대 DARPA는 최종 소비자인 군을 무시할 수 있는, 더 나아가 무시해야 한다고 지시 받은 조직이었던 것이다.

진화적 관점에서 아이젠하워의 행동을 본다면 더 큰 조직(미국)이 새로 등장한 위험한 맹수(소련)에 맞서기 위해 두뇌에 새로운 돌연변이 부분을 만들어낸 셈이었다. 즉 국가 관료 조직에 이전까지 존재하지 않았던 분화된 전문성을 새로 덧붙인 것이다. 1958년 이전까지 혁신적인 군의 기술 발전은 빌 맥린이 그렇듯 다양한 조직에 속해 있는 몇 안 되는 개인들의 우연한 노력에서 나왔을 뿐이었다. 아이젠하워는 더 이상 뒤통수를 맞지 않으려면 몇몇 인재에게만 의존해서는 안 된다고 판단했다. 너무나 중요한 일이었으므로 체계적인 혁신이 필요한 시점이었다.

아이젠하워의 구상을 실현하기 위해 DARPA는 긴 도화선을 통해 빅뱅을 이끌어내겠다는 열정을 지닌 엘리트, 위험부담을 기꺼이 감수할 수 있는 인물들을 선발했다. 그래서 초기부터 DARPA 소속 과학자와 공학자들은 보수적인 군 장성들의 관심사인 온갖 지루한 문제들에는 관심이 없었다. 그 결과로 군은 DARPA가 고객인 자신들을 무시하는 조직이라고 생각하게 되었다.

열정 없이는 진보도 없다

조지 하일마이어Heilmeier는 탁월한 운동 선수였다. 고등학교 때 농구와 야구에 모두 뛰어난 재능을 보였던 그는 언젠가 메이저리그에서 뛸 날이 올 것이라 기대했다.

펜실베이니아 대학교 전액 장학생으로 입학하게 되었을 때에도 공부와 운동을 병행하려는 마음에 체육교육을 전공으로 선택하려 했을 정도였다. 하지만 체육교육을 전공하는 데에는 두 가지 장애물이 있었다. 대학 문턱을 밟아보지 못한 그의 아버지는 외아들이 상류층에 편입될 수 있는 전공을 선택하기를 바랐다. 두 번째 장애물은 더 심각했다. 펜실베이니아 대학교에는 체육교육 전공이 없었던 것이다.

결국 하일마이어는 공학, 그중에서도 전기공학을 전공하기로 했다. 고교 시절부터 관심 있던 분야는 아니었지만 그는 곧 두각을 나타냈고 졸업 후에는 프린스턴에서 석사와 박사 학위까지 받았다. 반면에 스포츠 분야에서의 성과는 썩 좋지 못했다. 야구 시합 도중 빠른 공에 머리를 맞는 바람에 몇 주 동안 기력을 잃었고 결국 야구를 그만두어야 했으니 말이다.

1958년에 대학을 졸업한 하일마이어의 첫 직장은 미국의 전기방송 회사인 RCA 산하의 데이비드 사노프 연구소였다. 그는 반도체 기술, 레이저, 그리고 액체 크리스탈이라 불리는 새로운 전기 재료를 놓고 씨름하기 시작했다. 1964년에는 액체 크리스탈을 디스플레이로 사용하는 방법을 처음으로 발견해 이후 일본의 노벨상 격인 교토 상을 받기도 했다. 오늘날의 노트북, 휴대전화, 액체 크리스탈 TV 등이 모두 하일마이어의 연구에서 출발한 것이다.

이렇게 성공적인 연구를 진행하였지만 하일마이어는 실험실의 결과가 시장으로 옮겨지기까지의 느리기 짝이 없는 과정에 지루함을 느꼈다. 그는 나중에 이렇게 회고하기도 했다. "특정 기술 분야의 연구에서 열정과 흥분이 떠나버렸다면 당신 역시 그 분야를 떠나는 것이 옳다." 이 대목에서 우리는 긴 도화선을 만들고 빅뱅을 향하게 하는 감정의 중요한 특징을 찾을 수 있다. 즉 열정이 있어야 진보도 있고, 열정이 없다면 진보는 없다는 것이다.

이미 열정이 사라진 참이었으므로 1970년에 백악관에서 일할 기회가 오자 하일마이어는 미련 없이 RCA를 떠났다. 1년 동안 그는 국방부 장관의 특별 자문역을 하며 장기적인 연구 개발 계획을 수립하는 업무를 수행했다. 이후 국방부에서 국방 연구를 총괄하는 일을 하다가 1974년에 DARPA의 원장으로 임명되었다.

보이지 않는 비행기

군의 미래를 예상하며 4년의 경험을 쌓았던 터라 하일마이어는 DARPA가 우선적으로 추진해야 할 빅뱅 프로젝트가 무엇인지 잘 알고 있었다. 그는 향후 10년 안에 미국이 이뤄야 할 과제를 여섯 가지로 정리했다. 그중 첫 번째 과제는 '보이지 않는 비행기(소련 레이더나 다른 센서에 잡히지 않는 비행기)'의 제작이었다. 보이지 않는 전투기란 사실 공상과학 소설에나 등장하는 주제였다. 레이더에 잡히지 않는 비행기를 만드는 것이 과연 가능한 것인지 아무도 몰랐다. 그러나 하일마이어와 팀원들은 바로 그 점이 마음에 들었다. 그 누구도 건드려볼 엄두조차 내지 못했던 문제는 DARPA에 딱 맞는 도전 과제였던 것이다.

하일마이어의 지휘 아래 DARPA는 보이지 않는 비행기의 제작에 매달렸다. DARPA의 과학자들은 사고실험thought experiment이라는 방법에서부터 연구를 시작했다. 이는 특정 현상이 가능하다고 가정한 후 그 현상이 실현되기 위해 성립해야 하는 물리학 원칙들을 거꾸로 짚어가는 것이다. 예컨대 산소탱크 폭발로 망가진 아폴로 13호 우주선을 무사히 지구로 돌아오도록 하기 위해 NASA가 사용한 방법도 결과에서 출발해 한 단계씩 되짚어가는 것이었다. NASA는 아폴로 13호가 무사히 돌아올 수 있다는 결론을 내린 후 우주선의 장비를 하나하나 점검하며 우주인의 생명을 살릴 방법을 찾았다. 그러다가 마침내 우주복의 산소 호스를 공기 정화기에 연결하면 지구로 돌아올 때까지 충분한 정도의 산소가 확보된다는 것을 알아냈다.

보이지 않는 비행기를 만들기 위해 DARPA 과학자들은 레이더 추적을 피하는 데 필요한 특징을 찾았다. 그들이 개발할 스텔스 전투기는 적의 열 센서가 잡아내지 못할 정도의 열만 발산해야 했다. 지상과 통신할 때도 추적이 어려운 주파수를 사용해야 했다. 가장 중요한 것은 비행기 표면이 적의 레이더 에너지를 흡수해 신호 추적이 불가능하도록 만들어야 한다는 점이었다. 그러나 레이더 에너지를 100퍼센트 흡수할 수 있는 재료는 찾기 어려웠다. 이에 따라 DARPA 위탁 연구업체인 노스럽Northrup이나 록히드Lockheed 같은 곳에서는 기체의 모양을 독특하게 하여 레이더 에너지 반사 방향을 바꿔놓아야 한다고 주장하기도 했다.

레이더에 잡히지 않는 비행기의 특성이 다 정리된 후 DARPA 과학자들은 하나하나를 세밀하게 검토하기 시작했다. 그 특성 중에 물리학 법칙에 어긋나는 것이 있는가? 만약 어긋나는 특성이 있다면 물리학 외의 다른 접근법을 찾았고, 어긋나지 않는 특성이라면 그 시점에 어떤 관련 기술이 어디까지 개발되었는지 살폈다. 결국 연구진은 레이더에 잡히지 않는 비행기가 물리 법칙상 불가능하지는 않다는 결론을 내렸다. 다만 몇 가지 핵심 문제가 해결되어야 했는데, 그중에서도 중요한 것이 소련의 레이더 수신기가 레이더 에너지를 받을 수 없도록 하는 비행기의 형태였다.

보이지 않는 비행기를 개발하는 DARPA의 방식은 과언 페렌의 접근법보다 한 걸음 더 앞선 타임머신 혁신법이었다. 페렌이 값비싼 최신 기술을 활용해 가능성을 극한까지 확장하는 방식을 동원했다면, DARPA는 미래를 상상한 후 현 시점에서는 아무리 비싼 기술로도 불가능해 보이는 완전히 새로운 해법을 제시했다.

이따금 기업의 기술 총괄 이사들은 혁신 기술 개발의 최대 도전은 기술과 아무 상관없는 데서 온다고 토로하곤 한다. 기술적 난관보다는 관료적 구조, 변화에 대한 저항, 하위 조직 간의 경쟁으로 인해 좌초되는 기술 프로젝트가 훨씬 많다는 것이다. 하일마이어는 스텔스 기술 개발에서도 그런 종류의 난관을 넘어야 한다는 것을 명확히 알고 있었다. 예를 들어 국방부의 계약 관행이 그러했다. 스텔스 기술처럼 진전이 더딘 프로젝트에 대해서는 계약 절차도 한없이 늘어졌다. 그러나 DARPA는 직접 연구를 수행하지 않고 맥도넬 더글러스나 노스럽, 록히드 같은 기업 혹은 대학과 위탁 계약을 맺어 연구를 의뢰하는 기관이었으므로 신속한 계약 절차가 몹시 중요했다. 하일마이어는 국방부의 관행과 정면으로 싸워나갔고, 그러한 과정을 통해 DARPA의 앞길을 막을 수 있는 것은 오로지 과학적 난점뿐임을 분명히 했다.

1974년에서 1975년까지 DARPA 위탁 연구소들은 수학, 물리학, 재료 공학을 연구했고, 드디어 과거에는 불가능했던 스텔스 기술이 가능한 범주에 들어왔다는 결론을 내렸다. 역설적이게도 핵심적인 돌파구를 제공한 것은 러시아 과학자였다. 소련 정부로부터 쓸모없는 연구라는 평가를 받은 덕분에 1962년에 공개 출판되었던 표트르 우피메체프의 《물리학 확산 이론의 모서리 파동 방법》이라는 책이 바로 그것이었다.

이 책은 다양한 각도의 기하학 형태에서 전자기 에너지가 어떻게 반사되는지 기본 규칙을 정리해주었다. 우피메체프는 레이더 에너지를 다루지 않았지만 레이더 역시 전자기 에너지를 방출한다는 면에서 그의 연구는 스텔스 기술과 밀접하게 연관되었다. 이 연구를 바탕으로 DARPA 위탁 연구 업체들은 마침내 다양한 형태의 표면에서 레이더 에너지가 어떻게 반사될지 보여주는 컴퓨터 시뮬레이션을 개발했다.

1975년 말, DARPA의 위탁 연구소 공학자들은 종이와 연필 계산으로 스텔스 비행기를 처음 설계했고, DARPA는 록히드와 노스럽에 실물 크기의 전투기 모델을 제작할 것을 의뢰했다. 레이더 에너지를 흡수하고 동시에 엉뚱한 방향으로 반사하는 전투기였다. 그리고 두 회사가 각각 제작한 전투기 모델을 시험한 결과, 록히드의 전투기가 더 우수하다고 판단을 내렸다.

리더의 잠재적인 죄책감을 건드려라

하일마이어와 팀원들은 환호했다. 록히드의 전투기는 소련의 대공 방어 레이더를 충분히 무력화시킬 수 있는 수준이었다. 불과 2년 만에 불가능을 가능으로 바꿔놓은 것이다. 하지만 그 시점에서 새로운 도전 과제가 부상했다. 스텔스 기술의 최대 고객인 미국 공군이 구매 의사를 보이지 않았던 것이다.

기본적으로 공군은 소련의 대공 방어를 무력화하는 방법이 공상과학 소설에나 등장하는 투명 전투기가 아니라 좀더 정교하게 조종되는 전투기, 혹은 소련 미사일이 추격하지 못할 징도로 높고 빠르게 나는 전투기에 있다고 보았다. 또한 소련 레이더를 혼란시킬 전기 장치, 레이더 신호를 따라가 기지를 공격하는 미사일도 필요하다고 생각했다. 이러한 분위기에서 다이아몬드 모양으로 표면을 깎아낸 기이한 형태에다 속도와 조종 정교성도 뒤떨어지는 전투기는 어불성설이었다. 더군다나 그 못생긴 전투기를 만드는 데 비용을 투입하다보면 시급하게 필요한 전기 장치 개량이나 미사일 기술은 뒤로 밀리게 될 것이 뻔했다. 공군은 절대 협력하지 않을 태세였다.

스텔스 프로젝트 초기 단계에서는 공군의 비협조가 별 문제가 되지 않았다. 종이와 연필로 하는 연구나 실험에는 큰 비용이 들지 않기 때문이었다. 그러나 실제 전투기를 제작하고 시험하는 데는 큰돈이 필요했고, 그 돈은 공군의 지원이 없는 한 정당화되기 어려웠다. 더욱이 실험용 전투기를 시험할 때에는 공군의 협조가 꼭 필요했다. 국방부의 정치적 이해관계가 그때까지 물리 법칙이 찾아내지 못했던 놀라운 성과를 좌초시킬 판이었다.

하일마이어는 몇 개월 동안 공군을 설득했지만 소득이 없었다. 다른 선택의 여지가 없었던 그는 반대의사를 관철하는 장군들을 거치지 않고 4성 장군인 데이비드 존스 공군참모총장에게 직접 호소하기로 작정했다. 군 규율을 어기는 위험천만한 행동이었다.

하일마이어에게는 그만큼 스텔스 기술이 시급하다는 확신이 있었다. 그는 장군들의 따가운 눈총을 받으면서도 스텔스 기술의 필요성과 연구 결과에 대해 차분히 보고했다. 보고가 끝나자 공군참모총장은 옆에 앉은 장군을 보며 "이 프로젝트를 잘 지원하도록 하게"라고 명령했다. 스텔스 기술을 격렬하게 반대했던 그 장군은 "예!"라고 대답할 수밖에 없었다.

그날 이후 공군은 DARPA를 충실히 지원했다. 그리고 록히드 사는 불과 19개월 만에 최초의 스텔스 전투기를 설계하고 제작해냈다. 1977년 12월 1일, 그 전투기가 비밀 활주로를 힘차게 날아오르면서 미국 공군 역사의 새로운 장이 열렸다. 향후 10년 안에 미국이 이뤄야 할 여섯 가지 과제 목록의 제일 첫 줄에 '보이지 않는 비행기'가 오른 지 3년 만에 이룬 쾌거였다.

국방부의 지휘체계를 무시하면서까지 스텔스 기술을 실현하는 과정에서 하일마이어는 '개개의 두뇌들이 모인 무리는 부분으로 나뉘어야 승리할 수 있다'라는 각본을 충분히 활용했다. 어느 무리에든 한두 명의 아웃사이더형 인재가 있기 마련이다. 또한 위험을 기꺼이 감수하는 인사이더도 한 명 정도는 있다. 남은 것은 이들을 어떻게 잘 활용하느냐 하는 문제이다.

공군과 같은 조직의 여러 층위에서 리더의 역할은 무엇일까? 지휘체계에서 중간 이하에 있는 장교들은 일상적인 작전을 수행하면서 세부 사항에 신경을 써야 한다. 그러나 최고위층의 리더는 일상적인 작전이나 세부 사항보다는 정말로 크고 중요한 문제, 예를 들어 '우리 조직이 다음 5년, 혹은 10년 동안 어느 방향으로 가야 할 것인가?'를 고민해야 한다.

기업의 최고경영자나 4성 장군에게는 사실 긴 도화선이 이끌어내는 빅뱅에 대해 생각할 시간이 거의 없다. 예산, 손실 보전, 주주 설득, 언론과의 관계 형성 등 '지금 여기'의 긴급한 문제들이 하루가 멀다 하고 계속해서 터지기 때문이다. 이렇게 '화재 예방보다는 화재 진화'에 너무 많은 시간을 쓰면서 리더들은 잠재적인 죄책감을 느끼곤 한다. 그래서 장기적인 문제를 사고할 기회가 오면 환영한다. 조지 하일마이어가 스텔스 전투기라는 빅뱅 기회를 제안했을 때도 참모총장이 즉각 수용했던 것도 바로 그 때문이다.

긴 도화선을 통한 빅뱅은 두 종류의 사람들에게 환영을 받는다. 조직

외곽에 있는 창의적인 인재들, 그리고 조직 핵심부에 있는 리더들이다. 후자는 전자보다 훨씬 보수적이므로 혁신적 아이디어를 받아들이는 데 조금 더 시간이 걸릴 수 있다. 하지만 당신이 기꺼이 자기 밥줄을 걸고 그 아이디어를 밀어붙이는 열정을 보인다면, 그리고 리더의 잠재적인 죄책감을 건드린다면 결국은 성공을 이뤄낼 수 있다.

슈퍼스타를 해고하다

2006년, 국가 정보국의 스티브 닉슨 부국장과 나는 미국 정보기구를 위한 DARPA 창설을 꿈꾸었다. CIA나 NSA 등 여러 기관에서 수많은 연구 개발 프로젝트가 진행되었지만 그 대부분이 단기적 성과를 목표로 할 뿐이었다. 게다가 이라크와 아프가니스탄 전쟁이 길어지면서 진화적 혁신이 아닌 혁명적 혁신으로 관심의 우선순위를 옮기기도 어려운 상황이었다.

닉슨 부국장과 나는 정보기구에 혁신적인 문제 해결 방법이 절실하다고 확신했다. 한편으로는 테러범들을 상대하기 위해 그러했고, 다른 한편으로는 보다 전통적인 정보 업무를 효율적으로 처리하기 위해 그러했다. 지난 30년 동안 미국은 첨단 기술에 대한 독점적 지위를 거의 잃어버린 상황이었다. 중국, 한국, 대만, 일본 같은 나라들이 독자적으로 디지털 전자 장비를 생산하게 되었기 때문이다.

1950년대의 미국이 우주 경쟁에서 위기를 맞았다면 바야흐로 2006

년에는 사이버 공간에서 위기가 닥쳐오는 상황이었다. 미국 정보기구는 인터넷에 전적으로 의존하고 있었고 사이버 공격에 몹시 취약했다. 이와 함께 급조폭발물 같은 위협의 근원을 캐내기 위한 '소프트 사이언스' 연구도 시급하게 필요했다. 한마디로 2006년의 미국 정보기관은 1957년에 군이 그랬듯이 새로운 아이디어가 절실했다.

DARPA의 경험을 충분히 활용하기 위해 닉슨 부국장은 당시 DARPA를 이끌던 토리 테더Tether 국장, 그리고 이전에 국장을 지냈던 몇몇 인사들을 인터뷰했다. 그는 DARPA 성공의 핵심이 무엇이었는지, 그런 기관을 새로 만들 때 조심할 점은 무엇인지 물어보았다. 인터뷰가 끝난 후 닉슨 부국장은 그 내용을 '해야 할 일, 하지 말아야 할 일'로 나누어 정리했고, 나와 함께 그 목록을 검토했다.

목록에 오른 조언은 대부분 충분히 수긍이 가는 내용이었다. 운영의 독립성을 확보할 것, 독자적 예산을 운용할 것, 최고의 인재를 뽑아 연구 개발 프로그램을 운용할 것, 인재 선발이나 구매 결정에서 전권을 가질 것 등이 그랬다. 하지만 거의 첫 부분에 적힌 '5년이 지나면 직원을 해고할 것'이라는 문장을 본 순간 깜짝 놀라지 않을 수 없었다. 닉슨 부국장은 미소를 지었다. "DARPA 같은 조직에서도 5년 고인 물은 썩는 법이거든. 새로운 아이디어가 계속 들어오도록 하는 유일한 방법은 새로운 사람들이 계속 들어오게 하는 것이지."

인재를 끌어오는
역설적인 방법

연구 개발 조직을 30년 가까이 이끌면서 연구 개발 관리에 대해서는 훤히 안다고 자부했던 나는 충격을 받았다. 지금 DARPA 국장들은 최고 인재들을 선발해 충분히 활용한 뒤 해고하라고 말하는 것이 아닌가! 휴즈, 디즈니, NSA에서 일한 내 경험으로 보았을 때 연구 인력의 10퍼센트 정도인 최고 인재들이 혁신을 거의 책임지다시피 하고 있었다. 최고 인재를 찾기란 얼마나 어려운가. 그래서 일단 찾은 인재는 어떻게든 어르고 달래면서, 때로는 그의 인격적 결함을 수용하면서까지 데리고 있어야 하는 법이었다. 그런데 해고라니! 이에 대해 인터뷰를 했던 조지 하일마이어는 "공헌도가 중요하지 DARPA에서 일했던 기간은 중요하지 않다"라고까지 말했다.

그러나 닉슨 부국장과 계속해서 이야기를 나누고 내 경험을 다시 돌이켜 생각할수록 최고 인재를 해고한다는 원칙에 점차 수긍이 갔다. 그리고 DARPA와 같은 역할을 맡을 IARPA에서도 최고의 과학자와 공학자를 5년 계약으로 고용해야 한다는 생각이 들었다. 중요한 두뇌 각본을 새로 배운 셈이었다.

정보 공유를 통해 생존하는 인긴의 진략은 두뇌가 그 정보에 대단힌 가치를 부여하도록 만들었다. 예를 들어 부모가 전해준 삶의 교훈이나 가치는 자식의 정체성에서 핵심을 이룬다. 대체로 부모의 종교, 정치색, 심지어는 좋아하는 스포츠팀까지도 자식에게 그대로 이어지곤 한다. 이와 함께 부모는 스스로 체험하여 깨우친 삶의 교훈도 전함으로써 자식이 시행착오를 피하도록 해준다.

소중히 생각하는 아이디어에 대한 애착은 때로 가족 안에서 공유하는 문화적 정보나 삶의 경험을 넘어서기도 한다. 직장의 회의 시간에 일어나는 상황을 생각해보자. 사람들은 자기 아이디어를 옹호하고 남의 아이디어를 공격하는 데 엄청난 시간을 소모한다. 자기 아이디어가 마치 가장 소중한 자식이라도 되는 양 매달리고 지켜내려 든다.

구석기 시대에 인간은 스스로 사냥과 채집, 생식 능력이 우월하다는 점을 증명하기 위해 경쟁했다. 오늘날에는 아이디어의 우월성, 즉 리처드 도킨스의 표현을 빌면 '밈meme'을 증명하기 위해 경쟁을 벌인다. 인간은 기본적으로 상대의 건설적인 행동을 모방하려는 본성을 갖고 있다. 새롭고 유용한 정보를 모방하고 전달함으로써 나와 자손의 존재 가치가 높아진다는 것을 본능적으로 아는 것이다.

리처드 도킨스를 비롯한 생물학자와 진화심리학자들에 따르면 밈은 유전자보다 생명력이 훨씬 더 강하므로 고유의 밈을 지키고 퍼뜨리려는 노력은 충분히 타당하다고 한다. 예를 들어 소크라테스의 유전자는 자식에게는 절반으로 희석되고, 손자에게는 25퍼센트로, 증손자에게는 12.5퍼센트로 줄어든다. 오늘날에는 완전히 사라졌다고 보아야 한다. 하지만 소크라테스의 아이디어는 매스미디어 덕분에 그가 살아 있을 때보다도 훨씬 더 널리 퍼져 있다.

우리 두뇌에는 '유전자와 함께 밈도 퍼뜨려라'라는 각본이 있다. 그런데 이 각본은 DARPA와 같은 연구 개발 조직의 생산성에는 매우 부정적으로 작용할 가능성이 적지 않다. 성과를 낸 슈퍼스타 연구원에게는 명예와 지위, 권력이 주어진다. 지원팀이 생기고 남들의 연구를 평가하는 업무를 맡게 된다. 최고의 자리에 오른 슈퍼스타들은 다른 연구원들에게 자신의 밈을 요구할 수 있는 위치에 놓이는 것이다. 실제로 많은 슈퍼스타들이 그렇게 한다. 그들은 연구 예산에서 너무 많은 몫을 가져가고 남들의 새로운 아이디어를 비판해 싹트지 못하게 한다.

슈퍼스타의 아이디어가 조직의 번성을 돕는 상황이라면 그나마 괜찮다. 하지만 제아무리 뛰어난 연구원이라 해도 세월이 지나면 이전에 이루어낸 큰 성과를 이리저리 수정 보완하는 데 그치게 된다. 그러다가 환경이 바뀌면 그 성과는 그만 빛을 잃어버리고 만다.

디즈니에서 나 자신도 그런 경험을 한 적이 있다. 1992년에 1994년까지 나는 광속분할 기술을 적용해 새로운 가상현실 디스플레이와 애니메이션 제작 도구를 만들어냈다. 그러나 그 성공적인 혁신을 이뤄낸 이후 나는 계속 광속분할 기술의 개선에 매달렸고, 그동안 평면 패널 디스플레이 같은 신기술이 나오면서 광속분할은 쓸모없는 구시대 유물이 되고 말았다. 상황이 이렇게 되자 디즈니 사의 동료 하나는 나를 '세상을 몽땅 못으로만 보는 망치'라고 하며 비난했다. '프로젝트의 이름은 최신 흐름을 따라 바뀌지만 연구 내용은 결코 바뀌지 않는 법'이라고 일갈하는 동료도 있었다.

물론 시대의 흐름에 따라 연구 내용까지 바꿔간 슈퍼스타들도 몇 명 목격한 적이 있다. 하지만 이들은 어디까지나 예외적인 존재이다. 대부분의 연구 개발팀은 세월이 흐르면서 화석화된 아이디어에 매달리는 처지가 되고 만다.

DARPA는 5년이 지나면 자동적으로 슈퍼스타를 내보냄으로써 그 문제를 극복했다. 아무리 큰 성공을 거두고 권력을 누린 인재라도 예외 없이 5년 후에는 나가야 했다. 그러나 그 독특한 정책이 인재 영입을 어렵게 하지는 않았다. 오히려 도움이 되었다. 연구 개발을 망치는 '왕년의 슈퍼스타'가 가져오는 폐해를 잘 알고 있는 과학자와 공학자들은 '고인 물' 현상을 원천적으로 차단해버린 DARPA를 선호했다. 새로 물갈이된 동료들과 공정하게 아이디어 경쟁을 벌일 수 있다는 것을 잘 알고 있었기 때문이다.

스텔스 프로젝트에서 불과 3년 만에 성공적인 시제품이 완성된 것에서 알 수 있듯이 슈퍼스타라면 5년 동안 많은 성과를 이뤄낼 수 있다. 5년 후 해고될 것이라 통보함으로써 더 많은 인재를 끌어올 수 있다는 사실은 참으로 역설적이지 않은가.

짧은 도화선으로 돌아가야 하는 순간

조지 하일마이어는 액체 크리스탈 기술을 연구하다가 자신의 발견이 상업화되는 데 너무 오랜 시간이 걸려 그만 열정을 잃었다고 했다. 이러한 그의 경험은 DARPA 운영 원칙에 그대로 반영되었다. 긴 도화선을 통한 빅뱅을 지향하는 조직이기는 해도 DARPA 구성원 또한 신속한 보상을 좋아한다는 것을 잘 알고 있었기 때문이다. 다만 다른 조직과 차별적인 DARPA의 특징은 빅뱅이 아니라 긴 도화선 점화에 대해 신속하게 보상한다는 데 있었다. 그 신속한 보상에는 내적인 것과 외적인 것이 있다.

내적인 보상은 자기 스스로에게 주는 것이다. 우리는 길고 힘든 하루를 보낸 후 스스로 난관을 극복하며 성취해낸 일을 자랑스럽게 여기고 축하하지 않는가. DARPA 직원들은 자기 동기부여가 강한 사람들이어서 이런 내적인 보상을 특히 중시한다. 어느 여성 과학자는 '자신이 없었다면 이루어지지 않았을' 연구 프로젝트를 진행하면서 내내 스릴을 느꼈다고 토로하기도 했다.

이와 함께 DARPA에는 외적인 보상도 있다. 아이디어나 연구 성과에 따라 포상을 받거나 더 많은 연구 예산을 배정받는 것이다. 협력업체를 잘 관리하여 프로젝트의 초석을 닦았다면 그 실적에 대한 보상을 오래 기다릴 필요가 없다. 해당 프로젝트가 실제 활용되는 데 10년이 걸린다 해도 상관없다. 어차피 DARPA 직원들은 재직 기간이 5년이므로 그동안 최종 생산물까지 확인하게 되는 경우는 극히 드물었으니까. 말하자면 DARPA는 긴 도화선에 불을 붙인 성과에 대해 보상을 하는 것이다.

기발한 생각을 하는 인재들이 모여 먼 미래를 내다보며 위험부담을 감수하는 DARPA 같은 조직에서조차 '가질 수 있을 때 가져라' 라는 두뇌 각본은 여전히 유효한 셈이다. 다만 현재의 작은 조각이 아니라 미래의 거대한 조각을 가진다는 점이 다를 뿐이다.

'죽음의 계곡' 을 건너는 법

미국 국방부의 전체 연구 개발 예산 중 4퍼센트 미만을 사용하는 작은 조직인 DARPA에서 스텔스, GPS, 무인 비행기 등 지난 50년을 빛낸 혁신적인 기술 진보가 이루어졌다는 것은 우연이 아니다. DARPA는 그들의 고객인 군대가 '원하는 것' 이 아니라 '필요로 하는 것' 을 제공했기 때문에 다른 어떤 연구 개발 조직보다 앞설 수 있었다. 군이 자체 보유한 연구 개발 조직은 거의 기존에 존재하는 무기나 기존의 방식을 개선하는 일에 매달릴 수밖에 없다. 헨리 포드가 말한 대로 '더 빨리 달리는 말'을 만들어야 하는 압박에서 자유로울 수 없기 때문이다.

DARPA는 늘 홈런만 치고 군 소속 연구팀은 늘 아웃만 당했다는 이야기가 아니다. 일례로 병사들이 아랍어 같은 외국어로 간단히 의사소통하도록 하기 위해 DARPA가 개발한 자동통역기 프레이즈레이터Phraselator는 효과가 신통치 않았다. 반대로 군 소속 연구팀에서도 해군의 사이드와인더 미사일처럼 대단한 성과를 이뤄냈다. 하지만 전체 예산이나 규모를 감안할 때 DARPA의 실적이 월등한 것은 부인할 수 없는 사실이다.

그러므로 제품이나 서비스 개선, 혹은 완전히 새로운 제품을 개발하고자 하는 기업이라면 DARPA의 성공 공식을 눈여겨볼 필요가 있다. 가장 중요한 요소는 조직의 독립성이다. 경영 실적을 보고하고 손익에 책임을 져야 하는 연구 개발 부서는 결국 군 소속 연구팀처럼 될 수밖에 없다. 혁신을 이뤄낼 인재도 구하기 어려워진다. 예컨대 지난 30여 년 동안 미국 기업들은 독립되어 있던 연구 개발 조직을 사업 단위로, 즉 자체 경영실적을 올려야 하는 조직으로 바꿔왔다. 그 결과 연구 개발 부서들은 내부 고객을 위한 단기적 성과에 치중하게 되었고, 고객 지향의 장기 프로젝트는 결국 실종되고 말았다.

컨설팅 회사를 운영하면서 나는 새로운 성장 동력을 찾고 싶어 하는 기업인들에게 독립된 소규모 혁신 조직을 만들라고 조언하곤 한다. 장타자를 고용해 계속 홈런 스윙을 연습하도록 해야 하는 것이다. 이런 조직에 실적을 요구해서는 안 된다. 그랬다가는 매일 홈런 스윙을 연습하는 장타자가 처벌을 받게 되고, 결국 단타 전문 선수가 그 자리를 차지하게 될 것이다.

DARPA는 조직의 독립성과 위험을 감수하는 정서가 결합될 경우 비로소 혁신이 이루어질 수 있음을 보여주었다. 물론 DARPA도 스텔스와 같은 혁신 기술의 고객을 찾는 데 애를 먹기는 했다. 조직의 독립성을 얻는다는 것은 곧 고객을 안정적으로 확보하지 못하는 위험부담을 감수해야 한다는 의미이기 때문이다. 연구 개발 분야에서는 이런 현상을 '죽음의 계곡'이라 부른다. 새로운 혁신 제품을 개발하는 사람들과 손익을 따지는 경영자나 중간 관리자 사이에는 이처럼 깊은 계곡이 가로놓여 있다. 많은 경영자들은 자신이 요청한 신제품은 기꺼이 받아들이지만 생각지도 못했던 '의외의 선물'은 좀처럼 받아들이지 못한다.

자기 생각이 다른 누구의 아이디어보다 더 좋다고 생각하는 것은 우리의 인간적인 한계이다. 벤처 기업은 '우리 것이 최고'라는 죽음의 계곡 앞에서 종종 좌절하게 된다. 가치를 알아주는 고객이 어딘가 있을 것이라 믿고 위험을 감수하지만 정작 아무도 외부 벤처 기업의 아이디어를 사주지 않는 상황이 벌어지기 때문이다.

우리 것이 최고라 여기고 남의 것을 거부하는 성향 역시 부족 단위로 자원을 두고 다른 부족과 다투던 고대로부터 면면히 내려온 두뇌 각본이다. 이러한 부족주의는 제품 개발 부서와 제조 및 판매 부서가 서로를 불신하게 만들고, 결국 긴 도화선이 죽음의 계곡에서 속절없이 사라지게 만든다. 예를 들어 각 부서가 올리는 수익과 손실을 따지는 경영 관리자들은 연구 개발 부서가 회사에 기여하기보다는 개인의 꿈을 추구하는 것이 아니냐고 의심한다. 그리하여 연구 개발 부서에서 만든 신제품에 대해서도 늘 회의적이다. 반면에 연구 개발 담당자들은 경영 관리자들이 근시안적이고 상상력이라고는 눈곱만큼도 없는 멍텅구리여서 새로운 발명품의 잠재적 가능성을 보지 못한다고 여긴다. 그리하여 그들을 붙잡고 신제품을 설명하는 일이 시간 낭비라 생각한다. 대화는 단절되고 불신은 한층 커진다. 죽음의 계곡은 그렇게 더 깊고 더 넓어진다.

부족주의로 인한 불신과 적대감이 연구 개발 부서와 관리 부서에서만 문제가 되는 것은 아니다. 종교, 인종, 가족, 지리적 위치, 연령, 국적 등으로 갈라진 무리 사이에서는 늘 이런 문제가 존재한다. 서로 붙어 있는 두 지역 사이의 갈등, 출판사 편집부와 제작부 간의 의견 충돌, 육군과 공군, 해군의 경쟁이 모두 그런 사례이다.

기술, 이데올로기, 비즈니스, 정치 등 분야를 막론하고 부족주의의 갈등과 경쟁은 긴 도화선이 이끌어내는 빅뱅 아이디어를 죽여버린다. 두뇌 각본을 따라 멋진 아이디어를 아무리 많이 만들어낸다 한들 다른 부족에게 그 아이디어를 팔지 못하면 어떻게 할 것인가. 빅뱅 아이디어란 많은 이들의 삶을 더 좋게 만드는 것이 특징인데, 그 특징을 제대로 발휘할 수 없게 되어버리면 어떻게 할 것인가.

그래서 다음 장에서는 우리 두뇌의 부족주의 각본을 어떻게 관리하고 조종할 것인지에 대해 심도있게 다루고자 한다.

부족주의를
창조적으로 활용하라

장 모네와 같은 성공적인 혜안가들은 인간에게 기대되는 모습이 아닌 실제 모습을 직시한다. 인간은 서로 협력하도록 기대되지만 고대의 부족주의 본능 때문에 끊임없이 싸움을 벌인다. 9·11사태 이후 NSA에서 일하게 되었을 때 CIA의 직원 하나가 "알카에다는 우리 목표물이지만 NSA는 우리 적입니다"라고 말하는 것을 듣고 깜짝 놀란 적이 있다. 그러나 그런 식의 영역본능을 지닌 사람이 그 직원만이 아니라는 점을 깨닫는 데는 오랜 시간이 걸리지 않았다. 9·11사태와 같은 위기 상황에서도 사라지지 않았던 그 강력한 부족주의 본성이 갑자기 비뀌리리 기대할 수는 없디. 그보디는 인간 본성을 교묘히 활용하는 편이 더 현명하다. 장 모네는 부족의 경계를 다시 설정함으로써 그 일을 해냈다. 유럽인들의 경쟁 본능이 서로를 향하는 대신 유럽 바깥을 향하도록 한 것이다.

우리 두뇌에는 '우리'라 정의하는 무리와 협력하고 '그들'이라 정의하는 무리와 맞서 싸우는 각본이 들어 있다. 이러한 부족주의 본능과 맞서는 대신 협력할 때, 동시에 '우리'와 '그들'의 경계를 다시 정하고 넓혀갈 때 긴 도화선이 이끄는 빅뱅 혁신이 찾아온다.

누가 '우리'인가를 정의하는 문제

이 시대에 일어난 수많은 불행한 사태들을 보면 구석기 시대로부터 이어온 인간의 부족주의 본능을 원망하고 싶은 심정이다. 인도네시아, 르완다, 발칸, 중동, 스리랑카의 인종 충돌, 그리고 서방세계와 이슬람 근본주의자들 사이의 지속적이고 광범위한 갈등을 보면 부족 사이의 폭력은 영원히 이어질 것만 같다. '우리'와 '그들'을 구분하려는 충동을 이겨낼 수만 있다면 과학기술, 비즈니스, 국가 영역에서 빅뱅 진보가 가능해질 뿐 아니라 세상이 더 안전한 곳이 될 것이다.

그런데 과연 그런 일이 가능할까? 부족주의가 우리 유전자에 깊이 박힌 이유는 그것이 선조들의 생존 가능성을 높여주었기 때문이다. 서로 유대관계를 맺는 무리, 즉 부족은 개인에 비해 먹이 찾기, 맹수 물리치기, 자녀 양육하기에서 훨씬 유리했다. 그리하여 자연선택이라는 논리는 가족을 넘어선 사람들과 친밀한 유대관계를 맺는 이들의 생존 확률을 높여주었다. 무리 내의 협력은 곧 무리 간의 경쟁으로 이어졌다.

현대의 사회제도나 기관 내에서 부족주의가 두드러지게 된 한 가지 이유는 부족주의에 바탕을 둔 협력이 과거에 그랬듯 오늘날에도 가치를 지니기 때문이다. 회사, 정부, 비영리 단체 등 어디에서 일하든 우리는 믿고 좋아하는 사람들과 힘을 합쳐 공동의 목표를 추진할 때 한층 더 생산적인 결과를 얻는다. 현대의 '부족' 구성원들이 공유하는 정체성이나 정서적 유대는 중요한 정보를 공유하게 하고 힘들 때 서로를 돕고 지지하도록 한다.

예를 들어 미국 육군은 신병 교육을 할 때 군 전체에 대한 충성뿐 아니라 10명 남짓한 소규모 분대에 대한 충성도 강조한다. 분대는 한 단위가 되어 사격술, 체력, 전략 수행 능력 등 실력을 연마하고 다른 분대들과 경쟁한다. 인위적인 부족, 즉 분대를 만들어 서로 경쟁시키는 군대의 방식은 부족주의의 흥미로운 측면을 드러낸다. 무리 간의 경쟁이 무리 내 협력을 높여주는 것이다. 공동의 적이 존재할 때는 아군들 사이의 차이를 잊어버리게 된다. 그렇게 해서 얻어진 협력이 경쟁 비용보다 크다면 부족주의를 부추기는 것도 나쁘지 않다.

긴 도화선이 계속 타오르도록 하는 방법

대체로 군대는 협력과 경쟁 사이에서 균형 잡는 방법을 터득하는 곳이다. 서로 경쟁하던 분대가 소대 단위로 묶이면 다시 협력하며 다른 소대와 경쟁을 벌인다. 소대 역시 대대 단위가 되면 서로 협력하며 다른 대대와 경쟁한다. 이 과정은 계속 반복된다. 신병 훈련이 끝나 전장에 도착한 병사는 군의 가장 낮은 단위에서부터 가장 높은 단위에 이르기까지 정서적 유대와 소속감을 갖게 된다. 거듭되는 경쟁이 적대감을 남겨 간혹 협력이나 소통을 방해하는 면도 있지만 의도된 부족주의를 통해 군은 잃는 것보다 얻는 것이 더 많다.

이러한 군의 방식은 우리 두뇌가 지닌 부족주의라는 각본을 어떻게 활용해 협력을 이루어낼 수 있는지 가르쳐준다. 첫 번째 교훈은 몇 개월에 걸친 훈련과 경쟁으로 전혀 알지 못하던 타인이 전우로, 심지어 절친한 친구로 바뀐다는 것이다. 두 번째는 서로 경쟁하는 무리가 동시에 협력할 수도 있고, 그 결과 협력의 규모가 더 확장된다는 것이다. 마지막으로 가장 중요한 교훈은 누가 '우리'를 이루는지에 대한 사람들의 정의가 계속 확대될 수 있다는 것이다. 처음 입대한 병사에게 '우리'는 자기를 포함하여 친구 한둘 정도일 것이다. 그러다가 분대, 소대, 중대, 대대, 더 나아가 군 전체가 '우리'가 된다. 전시에는 '우리' 안에 연합국의 군대가 전부 포함되기도 한다.

이렇게 '우리'가 재정의 되도록 하는 것은 긴 도화선이 이끄는 빅뱅을 일으키는 데 매우 중요하다. 혁명적인 빅뱅 아이디어를 내놓는 사람이 그 아이디어를 받아들이거나 실행해야 하는 사람과 동일한 '부족'에 속해 있을 가능성이 별로 없기 때문이다.

미국 국방부의 경우를 보아도 스텔스 등 혁신 기술은 대부분 DARPA에서 나왔지만 정작 그 기술을 구매하여 운용하는 것은 육·해·공군이다. 기업의 경우라면 연구 개발 부서에서 개발해낸 신제품을 설계 부서, 제조 부서, 판매 부서가 함께 협력해 현실화시킬 것이다. 제품 개발과 제품 생산이 이렇게 분리되어 있는 것은 창조 작업과 실현 작업이 서로 다른 기질과 능력을 필요로 하기 때문이다. 아이디어를 창조하는 사람들은 기존의 사고를 따르지 않고 큰 그림을 생각한다. 반면 아이디어를 실현하는 사람들은 명확한 목표와 기한 및 예산을 중시하며 세부적인 사항을 고민한다.

서로 우호적인 관계를 맺은 부족들이라 해도 한쪽에서 내놓는 아이디어에 대해 다른 쪽은 일단 저항하게 되어 있다. 이런 상황에서 긴 도화선이 계속 타오르도록 하는 방법은 '우리'를 재정의하는 것이다. 데이비드 존스 장군이나 잭 웰치, 루 거스너, 샘 월튼, 앨런 래플리 같은 기업인들은 조직이 기존의 장벽을 허물고 다른 부족의 아이디어를 받아들이도록 함으로써 큰 성공을 거두었다. 하지만 이러한 하향식 방법이 늘 효과를 거두는 것은 아니다. 갈등하는 두 부족이 공동의 지도자를 따르지 않는 경우도 있다. 이런 상황에서는 어떻게 해야 할까?

필요성은
위기의 순간에만 인식한다

프랑스 산 프리미어 브랜디의 고향으로 명성을 떨치고는 있지만 프랑스 남서부에 자리 잡은 코냑은 주민 수가 겨우 1만 500명에 불과한 작은 마을이다. 인구가 그 두 배나 되던 때도 있었다. 하지만 지난 50년 동안 젊은이들이 파리나 리용 같은 도시로 떠나버리면서 코냑의 인구는 계속 줄어들고 있다.

그럼에도 코냑이 낳은 위대한 인물들은 여전히 그곳의 자존심이고 자랑거리이다. 1515년부터 1547년까지 프랑스를 통치했던 프랑수아 1세가 1494년에 코냑 성에서 출생했고, 화학자 부아보드랑Boisbaudran과 유리공예 장인이었던 부슈Bouche도 코냑에서 태어나 어린 시절을 보냈다. 그러나 그 누구보다도 유명한 인물은 정치인이 아니면서도 유럽인들의 '우리' 개념을 바꿔놓은 장 모네Monnet라 할 것이다.

1888년에 상인 집안에서 태어난 모네는 숫자에 관심이 많았다. 어릴 때부터 그는 주류 사업을 하는 아버지가 장부를 정리하는 모습을 자주 지켜보았다. 그리고 고등학교를 졸업하자마자 아버지 회사로 들어가 일하기 시작했다. 대학에 가지 않겠다는 결심은 그리 어렵지 않았다. 모네는 "세상에는 두 종류의 사람이 있다. 대단한 인물이 되고 싶은 사람과 대단한 일을 하고 싶은 사람이다"라고 말한 적이 있다. 그는 후자를 지향했고 결국 그렇게 되었다.

행동가 성향이었던 그는 온 세계에 브랜디를 판매하기 시작했다. 2년 동안 런던에 체류하며 영어를 배우고 판로를 튼 뒤 그는 이집트, 러시아, 스칸디나비아, 미국, 캐나다 등지로 자주 출장을 다녔다. 그는 낯선 곳에서 새로운 사람을 만나고 프랑스 시골 마을과는 전혀 다른 문화나 가치관과 접하는 일이 즐거웠다. 모네는 사업가로서 보낸 청년 시절을 이렇게 회고했다.

코냑을 통해 우리는 많은 것을 관찰하고 또 활발히 의견을 교환할 기회를 얻었다. 사람에 대해, 국제 비즈니스에 대해 학교에서보다 훨씬 더 많이 배울 수 있었다. 그저 보고 듣기만 해도 말이다. 세상을 돌아다니며 살아 있는 지식들을 훨씬 더 많이 배울 수 있는데 굳이 대학에서 답답하게 공부할 필요가 있겠는가?

세상이라는 학교가 모네에게 준 가장 중요한 가르침은 '함께 주도하는 협력'이었다. 영국, 미국, 캐나다 등 앵글로색슨 세계에서 그는 조국인 프랑스에서는 일찍이 보지 못했던 수준의 합의 도출, 타협, 공동체적 사고 등을 목격했다. 출장길에 캐나다의 어느 지역에서 겪은 일은 그에게 그런 앵글로색슨 식의 접근법을 여실히 보여주었다. 말도 마차도 구하지 못해 캘거리에서 발이 묶인 모네는 한 대장장이에게 말을 좀 빌려줄 수 있느냐고 부탁했다. 그러자 대장장이는 "내 말을 가져가시오. 다 쓰고 난 뒤 여기 다시 묶어두기만 하면 돼요"라고 대답했다.

그 캐나다 대장장이가 모네를 정말로 완전히 신뢰했는지는 알 수 없지만 어쨌든 모네는 앵글로색슨 세계가 '함께 주도하는 협력'의 문화를 가졌다고 믿었고, 평생 앵글로색슨인들과 긴밀한 협력 관계를 추구했다.

그러던 1914년에 제1차 세계대전이 터졌다. 모네는 전쟁 물자를 확보, 운송, 관리하는 프랑스의 비조직적이고 낭비적인 방식을 목격하고 실망을 금치 못했다. 모네는 해외 비즈니스의 경험을 통해 훨씬 효율적인 물자 관리 방법을 봐온 터라 프랑스 수상 르네 비비아니 Viviani를 만나 프랑스, 영국 등 연합국이 공동으로 자원을 관리, 활용할 것을 제안했다.

모네의 사업가적 안목으로 보았을 때 제1차 세계대전은 양측의 대차대조표 싸움이나 다름없었다. 독일 측의 군대, 무기, 군수물자는 영국과 프랑스의 그것과 비슷한 수준이었다. 결국은 더 건전한 대차대조표를 지닌 측이 승리할 것이었다. 그러나 1914년 당시의 연합국 대차대조표는 심각할 정도로 불건전했다. 모네는 비비아니 수상에게 말했다. "낭비 요소가 엄청납니다. 아직 무역용 선단은 징발되지도 않은 상태입니다. 프랑스와 영국이 한정된 자원을 두고 경쟁하는 현재의 상황은 매우 불합리합니다. 연합국의 협력체가 꼭 필요합니다."

모네는 프랑스와 영국이 식량, 석탄, 철을 공동으로 구매, 운송함으로써 부족한 자원을 효율적으로 활용해야 한다고 제안했다. 예를 들어

생각의 빅뱅

화물을 가득 실은 영국 배는 프랑스 항구에 도착해 하역한 후 빈 배로 떠났다. 프랑스 배도 마찬가지로 화물을 영국 항구에 내려놓은 뒤 빈 배로 떠나고 있었다. 독일군의 U 보트 공격으로 해상 운송이 갈수록 어려워지는 상황에서 한 번에 될 일을 두 번으로 나눠 하는 셈이었다. 또한 프랑스와 영국은 연료, 군수품, 식량 구매에서 경쟁을 벌임으로써 구매 가격을 점점 높이는 상황이었다. 모네는 양국이 협력하여 계획을 수립하고 자원 흐름을 통제해야 그러한 비효율적인 상황들이 사라지고, 결과적으로 연합국의 대차대조표가 건전해질 것이라 주장했다.

비비아니 수상은 당시 26세에 불과했던 모네의 제안을 받아들였고 그를 런던에 파견해 영국 측과 협상을 벌이도록 했다. 그리하여 모네는 프랑스 상무장관 에티엔 클레망텔Clementel과 함께 영국을 설득해 핵심 자원 구매와 수송 협력을 이뤄내는 지난한 임무를 맡게 되었다. 프랑스와 영국은 1000년 이상 싸움을 벌이면서 상호 불신의 골이 깊어진 상태였다. 프랑스인들은 영국인이 겉 다르고 속 다르다고 생각했다. 그 생각은 프랑스 혁명 직후 영국인들이 왕실의 편을 들면서 더욱 굳어졌다.

영국은 영국대로 프랑스의 여러 가지 악행을 차곡차곡 마음속에 새기면서 그들이 야만적인 민족이라 여겼다. 백년전쟁 중 아쟁쿠르Agincourt 전투에서 영국 궁수 부대에 크게 패한 프랑스는 영국의 궁수를 생포하는 족족 손가락을 잘라버렸던 것이다. 더구나 영국은 자국의 힘과 명예가 해군, 그리고 해상 무역에서 나온다고 믿고 있었다. 영국의 자부심을 담은 노래 '지배하라, 브리타니아Rule, Britannia' 가사에서도 그런 믿음은 분명하게 드러난다.

지배하라, 브리타니아.

브리타니아는 파도를 지배한다.

영국은 결코 결코 노예가 되지 않으리.

이런 영국인들이 바다의 통제권을 포기한다는 것은 지극히 어려운 일이었다. 영국은 또한 국가가 무역에 최소한으로 관여한다는 자유주의 시장경제를 견지하고 있었다. 국가가 핵심 산업을 지정하기까지 하는 프랑스 정부와는 전혀 달랐다. 따라서 영국 정부가 협력에 합의한다 해도 물자 공급과 운송을 통합 관리할 정부 기구나 조직이 영국 측에는 마땅히 없는 형편이었다.

함께 주도하는 협력의 문화

모네와 클레망텔 장관은 연합국의 물자 구입 및 운송 통합을 위해 2년 동안 온갖 노력을 다했다. 그리고 전쟁이 2년째 계속되던 1916년 말, 마침내 과거의 적대국인 영국, 프랑스가 이탈리아와 함께 밀 협의체Wheat Executives를 설립한다는 합의를 이끌어 냈다. 식량 공급이 점차 부족해지던 시점이었다. 밀 협의체는 밀을 비롯한 주요 식량의 구매와 운송에 관여하는 자발적이고 느슨한 조직이었다. 그것은 모네가 기대하던 전체적 통합과는 거리가 멀었지만 가격 안정과 식량 공급에 일정 부분 기여했다.

밀 협의체의 성공을 눈으로 목격한 영국은 갈수록 어려워지는 전시

경제 상황에서 새로운 결단을 내렸다. 프랑스에 대한 불신을 극복하고 1917년 11월, 연합국 해상수송위원회AMTC; Allied Martime Transport Council 를 함께 구성하기로 한 것이다. 이때도 역시 장 모네는 프랑스 대표로 활약했다. 프랑스, 영국, 이탈리아, 미국이 참여한 AMTC는 핵심 물자의 가격을 통제하고 회원국의 수송 체계를 관장하는 기구로 밀 협의체보다 한층 역할과 권위가 강해졌다. AMTC는 연합국이 독일 U 보트 공격으로 입은 엄청난 손실을 만회하도록 해주었고, 1년 후 오스트리아-헝가리 제국이 항복하는 데 결정적 역할을 했다.

전쟁을 승리로 이끈 모네의 공헌을 인정하여 영국 외교장관인 밸포어 경과 프랑스 수상 조르쥬 클레망소는 31세의 모네를 국제연맹League of Nations 부총재로 임명하였다. 훗날 모네는 정규 교육도 받지 않은 어린 나이의 젊은이가 그렇게 엄청난 일을 해낼 수 있었던 이유는 정치인이 아니었기 때문이라고 말한 바 있다. 정치가들은 권력을 잡고 유지하느라 바빠 국가적인 큰 계획을 수립할 시간이 없다는 것이다. 모네는 이와 함께 "아이디어가 없을 때 정치인들은 남의 것을 즐거이 받아들여 자기 것인 양 내세운다"라고 비꼬는 것도 잊지 않았다.

아이디어를 받아들이는 것은 첫걸음에 불과했다. 모네는 정치인들이 ㄱ 아이디어에 따라 실제로 행동하두록 만들어야 했다. 어떻게 할 것인가? 모네는 이런 말을 한 적이 있다. "사람들은 필요성을 느껴야 변화를 받아들인다. 그리고 필요성은 위기의 순간에만 인식한다."

눈앞에서 전쟁이 벌어지는 상황에서도 시야가 좁은 정치지도자들은 당면한 위험을 제대로 이해하는 데 오랜 시간이 걸렸다. 이 과정을 지켜보면서 모네는 정치인들이 위기를 인식하는 한도 내에서만 변화를 추진해야 한다는 점을 배웠다. 그래서 1916년, 영국이 식량 문제에 당면했을 때 밀 협의체를 제안했고, 3년 후 U 보트의 공격으로 물자 공급 위기가 심화되자 AMTC라는 한층 폭넓어진 협력 기구를 제안했던 것이다.

두뇌(모네의 사례에서는 정치인들의 두뇌)가 행동을 바꾸려면 각본을 통째로 바꿔야 한다. 모네는 인간의 두뇌가 '지금 여기'의 문제에만 관심을 둔다는 점을 이해했고, 그리하여 명백한 '지금 여기'의 해결책을 제시했다. 그는 위험 회피적인 두뇌가 여러 단계를 거쳐 조금씩 행동을 바꿀 수밖에 없음을 간파하고 혁명적이기보다 진화적인 해결책을 차례로 내놓았다.

또한 밀 협의체나 AMTC를 추진하면서 모네는 각 국가가 부족주의를 버리게 하려고 굳이 애쓰지 않았다. 대신 국가에 대한 충성심을 연합국에 대한 충성심으로 전환시켰다. 전쟁이 끝날 무렵에도 영국과 프랑스 정치인들의 두뇌는 예전과 똑같이 단기적이고 위험 회피적이며 부족주의적이었지만, 모네는 그 자연스러운 성향을 좀더 생산적인 방향으로 돌려놓았다. 이런 부분이 두뇌 관리의 고전적인 성공 사례라 평가하는 이유다.

이타심보다는 **이기심**에 호소하라

국제연맹을 이끌면서 모네는 전쟁 동안 터득한 원리를 적용해 전 세계가 '함께 주도하는 협력'을 지향하게끔 노력했다. 국제연맹은 각 대륙의 국가들을 모두 회원으로 가입시키는 성과를 얻어냈고 세계 보건기구, UNESCO, 국제사법재판소 등 오늘날까지 존재하는 중요 기구들을 설립하는 공헌을 했다. 그러나 전체 대차대조표로 보자면 실망스러운 수준이었다. 전쟁 중에 시작되었던 협력은 더 이상 발전하지 못했다. 모네는 이에 대해 "전쟁 중에는 공동의 노력을 통해 물사를 공급하고 협력체를 만들어냈다. 하지만 그 공동의 노력은 합의의 필요성을 느꼈기 때문이 아니라 전쟁 상황이었기 때문이었다. 어느새 나는 그 사실을 잊고 말았다"라고 기록했다.

협력의 핵심 요소인 공동의 위기가 사라져버렸음을 직시한 모네는 1923년 국제연맹을 떠나 집안의 주류 사업 경영자로 돌아갔다. 그리고 이후 16년 동안 사업에 매진했다.

1939년 9월, 제2차 세계대전이 발발한 지 3개월이 지났을 때 모네는 다시 프랑스–영국 협력 위원회Franco-British Coordination Committee 의장으로 프랑스 정부에 합류했다. 이전의 전쟁에서 협력의 혜택을 체감한 영국도 핵심 물자의 공급과 수송을 단일화할 필요성에 공감하는 분위기였다. 모네의 지휘 하에 두 나라는 연료, 무기, 원자재, 식량, 선박 운송 등을 공유하기로 신속하게 합의했다.

전반적인 협력의 기류 속에서도 모네는 계속 중요한 역할을 해냈다. 가령 프랑스와 영국은 미국에 군용기를 공동으로 대량 주문하는 문제에서 서로의 이해관계를 내세우며 삐걱거리는 중이었다. 모네는 자신의 강점인 대차대조표를 다시 꺼내 보이며 독일의 전투기와 폭격기가 영국과 프랑스 공군력을 다 합친 것보다도 1.5~2배 더 많다는 점을 알려주었다. 그의 단순하고 명쾌한 비교를 통해 양국이 공동으로 군용기를 구입해야 한다는 이유가 분명해졌다. 결국 양국 정부와 기업인들은 군용기 7400대와 엔진 8000기를 공동 주문하기로 결정했다.

1940년 봄, 공동의 노력으로도 프랑스의 함락을 막을 수 없다고 판단한 모네는 프랑스–영국 협력 위원회에 한층 대담한 제안을 내놓았다. 두 나라를 하나로 합치자는 것이었다. 6월 초 프랑스의 드골과 영국의 처칠, 그리고 모네는 긴밀한 협력체인 프랑스와 영국이 '두 나라가 아닌 한 나라' 임을 선언하는 문서를 작성했다. 하지만 독일군에 쫓겨 파리를 버리고 보르도로 피신하기까지 하면서도 프랑스의 르노Reynaud 수상은 끝내 서명을 거부했고, 그로부터 며칠 후 독일은 프랑스를 점령했다. 모네와 달리 처칠과 드골은 프랑스와 영국의 통합을 당시 풍전등화의 위기였던 프랑스를 위한 상징적인 시도 정도로 생각했던 것 같다. 전쟁 직후에도 드골은 모네가 '섞이지 않는 것을 섞으려 했다' 고 평했으니 말이다.

그럼에도 모네는 전쟁 중에 충분한 소기의 성과를 거두었다. 프랑스 함락 직후 그는 처칠 정부가 미국의 물자를 확보할 수 있도록 도왔다. 미국의 루즈벨트 대통령에게 대차대조표를 내보이며 영국과 추축국^樞^{軸國}의 비행기, 탱크, 탄약 보유량을 확인시켰던 것이다. 영국과 러시아 가 절대 열세인 상황에서 미국이 신속하게 전쟁 물자를 생산 공급하지 않으면 언제 두 나라가 독일의 속국으로 전락할지 몰랐다.

모네는 영국에 대한 전쟁 물자 제공이 미국에게는 훗날 전쟁을 준비 하는 용도가 될 수 있다고 강조했다. 사실 미국과 추축국 사이의 평화 조약은 언제 깨질지 알 수 없는 상황이었다. 루즈벨트는 모네의 대차대 조표와 논거를 바탕으로 고립주의 노선을 고수했던 의회를 설득해 군 수 물자 생산을 늘렸다. 이렇게 시작된 미국의 전쟁 준비 체제는 훗날 경제학자 케인즈가 "모네 덕분에 전쟁이 1년 단축되었다"라고 할 정도 로 성과를 거두었다.

모네는 또한 루즈벨트의 협조를 고마워하며 미국을 '민주주의 병기 창 Arsenal of Democracy' 이라 불렀다. 루즈벨트는 이 말을 무척 마음에 들 이하며 널리 사용하기 시작했고, 이후 모네가 출처를 분명히 해달라고 요청할 지경이 되었다. 하지만 아이디어를 만들고 전달할 뿐, 실현은 정치인들에게 맡겼던 모네는 곧 너그럽게 상황을 받아들였다. 그는 3 년 동안 워싱턴에 머물며 루즈벨트와 긴밀한 관계를 유지했고 영국과 러시아군이 미국산 비행기와 탱크, 탄약 등을 안정적으로 공급받도록 도왔다. 1943년, 모네는 알제리의 프랑스 임시 정부에 합류했고 전쟁

이 끝날 때까지 미국의 재정 및 물자 지원이 원활하게 이루어지도록
했다.

자기 부족의 이익을 추구하는 본성

제1차 세계대전에서 부족주의 본능을
극복하는 방법을 이해했다면 제2차 세계대전에서 모네는 한층 더 많은
것을 배웠다. 그중 한 가지는 이타심보다는 이기심에 호소하는 것이 언
제나 더 효과적이라는 점이었다. 그리하여 모네는 공동의 선善에 호소
하는 대신 자기 제안이 각 당사자의 이해를 어떻게 만족시키는지를 중
심으로 설명했다. 예를 들어 미국인들이 전쟁 물자 생산을 늘리도록 설
득할 때 이는 영국과 러시아로부터 신규 공장 건설비용을 지원받아 침
체된 미국 경제를 살리는 것이나 다름 없다고, 또한 미국이 전쟁에 휘
말리게 되었을 때 전쟁 물자 생산 비용이 하락하는 효과를 가져올 것이
라고 설명하는 식으로 말이다.

미국—특히 고립주의 노선을 주장하던 의회—이 이른바 '빅토리
프로그램'을 받아들인 것은 미국의 이익을 위해서였다. 그 프로그램이
영국과 러시아에까지 도움이 된다니 다행이라고 생각했을 뿐, 남을 돕
는 일은 핵심적인 의사결정 요소가 아니었다. 자기 부족의 이익을 추구
하는 본성을 이용해 다른 부족과 협력하도록 설득해냈다는 것, 이는 모
네의 탁월한 두뇌 관리 능력을 보여주는 대목이다.

모네가 제2차 세계대전에서 얻은 또 다른 교훈은 서구의 지도자들이

좀처럼 경험에서 배우지 못한다는 깨달음이었다. 히틀러가 유럽 및 북아프리카를 점령하려는 상황, 일본이 중국과 태평양을 손아귀에 넣으려는 상황에서도 연합국의 정치인이나 기업인들은 추축국에 대항해 손을 잡지 않았다. 20여 년 전 AMTC의 성공 사례를 직접 보았음에도 말이다. 이 때문에 모네는 또 다른 두뇌 각본을 동원해야 했다. 직접적인 감각 경험, 즉 단순하고 설득력 있는 대차대조표를 제시했던 것이다.

서구 정치인들의 짧은 기억력은 제2차 세계대전이 끝난 지 얼마 되지 않아 다시 확인되었다. 영국이 파탄 상태의 경제를 재건하기 위해 유럽 대륙과 손을 잡는 대신 전통적으로 경제력의 원천이 되어온 식민지를 선택한 것이다. 많은 식민지 국가가 독립을 쟁취했고 독립 과정에 있는 식민지 국가도 여럿 있었지만, 영국은 과거와 현재의 식민지들과 경제적 협력 관계를 구축해 영연방을 이루는 데 열중했을 뿐 프랑스나 독일과의 협력에는 소홀했다.

프랑스 역시 과거의 모습으로 돌아갔다. 프랑스의 강력한 요구로 연합국은 독일에 압력을 가해 국경지대에 있는 자르Saar와 루르Ruhr의 행정적·경제적 통치권을 프랑스에 넘기도록 했다. 프랑스는 이들 지역이 독일이 재무장을 결심할 경우 꼭 필요한 석탄과 철광 산지라는 점을 우려했고, 자국의 경제 재건을 위해서도 독일산 석탄과 철강이 꼭 필요한 상황이었기 때문이다. 프랑스의 자르와 루르 지배는 프랑스를 강성하게, 그리고 독일은 쇠약하게 만들 것이었다.

전후 프랑스 경제 재건의 책임을 맡은 모네는 자르와 루르 문제로 마음이 불편했다. 독일에 엄청난 배상금을 물려 결국 독일 경제를 붕괴시키고 히틀러가 정권을 잡도록 만든 베르사이유 조약이 또다시 반복되는 상황이라 생각했기 때문이다. 또한 그는 유럽 국가들 간의 갈등과 경쟁이 유럽 전체의 더 큰 발전을 가로막는다고 생각했다. 1943년에 그는 이런 글을 쓴 적이 있다.

> 각국이 주권 국가로 자국의 정치와 경제를 보호하면서 재건 작업을 진행한다면 유럽에 평화는 찾아오지 않을 것이다. 유럽의 어느 국가도 독자적인 힘으로 번영과 사회 발전을 이룰 만큼 강력하지 못하다. 그러므로 유럽은 경제 공동체를 이루어야만 한다.

그러나 반反 독일 정서가 드높은 데다가 프랑스의 최우선 과업이 국가 재건인 상황에서 그런 의지는 실현될 기회가 없었다. 1945년부터 1949년까지 모네는 프랑스 산업을 재건하고 근대화하는 작업에 에너지를 쏟았다.

프랑스의 경제가 충분히 회복된 1949년 말 무렵, 두 번의 큰 전쟁을 거치면서 모네가 꿈꾸게 된 '초국가적' 공동체를 다시 추진할 여건이 조성되었다. 석탄과 철 생산 통제권을 둘러싼 프랑스와 서독의 갈등이 절정에 달하면서 유럽에서 가장 큰 두 국가가 언제 다시 충돌할지 모른다는 두려움이 커져가고 있었던 것이다. 프랑스 경제 재건 과정에서 자르와 루르 지역의 독일인들과 자주 만나온 모네는 프랑스 외무장관 로베르 슈망Schuman에게 다음과 같이 보고했다. "평화는 평등 위에 만들어져야 합니다. 우리는 1919년에 차별과 우월을 강조하면서 평화를 잃어버렸습니다. 그리고 이제 또다시 같은 실수를 되풀이하려 합니다."

한편 프랑스와 독일 사이의 적대감이 높아지는 상황에서 미국은 서 유럽에서 러시아(소련)가 세력을 확장하는 것을 견제하기 위해 독일이 재무장해야 한다는 결론을 내렸다. 미국은 프랑스가 독일 석탄과 철을 소유하고 지배하는 것이 서독의 경제 성장 지체와 소련 편향적인 외교를 부추긴다고 판단했던 것이다. 1950년 초, 미국 국무장관 딘 애치슨Acheson은 영국과 프랑스에게 독일을 다시 유럽 쪽으로 끌어들일 전략을 마련하라고 요구했다. 한반도의 긴장 고조로 국방력 소모가 예견되는 상황이었으므로 애치슨은 몹시 서둘렀다. 1950년 5월의 삼국 외무장관 회의에서 그는 1차 계획을 마련해달라고 압박했다.

프랑스의 슈망 장관은 미국의 요구 뒤편에 위협이 숨어 있음을 간파했다. 프랑스와 영국이 독일을 소련에 맞서는 방패로 만들지 못하면 미국이 나서서 그렇게 하겠다는 뜻이었다. 석탄과 철 산지의 지배권을 잃고 거기다 독일의 재무장까지 감수해야 한다는 것은 프랑스 입장에서는 최악의 상황이었다. 슈망은 독일을 강성하게 만들면서 동시에 프랑스는 그 위협을 받지 않게 하는 창의적인 해결책을 짜내야 했다.

때가 오기를 기다리는 법

유럽 국가들을 공동체로 만들 계기가 되어줄 위기 상황을 5년이나 기다려왔던 모네는 이미 만반의 준비가 되어 있었다. 그는 서독을 미국의 의지대로 만들되, 그들이 새로 얻은 힘을 이웃 프랑스에 휘두르지 않도록 할 계획을 내놓았다. 프랑스와 독일이 똑같이 영향력을 갖는 초국가적 독립 기구를 만들어 양국의 석탄 및 철 생산, 소비를 통합하자는 계획이었다. 이렇게 되면 프랑스는 산업 근대화에 필요한 자원이 부족할 경우 언제든 독일의 석탄과 철을 사용할 수 있었다. 또한 국내 자원 수요가 공급을 밑돌 경우에는 석탄 및 철 수요가 언제나 많은 독일에 노동력을 팔 수 있었다.

모네의 계획은 독일에서도 환영을 받았다. 우선 자국의 석탄 및 철 자원에 대한 영향력을 돌려받는 셈이었고, 새로운 시장과 노동력이 열림으로써 국제 시장에서 독일의 위상이 한층 더 높아질 것이기 때문이었다. 모름지기 비즈니스에서는 크기가 중요하다. 독일과 프랑스가 큰 단위를 이루게 되면 더 유리한 협상이 가능해진다. 비용은 떨어지고 이윤은 높아지는 것이다.

시간의 압박과 날로 높아지는 독일과의 긴장 관계 때문에 슈망은 그 계획을 그대로 받아들였다. 이와 함께 모네는 초국가주의의 근거를 마련해주는 이 드문 기회를 더 잘 살리고 싶어 그 계획의 이름을 '슈망 플랜'이라고 해달라고 요구했다. 슈망은 그것도 수락했다. 슈망 플랜은 파리와 본에서 사전 논의된 후 1950년 5월 런던의 외무장관 회의에서 공식 제안되었다. 영국 외무장관 베빈Bevin과 미국의 애치슨도 슈망 플랜을 받아들여 곧 유럽석탄 철강공동체ECSC; European Coal and Steel Community 창설을 위한 구체적인 논의가 진행되었다.

이때의 합의가 지닌 역사적 중요성은 말로 표현할 수 없을 정도다. 패권국들이 모여 평화시에 '초국가적' 기구를 만든 사례는 일찍이 없었다. 또한 훗날에야 그 가치가 드러났지만 슈망 플랜은 유럽 각국이 유럽 공동체 전체를 위해 주권의 일부를 포기하게 되는 첫 단추 역할을 했다.

슈망 플랜은 유럽인들의 부족주의 본능을 극복하는 방법이 진일보했음을 보여주었다. 여기서 1950년의 외무장관 합의를 이끌어낸 모네의 막후 조정 노력을 주목하지 않을 수 없다. 두 차례의 전쟁 경험으로 그는 유럽 정치지도자들이 오로지 위기 상황에서만 국가적 이해관계를 접어둘 수 있다는 것, 더욱이 그런 상황일 때도 협력의 필요성을 계속 상기시켜야만 한다는 것을 이해하게 되었다. 따라서 모네는 위기가 없을 때 국가주의 혹은 부족주의 성향을 억누르려는 헛된 시도를 아예 하지 않았다. 그저 때가 오기를 기다렸다. 회고록에서 그는 주류 사업을 하는 집안에서 성장한 경험 덕분에 때가 오기를 기다리는 법을 익혔다고 말하기도 했다.

나에게 충격을 안겨주고 내 생각을 사로잡은 사건들 덕분에 무엇을 해야 할지 명확해졌다. 나는 오랫동안 때를 기다렸다. 코냑 사람들은 기다릴 줄 안다. 그것이 좋은 브랜디를 만드는 유일한 방법이기 때문이다.

모네는 짧은 도화선을 준비해두고 빅뱅 상황이 다가오기를 참을성 있게 기다렸다. 제1차 세계대전 당시의 연합국 해상 수송 위원회를 만들이본 경험으로 모네는 평화시 각국이 이렇게 자원을 공동 관리해야 상호 호혜적인 이익을 얻을 수 있는지 알고 있었다. 그러나 석탄 및 철을 둘러싼 독일과 프랑스의 긴장이 높아지고 독일의 재무장으로 인한 위기가 눈앞에 닥칠 때까지 그 생각을 가슴 속에만 묻어두었다. 말만 안 했을 뿐이지 슈망 플랜의 핵심 요소는 이미 1943년부터 모네의 머릿속에 자리 잡은 상태였다.

ECSC를 실현해낸 모네의 성공은 두 가지 교훈을 우리에게 알려준다. 첫째, 전시의 물자 부족 같은 불안전지대 Discomfort Zone는 늘 존재하는 것이 아니다. 그러므로 불을 붙이기 훨씬 전부터 도화선을 준비해둘 필요가 있다. 둘째, 서로 연결된 일련의 작은 성공을 거쳐 점화되는 빅뱅도 있지만 적절한 때 신속하게 터뜨려야만 하는 빅뱅도 있다. 후자의 빅뱅은 위기 상황으로 인해 극단적이고 신속한 변화가 요구될 때 일어난다.

위기의 시대에 정치지도자들은 신속히 행동해야 하는 압박과 불안 속에서 이전에 성과를 거두었던 계획, 혹은 신속하게 조정이 가능한 계획을 선호한다. 신속히 실행하기 위해 가장 중요한 요소는 단순성이다. 모네는 그 점을 이해했고, 그리하여 슈망 플랜이 가능한 한 간명하게 보이도록 했다. 즉 유럽의 모든 국가가 참여하는 초국가적 경제 공동체를 꿈꾸면서도 ECSC는 일단 프랑스와 독일만 포함하도록 하여 협상 과정을 단순화한 것이다.

그러나 슈망 플랜을 단순화하고자 했던 노력이 완전한 성공을 거두지는 못했다. 이탈리아, 벨기에, 룩셈부르크, 네덜란드가 ECSC에 들어왔던 것이다. 이에 따라 몇 개 조항이면 충분하다고 생각했던 협의문은 100여 개의 조항으로 늘어났다. 진전 속도가 느려졌을 뿐 다행히도 합의가 무산되지는 않아 1951년 4월에 6개 국가가 파리 조약에 서명하였고, 이로써 ECSC가 창설되었다. 모네에게 가장 중요했던 사항은 ECSC가 가격 결정, 부족한 자원 배분, 투자, 규정 위반국 처벌 등에 관여할 수 있는 힘을 부여받았다는 점이었다. ECSC은 국제연맹처럼 그저 이빨 빠진 호랑이가 아니었다.

모네는 1952년, ECSC의 첫 총재가 되었다. 그리고 부족주의 경쟁을 극복할 또 다른 전략을 실현할 기회를 얻었다. 오랜 경험을 통해 모네는 각국 지도자들이 당장의 위급한 상황이 지나가면 협력도 중단해버린다는 점을 알고 있었다. 그렇지만 강제력을 지닌 초국가적 기구가 영향력을 계속 확대해간다면 국제적인 협조도 유지될 수밖에 없을 것이었다. 궁극적으로 그는 대륙 전체의 평화로운 통합, 즉 유럽연합이라는 사상 최대의 빅뱅을 꿈꾸었던 것이다.

1979년에 사망한 모네는 유럽연합의 탄생을 보지 못했다. 하지만 그는 명실공히 유럽연합의 아버지로 인정받고 있다. 1963년, 미국의 케네디 대통령은 모네에게 보낸 편지에서 '귀하의 열정 덕분에 유럽은 천년 걸릴 일을 20년 만에 해낼 수 있었습니다'라고 쓰며 그를 칭송했다.

빅뱅은 우리의 **바깥**이 아니라
우리 **안**에 존재한다

지금까지 두뇌의 오래된 각본과 협력하면 HIV 치료약과 아이폰 같은 엄청난 혁신이 이루어진다는 점을 살펴보았다. 두뇌 각본을 통해 루 거스너는 IBM을 살려냈고, 샘 월튼은 세계 최대의 유통 기업 월마트를 일궜으며, 미군은 첨단 무기를 얻었다. 하지만 유럽연합의 토대를 놓은 장 모네의 업적은 그중에서도 단연 두드러진다. 1917년의 밀 협의체에서 시작해 1951년의 ECSC를 거쳐 1992년의 유럽연합에 이르는 도화선이 다른 무엇보다도 길었기 때문만은 아니다. 유럽연합이라는 빅뱅의 규모가 다른 빅뱅 성공의 사례를 압도하기 때문이다.

유럽연합의 창설로 유럽 국가들은 3000년 묵은 갈등의 역사에 종지부를 찍었고, 미래의 번영과 복지를 향해 함께 나아가게 되었다. 유럽연합의 성공은 유럽 밖의 나라들에도 '그들'을 '우리'로 바꿀 수 있다는 메시지를 전해주었다. 모네의 빅뱅은 말 그대로 세상을 바꾸었다.

모든 진보는 두뇌 안에서
시작되고 끝난다

'모네의 성공이 다른 사례보다 더 위대한 이유는 무엇일까?' 라는 질문을 다시 던져보자. 모네의 성공에는 시대적 상황도 분명 하나의 요인이 되었을 것이다. 나폴레옹 시대나 중세 때라면 유럽 통합은 상상하기 힘들었을 테니 말이다. 모네의 넓은 시야와 사고도 중요했다. 그의 목표는 회사 하나를 키우거나 신제품 하나를 내놓는 데 있지 않았다. 인간 삶의 조건을 혁신적으로 개선하려 했던 것이다. 유럽에서 태어난 그에게 관심의 초점은 유럽일 수밖에 없었지만 그는 더 나아가 전 세계의 통합을 꿈꾸었던 것 같다. 그가 말년에 썼던 글에서도 알 수 있다. "우리가 만들어낸 공동체가 종착점은 아니다. 과거의 주권 국가들은 더 이상 현재의 문제를 해결할 수 없다. 미래를 제대로 통제할 수도 없다. 유럽 공동체는 내일의 조직화된 세계를 향한 첫 단계일 뿐이다."

물론 시대적 상황과 야망만이 모네의 성공 요인은 아니다. 무엇보다 그는 두뇌 각본을 최대로 활용할 줄 아는 사람이었다. 그는 두뇌의 감춰진 각본들이 서로를 독려하며 강력한 폭풍을 불러일으키도록 만들었다. 예를 들어 ECSC 창실은 세계 연합이라는 모네의 궁극적인 야망에 비쳐보면 단지 첫걸음에 불과했다. 위험부담이 적으면서도 두뇌에 즉각적인 보상을 주는 첫 단계였던 것이다. 그러나 ECSC는 프랑스와 독일이 석탄 철강을 둘러싼 정치적 긴장이라는 불안전지대에서 벗어날 기회를 주었고, 그 모습을 지켜본 전후의 유럽인들에게 희망을 불어넣었다. ECSC는 '우리' 라는 개념을 확대함으로써 유럽인의 부족주의 본능을 긍정적인 방향으로 돌려놓는 역할도 했다.

인간의 기본 본성을 솜씨 좋게 다뤄낸 모네의 업적을 통해 이끌어낼 수 있는 두뇌 각본의 활용법은 다음과 같다. 즉 두뇌 각본의 총합은 각 부분의 합보다 더 크다는 것이다. 술과 약물을 함께 복용하면 각각 복용했을 때보다 두뇌에 훨씬 더 큰 피해를 입히듯 희망, 불안, 충동 등의 강력한 감정이 조합되면 인간의 행동과 동기에 훨신 더 큰 변화를 가져온다. 두뇌에는 1+1=3, 1+1+1=7, 1+1+1+1=12라는 독특한 공식이 존재하는 것이다. 그러므로 빅뱅 결과를 얻기 위해 두뇌 각본을 활용할 때는 다양한 각본을 창의적으로 섞을 필요가 있다. 킬러 앱 제품을 개발하려 한다면 그 과정을 신속한 작은 단계들로 나눠 불안전지대를 없애면서, 그와 동시에 '우리'와 '그들'을 재정의하고 마음보다는 가슴에 호소하는 식으로 말이다.

여러 두뇌 각본들에서 시너지 효과를 창출할 때 중심을 이루는 것은 '내적 초점'이다. 우리는 흔히 기술의 진보, 인구 구성의 변화, 정치적 지평 전환 등 외부적 요인에서 빅뱅 기회를 찾으려는 성향이 있다. 하지만 현실의 모든 진보는 두뇌 안에서 시작되고 끝난다. 기회를 포착하는 것, 가능성을 만드는 것, 그리고 실현의 즐거움을 맛보는 것은 모두 두뇌이다. 다시 말해 빅뱅은 우리의 바깥이 아니라 우리 안에 존재하는 것이다.

혁신의 작동법

인간은 함께 모여 사는 종이다. 서로에게 의지하며 서로에게 배운다. 학습은 세대 내, 그리고 세대 간에서 다 이루어진다. 부모가 자녀에게 읽어주는 〈양치기 소년과 늑대〉의 우화는 생존에 필요한 귀중한 교훈을 전달한다. 뛰어난 혜안가는 혁신과 성공의 문화를 창조하고 두뇌가 그 문화를 학습하도록 한다. 가령 샘 월튼은 '위대한 불만족' 문화를 만들어 세계 최대의 유통 기업 월마트를 키워냈다. 래플리와 거스너는 거대 기업 P&G와 IBM의 문화를 바꾸어냈다. 보상 받는 행동은 반복하고 처벌 받는 행동은 중단한다는 두뇌의 간단한 각본을 활용한 덕분이었다.

그런데 뒤에서 살펴볼 '상자 원칙'은 성공한 빅뱅 아이디어에 대해 보상하는 것만으로는 빅뱅 혁신 문화를 정착시킬 수 없음을 알려준다. 실패한 빅뱅 아이디어에 대해 처벌하지 않는 것이 중요하다. 위험 회피적인 성향의 보수적 직원에게만 보상을 주고 늘 안전한 길만 가려 하는 임원을 신뢰하는 한 위험부담을 감수하는 도전적인 기업 문화 구축은 요원하다.

위대한 불만족

생각의 빅뱅

UCLA 경영대학원에서 공부하던 시절, 나는 기업 문화가 창립 2, 3년 안에 확립되며 대개 창업주의 성향을 따라간다고 배웠다. 하워드 휴즈와 월트 디즈니가 만든 회사에서 일해본 경험은 그 생각을 더욱 확고하게 만들었다.

휴즈나 디즈니는 모두 위험을 기꺼이 감수하는 인물이었고, 가격보다는 기능이나 성과에 초점을 맞추었다. 두 혁신가는 항공과 테마파크 분야에서 새로운 경험, 이전에 한 번도 해보지 못한 놀라운 경험을 창조하고자 했다. 이러한 창업주의 성향은 직원들에게도 그대로 전해졌다. 휴즈 사가 내놓은 기술은 언제나 경쟁자보다 더 비쌌지만 기능에 만족한 소비자들은 휴즈를 선택했다. 디즈니의 테마파크도 경쟁사들보다 늘 가격이 높았지만 디즈니만의 마법을 느끼게 하는 여러 가지 특징 덕분에 선두 자리를 놓치지 않았다.

물론 휴즈와 디즈니만이 정답은 아니다. 시장에서 성공하는 방법은 여러 가지이다. 예를 들어 월마트는 다른 무엇보다도 가격에 초점을 맞추었고, 가격을 낮춤으로써 엄청난 성공을 거둘 수 있었다.

비용 절감 VS
실험 정신

1962년, 샘 월튼은 최초의 월마트 매장이 될 가게를 아칸소 로저스에 열었다. 그리고 오늘날까지 월마트의 문화를 이루게 된 핵심 원칙을 세웠다. 그중 두 가지를 소개하면 다음과 같다. 1) 소비자들은 1달러의 가치를 알고 있다. 가능한 한 가격을 낮춰라. 2) 실험을 멈추지 말라.

2002년에 월마트의 정보 분야 책임자로 일했던 케빈 터너Turner는 회사의 끝없는 실험 정신이 '위대한 불만족'에서 나온다고 설명한다. 이 때문에 '현재 있는 곳, 혹은 현재 향하는 곳에 절대로 만족하지 못하고 그보다 더 나아질 수 있다고 믿게 된다'는 것이다.

월마트의 가장 중요한 실험은 케빈 터너가 일했던 정보 분야에서 나왔다. 경쟁이 적고 고속 데이터 통신도 힘든 시골에 매장을 연다는 전략 때문에 월마트는 나름의 데이터 통신 네트워크를 구축해 판매와 재고 상황을 꼼꼼히 추적해야 했다. 그래서 월마트는 각 지역 본부가 시골 매장과 연결될 수 있는 위성 통신 시스템을 지속적으로 실험했다. 이 네트워크는 세월이 갈수록 확대되어 1987년에는 세계 최대의 민간 위성 시스템으로 자리 잡게 되었다.

그보다 4년 전에는 바코드 방식을 최초로 도입해 재고와 판매를 신속하게 파악함으로써 운영 효율성을 높이고 비용을 낮추는 데 성공했다. 바코드 시스템과 위성 네트워크가 합쳐지면서 월마트 임원들은 모든 매장의 계산대 별로 매출을 확인할 수 있게 되었다. 상황 파악이 빨라지면서 문제 해결도 빨라졌다. 예를 들어 HP 컴퓨터 대폭 할인 행사를 시작했는데 처음 몇 시간 동안 바코드/위성 네트워크에 나타나는 판매 실적이 신통치 않다면 즉각 매장에 전화를 걸어 무엇이 문제인지 확인할 수 있었다. 그래서 매장에서 그 문제를 곧바로 해결해주면 즉각 판매량이 늘어났다.

일련의 실험을 통해 신속한 정보 접근이 경쟁력을 크게 향상시킨다는 사실을 알게 된 월마트는 매출데이터 처리 시스템에 집중적으로 투자했다. 1990년이 되자 상품별로 월마트 모든 매장의 판매량, 운송량, 재고량을 기록할 수 있게 되었다. 위성 네트워크가 그랬던 것처럼 이 유통 데이터 시스템도 곧 세계 최대 규모로 확장되었다.

과거 매출 데이터가 정확하게 집계되면서 월마트는 계절별 상품 수요를 예측하고 각 매장에서 판매 가능한 양만큼만 상품을 가져가도록 했다. 이런 정책은 초기에 대형 공급업체의 반발을 샀다. 가격을 깎아주는 대신 재고를 얼마든지 월마트에 떠넘기는 것이 불가능해졌기 때문이다. 과거 매출 기록이 상세히 정리되면서 월마트 구매 담당자들은 예상판매량을 파악하게 되었고, 그 이상의 재고는 아무리 할인해도 팔 방법이 없다는 것도 알게 된 것이다. 그래서 그 무렵 공급업체 대표들이 월마트 구매 담당자를 만나 사정하다가 빈손으로 돌아서는 일이 자주 일어났다.

월마트는 그 상황이 공급업체뿐 아니라 월마트에게도 손해라는 점을 곧 깨달았다. 공급망에 중대한 비효율 요인이 발생했기 때문이다. 말하자면 제품을 너무 많이 생산해 제조비와 운송비, 보관비를 높이거나 제품을 너무 적게 생산해 판매 기회를 놓치거나 하는 일이 반복된 것이다.

1993년, 월마트는 모든 공급업체들에게 장부를 공개해 매년 특정 시점에 각 매장에서 얼마만큼의 판매가 가능하다고 예상하는지를 알리기로 결정했다. 소매 링크 시스템이 탄생하는 순간이었다. 그것은 수만 개에 달하는 월마트 공급업체들이 오늘날까지 사용하는 바로 그 시스템이다.

월마트의 독창적인 정보 인프라 구축의 이면에는 흥미로운 측면도 있다. 창업주 샘 월튼이 돈 쓰는 일을 다 싫어했지만 특히 컴퓨터에 돈을 쓰고 싶어 하지 않았다는 점이 그렇다. 월마트는 허름한 본부 전경, 이사진에게 출장 중 2인 1실을 쓰게 하는 관행 등으로 유명하다. 간판 제작 비용을 낮추기 위해 '월튼 스토어' 대신 '월마트'라는 이름을 지었다는 일화는 사실이 아니지만, 기술 관련 비용을 가능한 한 안 쓰기 위해 월튼이 늘 신경을 곤두세웠다는 점은 사실이다.

'빨리 실패하기'를 권장하다

돈을 아끼는 것과 계속 실험한다는 것, 샘 월튼의 이 두 가지 특성은 서로 대립했지만 결국은 실험 정신이 승리하곤 했다. 그는 늘 변화하는 비즈니스 환경에서는 함께 변화하지 않는 한 죽을 수밖에 없다는 점을 잘 알고 있었다. 그리하여 IT 실험 비용을 기꺼이 부담하며 궁극적인 가격 인하 효과를 모색했다.

휴즈에서, 디즈니에서, 그리고 정부에서 연구 개발 관리 업무를 수행하면서 나는 늘 연구 개발비가 충분하지 않아 안타까워했다. 운영비용을 관리하고 단기 프로젝트에 투자하느라 늘 긴 도화선이 이끄는 빅뱅 혁신에 쓸 돈이 없었던 것이다. 하지만 월마트의 성공 사례를 접하고 나니 그동안 돈타령을 했던 나 자신이 부끄러워졌다. 월마트는 단 1센트도 허투루 쓰지 않는 기업으로 유명하지만 동시에 세계적 수준의 값비싼 혁신 기술을 보유하고 있지 않은가.

월마트의 매출데이터 처리 시스템이나 위성 네트워크는 가히 세계 최대 규모이다. 그런데 정작 월마트가 IT에 쓰는 비용은 매출의 1퍼센트 정도에 불과하다. 연구 개발과 관련한 벤치마킹 사례로 월마트를 연구하면서 나는 궁금해졌다. 어떻게 적은 돈으로 그토록 큰 성과를 이루었을까? 장기적인 성공을 연달아 이루며 세계 최대의 유통 기업으로 성장한 비결은 무엇일까? 이에 대한 대답은 긴 도화선 빅뱅을 불붙이는 데 중요한 교훈이 될 것이었다.

월마트 역시 다른 유통업체와 마찬가지로 다음 사분기 손익에 관심을 집중하는 회사이다. '지금 여기' 본능을 억누르지 않고 인정하는 것이다. 그런데 다음 사분기 영업 실적을 지속적으로 개선하려 노력하는 과정에서 월마트는 직원들에게 새로운 홍보 아이디어와 비즈니스 방식을 끊임없이 실험하게 하고, '빨리 실패하기'를 권장한다. 즉 새로운 아이디어가 비용도 많이 들지 않고 신속히 효과를 입증한다면 이를 인정하고 지원한다. 반면에 실험이 별다른 효과가 없다면 곧바로 접고 다음 실험으로 넘어가지만 처벌은 없다.

월마트의 독보적인 정보 인프라 또한 '빨리 실패하기' 과정을 거쳐 서서히 만들어졌다. 정보관리 부서는 신기술을 소규모로 실험하다가 유용하다고 판단되면 범위를 넓혀나갔다. 이러한 점진적 성장 전략은 대규모 IT 시스템을 갖추는 데 드는 비용과 대비하여 효과가 아주 높은 방법이다. 한꺼번에 전체 시스템을 갖추려는 야심찬 시도는 종종 엄청난 비용 부담 문제, 혹은 뒤늦게 발견된 오류 때문에 시스템을 중간에 뜯어고쳐야 하는 문제를 낳곤 하기 때문이다.

9·11 사태 이후 미국 의회는 FBI와 기타 정보기구들의 IT 시스템 구축에 막대한 예산을 투입했다. 데이터를 통합 관리하고 이용하도록 만들기 위한 조치였다. 데이터 접근과 오류 문제 때문에 9·11 사태의 초기 단서들이 제대로 검토되지 못했던 상황을 바로잡으려 한 것이었다. 그러나 그 대규모 프로젝트들은 대부분 실패했다. 너무 짧은 기간 동안 너무 상세한 부분까지 다 시스템 속에 몰아넣으려 했기 때문이다. 엄청난 비용을 들여 서둘러 만들어낸 IT 시스템은 결국 정보기구 업무에 별다른 개선을 가져오지 못했다.

월마트가 알뜰하게, 그리고 천천히 IT 시스템을 갖춰가는 과정은 '느리게 살수록 더 빨리 도착한나' 라는 러시아 속담을 떠올리게 한다. 정보관리 부서에 근무하는 한 직원은 월마트의 기술 개발 원칙은 모두가 아닌 최대 다수를 위한 시스템이었다고 말한다. 정보관리 부서는 모든 문제를 100퍼센트 해결하는 것을 목표로 삼지 않았다. 월마트의 비용 절감과 시장 점유율 상승에 기여한다면 그것으로 족했다. 결국 월마트 문화의 두 가지 축, 즉 비용 절감과 실험 정신은 갈등하기보다는 상호 보완하며 공존했고, 짧은 도화선이 되는 IT 프로젝트 여러 개를 연결하여 궁극적으로 긴 도화선이 이끄는 빅뱅 혁신을 이뤄냈다.

월마트 이야기는 중요한 두뇌 각본 두 가지를 다시금 일깨워준다. 세계 최대의 유통 기업은 즉각적 보상을 원하는 두뇌 특성을 인정했기 때문에, 그리고 거기에 더해 학습하고 변화하려는 신피질의 커다란 능력을 잘 관리했기 때문에 성공한 것이다. 월마트는 앞서간 사람들의 경험을 사회적으로 학습하려는 우리 두뇌의 문화적 규범 또한 최대한으로 이용했다. 샘 월튼은 이에 대해 "내가 해낸 일은 전부 다른 누군가에게서 베껴온 것이다"라고 말하기도 했다.

좋은 **행동**을 **처벌**하지 않는 것이 얼마나 **중요**한가

세상은 빠른 속도로 변화하고 있다. 한때 훌륭히 제 역할을 하던 기업 문화도 언제 단점이자 약점으로 변할지 모른다. IBM도 마찬가지였다. 루 거스너는 그들의 기업 문화가 자산이기보다는 부채에 가깝다고 판단했고 새로운 IT 시장에 맞춰 차근차근 기존의 기업 문화를 바꿔나갔다.

만약 당신이 몸담은 조직에 월마트 같은 고유의 문화, 혹은 변화를 이끄는 루 거스너 같은 탁월한 리더가 없는 상황이라면 어떻게 할까? 이러한 상황에서 어떻게 소식의 뿌리 깊은 기존 문화를 바꿀 수 있을까?

루 거스너의 경험을 살펴보면 단서가 나온다. 그는 새로운 행동, 예를 들어 고객을 배려했다거나 신속한 의사결정을 했을 때 보상을 주는 체계를 도입했다. 진화생물학의 용어를 빌면 이 새로운 행동은 변화된 환경에 '적응하는' 것이었다. 보상 받는 행동을 반복하라는 두뇌 각본을 활용한 셈이다. 그런데 좋은 행동을 보상하는 것만으로는 두뇌의 작동 방식을 바꾸기가 충분치 않다. 기존의 문화를 바꾸려는 수많은 시도가 실패로 돌아가는 이유가 여기에 있다.

'상자' 안에서 생각하기

대학원에 다니던 시절에 토끼를 훈련시키면서 나는 보상만큼 처벌에도 세심한 주의를 기울였다. 토끼가 무심코 '올바른' 행동을 보였을 때 시끄러운 소리를 내거나 갑자기 몸을 움직여 토끼를 놀라게 하면 토끼는 그 올바른 행동을 익히기가 매우 어려웠다. 영원히 불가능해지는 일도 있었다. 문제 해결을 위해 나는 간단한 표를 하나 만들어 실험실 벽에 붙여두었다. 그저 간단하게 '상자'라고 불렀던 그 표는 그림으로 제시된 것처럼 '좋은 행동'과 '나쁜 행동'이라는 두 행, 그리고 '보상'과 '처벌'이라는 두 열로 이루어져 있었다.

	보상	처벌
좋은 행동	∨	
나쁜 행동		∨

나는 좋은 행동과 보상이 교차하는 칸, 그리고 나쁜 행동과 처벌이 만나는 칸에 표시를 했고 나머지 두 칸은 비워두었다. 최고의 결과를 얻으려면 좋은 행동은 보상하고 나쁜 행동은 처벌하되, 좋은 행동을 처벌하고 나쁜 행동을 보상하는 일은 어떻게 해서든 피해야 한다.

그러나 시대는 빠르게 변화하는 만큼 이에 발맞춰 상자의 네 칸을 모두 활용할 필요가 있다. 새로운 좋은 행동을 보상한다고 해도 기업 문화가 제대로 바뀌지 않는 이유는 경영진이 일부 좋은 행동을 처벌하고 일부 나쁜 행동을 보상하기 때문이다. 말로는 위험부담을 감수하라고 하면서 정작 위험을 무릅썼으나 실패한 관리자를 해고한다면, 그리고 보수적이고 위험 회피적인 관리자를 승진시킨다면 누가 위험을 감수하려 들겠는가. 9·11 사태 이후 한편으로는 정보기구 간의 데이터 공유와 협력을 강조하면서도, 다른 한편으로는 경쟁 부서를 알 카에다보다 더 미워하는 럼스펠드 같은 폐쇄적인 인물을 기용한 부시 대통령도 바로 이와 똑같은 실수를 저질렀다.

상자의 네 칸 모두에 주의를 기울임으로써 백 년 넘게 이어져온 기업 문화를 바꾸는 데 성공한 사례도 있다. 앨런 래플리Lafley가 2000년에 회장으로 취임하던 당시 프록터 앤드 갬블P&G은 167년이나 된 회사였지만 형편없는 경영 실적으로 허덕이고 있었다. 전임 회장인 더크 재거Jager는 P&G의 보수적 문화를 혁신하려고 시도했지만 결국 회사 실적은 더욱 나빠지기만 했다.

래플리는 수익성 좋은 몇몇 사업에 P&G의 역량을 집중함으로써 '유기적' 혁신과 성장을 이루겠다는 목표를 세웠다. 인수합병이 아니라 신규 제품 개발을 통해 문제를 타개하겠다는 의미였다. 루 거스너가 그랬듯이 래플리도 P&G 성장에 핵심적이라 생각되는 행동에 보상을 주었다. 협력업체나 소비자가 내놓는 아이디어를 개방적으로 받아들이는 것, 동시에 다양한 역할을 유연하게 해내는 것 등이 '좋은' 행동이었다.

래플리는 좋은 행동을 처벌하지 않는 일이 얼마나 중요한지 알고 있었다. 그의 저서 《시장을 통째로 바꾸는 게임 체인저 *The Game-changer*》를 보면 자신이 저지른 11가지 실패들이 정리되어 있다. 귀중한 교훈을 남긴 그 실패들 덕분에 그는 다음 8년 동안 회사 순익을 세 배로 늘릴 수 있었다고 한다.

상자 안에서 생각한 덕분에 래플리는 결국 167년 묵은 기업 문화를 바꾸는 데 성공했다. 보상과 처벌이라는 체계는 두뇌의 중요한 특징이다. 우리 두뇌는 보상 혹은 처벌로 연결되는 단서를 민감하게 포착하면서 새로운 상황에 적응해왔기 때문이다. 위험을 회피하는 동시에 먹을 것과 쉴 곳을 찾으면서 말이다. 이런 관점에서 래플리의 보상과 처벌 방식은 두뇌 관리의 고전적인 사례라 할 만하다. 그는 이로써 P&G 임직원들의 두뇌 각본을 원하는 방향으로 이끌어냈다.

빅뱅을 이루기까지 감수해야 할 것들

1865년 8월, 비엔나의 한 건물 앞에 도착한 제멜바이스Semmelweis는 스승인 폰 헤브라von Hebra 박사가 자기를 속였다는 점을 깨달았다. 그 건물은 정신병자 수용소였던 것이다.

제멜바이스는 가족과 함께 부다페스트의 집을 떠나 체코의 온천 휴양지로 가던 길에 폰 헤브라의 초대를 받고 비엔나에 들른 참이었다. 폰 헤브라는 비엔나 기차역에서 제멜바이스와 그의 삼촌을 만나 두 사람을 문제의 건물로 안내했다. 순식간에 폰 헤브라와 삼촌은 사라지고 제멜바이스 혼자 경비원들 틈에 남았다. 제멜바이스는 탈출하려 했지만 소용없었다. 그는 어두운 방으로 끌려들어가 갇히고 말았다.

그보다 2주 앞서 발라사Balassa를 비롯한 저명한 헝가리 의사 세 명이 제멜바이스를 정신병원에 입원시키도록 하는 서류에 서명을 했다. 그리고 제멜바이스가 순순히 말을 듣지 않으리라 예상하고 폰 헤브라를 동원했던 것이다. 그 무렵 제멜바이스는 몇 달 동안 동료와 가족들을 난처하게 하는 행동을 하고 있었다. 극단적인 감정 기복, 기억 상실, 폭음이 이어졌다. 그는 유럽의 의사들이 환자를 죽이고 있다고 주장했다. 입만 열면 같은 말을 반복했고, 심지어는 동료 의사를 실명으로 거론하며 공격하는 편지를 쓰기도 했다.

제멜바이스의 신체적 상태도 급속도로 나빠졌다. 머리색이 회색빛으로 변하고 얼굴이 부풀어 오르면서 그는 갑자기 늙어버렸다. 너무도 충격적인 변화여서 혹시 알츠하이머나 매독 증세가 아닌지 의심이 갈 정도였다.

1865년 7월, 남편이 미쳐가고 있다고 판단한 제멜바이스의 아내 안나가 발라사에게 도움을 청했고 결국 정신병자 수용소 입원이 결정되었다. 하지만 강제 입원은 문제를 해결해주지 못했다. 2주 후 제멜바이스는 47세의 나이로 사망했다. 부검 결과 사인은 손가락 상처의 감염으로 인한 패혈증으로 나왔다. 하지만 이후 조사에서 경비원들이 얼음물을 뒤집어씌우고 설사제를 강제로 먹이는가 하면, 탈출하려 했다는 이유로 심하게 폭행한 것이 드러났다. 제멜바이스는 맞아 죽은 셈이었다.

장례식에 참석한 사람은 얼마 되지 않았다. 역설적이게도 제멜바이스에게 공개적으로 비난을 받은 의사 스페츠C. Spaeth와 또 다른 경쟁자 브라운Braun이 그중에 포함되어 있었다. 가족은 아무도 참석하지 않았다. 제멜바이스는 헝가리 의학 및 자연과학 협회 회원이었지만 협회의 관행과 달리 누구도 추도사를 읽지 않았다. 제멜바이스는 그렇게 외롭고 불명예스러운 죽음을 맞았다.

26년 후 제멜바이스의 유해는 고향 부다페스트로 돌아갔다. 그리고 1964년에 다시 그가 태어난 집 정원으로 이장되었다. 이 집은 오늘날 제멜바이스 기념관이 되어 그의 업적을 기념하고 있다. 제멜바이스 기념관 근처에는 그의 이름을 딴 의과대학이 세워졌고, 기념주화, 메달, 우표, 의학회까지도 생겨났다.

산모들의 구원자

정신병자로 잊혀졌다가 국가적 영웅으로 다시 태어난 제멜바이스의 이야기는 그가 의과대학을 졸업한 지 2년 후인 1846년에 시작된다. 내과에서 자리를 잡지 못한 제멜바이스는 비엔나 종합병원의 산과의사인 요한 클라인Klein의 조수로 들어갔다. 의과대학생을 가르치고 수술을 보조하고 병원 관할의 출산소 두 곳 중 한 곳의 환자들을 보살피는 것이 그가 맡은 일이었다. 당시 비엔나 당국은 가난한 어머니나 매춘부들이 신생아를 죽이지 못하도록 빈민을 위한 출산소 두 곳을 운영하고 있었다.

제멜바이스는 그 두 곳 중 제1출산소에서 일하며 의과대학생을 훈련시켰다. 다른 한 곳인 제2출산소는 교육 받은 산파들이 맡고 있었다. 그런데 박사 학위를 준비하면서 의료 통계를 조사하던 제멜바이스는 두 출산소의 산욕열 사망률이 크게 다르다는 점을 발견하고 깜짝 놀랐다. 산욕열이란 출산 후 산도産道, 자궁, 질, 회음 등에 감염이 일어나는 질환을 말한다. 산욕열 환자는 고열이 나며 패혈증 쇼크로 사망하는 일이 많았다.

당시 유럽의 산부인과 병원에서는 10명 중 한 명 꼴로 패혈증 사망자가 나왔는데, 비엔나의 제1출산소에서 아이를 낳는 것 역시 위험부담이 컸다. 제멜바이스가 기존 기록을 정리해보니 제1출산소의 산욕열 사망률은 11.4퍼센트가 넘었다. 그런데 이상하게도 제2출산소에서는 그 비율이 2.8퍼센트에 불과했고, 제1출산소의 악명 높은 사망률을 두려워해 집이나 거리에서 출산하는 경우에도 산욕열 사망률은 5퍼센트에 불과했다. 두 출산소의 사망률 차이는 더 오랜 기간을 두고 살펴도 마찬가지였다. 1841년에서 1846년까지 두 곳의 사망률 차이는 7퍼센트 선에서 계속 유지되는 상황이었다.

제멜바이스는 이 수수께끼를 풀기 위해 두 출산소를 비교하기 시작했지만 금방 답이 나오지는 않았다. 두 곳의 출산 후 처치 과정은 똑같았고, 온도 등 공기 상태도 비슷했다. 공기를 고려한 이유는 환자 주변의 더러운 공기가 산욕열을 유발한다는 당시 의료계의 상식 때문이었다. 환자 수도 상관이 없는 것 같았다. 제2출산소에는 늘 제1출산소보다 환자들이 많았기 때문이다.

1847년 3월, 제멜바이스의 친구인 의사 콜레츠카Kolletschka가 해부를 돕다가 메스에 베인 후 패혈증으로 사망하면서 중요한 단서가 나왔다. 메스로 입은 상처가 감염되면서 패혈증을 일으킨 것이다. 부검 결과 콜레츠카의 증상은 산욕열로 인한 사망자의 증상과 놀랄 정도로 똑같았다. 제멜바이스는 다음과 같이 기록했다.

콜레츠카를 죽게 한 질병과 수백 명의 산모들을 죽게 만든 질병은 동일한 것이 분명하다. 산모들 역시 임파염, 복막염, 골수염 증세를 보였던 것이다. 콜레츠카의 마지막 모습이 내 머리를 떠나지 않았다. 나는 그의 병과 산욕열 간의 관계를 밝혀야만 했다.

'밝혀야만 했다'라는 마지막 표현이 의미심장하다. 콜레츠카의 죽음이 드러낸 진실은 의사들을 경악하게 만들기에 충분했던 것이다. 제1출산소의 높은 사망률은 정체불명의 더러운 공기 때문이 아니라 바로 의사들 때문이었다. 친구의 죽음을 통해 제멜바이스는 미처 생각하지 못했던 제1출산소와 제2출산소의 차이를 알게 되었다.

제1출산소에서는 의사가, 제2출산소에서는 산파가 훈련을 받았다. 의사와 의과대학생들은 산모들을 검사하거나 치료하기 전에 해부를 하고 온 경우가 많았지만 산파는 그럴 일이 없었다. 그러므로 콜레츠카가 시체에서 옮겨진 병원균 때문에 병에 걸렸다면 해부를 하고 온 의사들도 얼마든지 환자에게 병원균을 옮길 수 있다는 것, 이것이 제멜바이스의 판단이었다. 의사라고는 아예 없는 집이나 거리에서 출산하는 경우에 오히려 산욕열 사망률이 낮은 이유도 그제야 설명이 되었다.

제멜바이스는 자기의 이론을 확인하기 위해 의사와 의과대학생들에게 환자를 만나기 전에 염소소독한 물로 손을 씻도록 했다. 효과는 즉각적이었다. 1847년 4월에 18.2퍼센트였던 산욕열 사망률이 6월에는 2.2퍼센트로 떨어졌다. 다음 해에는 제1출산소에서 두 달 동안 사망자가 한 명도 나오지 않는 기록이 나오기도 했다.

파레토 법칙은 뇌에도 적용된다

논문 발표보다는 환자 치료에 더욱 관심이 많았던 제멜바이스는 동료들이 자기의 발견을 발표하도록 했다. 처음으로 결과를 발표한 사람은 의과대학 스승이자 비엔나 의학저널의 편집장이었던 폰 헤브라였다. 제멜바이스의 제자들인 라우스Routh와 비거Wieger도 제멜바이스의 연구에 대해 가르치고 글을 썼다.

제1출산소에서 나온 통계적 결과는 의심의 여지없이 명백했지만 제멜바이스의 동료들은 결국 유럽 의학계를 설득해내지 못했다. 의사의 손에 묻은 병원균이 병을 옮긴다는 생각은 더러운 공기가 병의 원인이라는 당시의 의학적 믿음과 정면으로 배치되었기 때문이다. 더러운 공기 이론은 환자 주변의 공기에서 썩은 냄새가 풍긴다는 중세 시대의 관찰에 의거해 나온 것이었다. 또한 1800년대 중반의 산과의사들은 산욕열이 한 가지 병이 아니라는 점을 알고 있었다. 패혈증, 복막염, 자궁괴저 등 환자마다 증상이 다양했다. 이런 다양한 증상이 한 가지 원인 때문에 일어난다는 것은 말도 안 되는 주장이었다. 더군다나 의사들의 손이 환자를 감염시킬 만큼 불결하다는 말은 모욕적인 인신공격이나 다름없었다.

제멜바이스가 연구 결과를 직접 정리해 발표하지 않은 것도 논란을 부채질했다. 동료들의 논문에는 연구의 핵심적인 부분이 빠져 있었던 것이다. 예를 들어 폰 헤브라의 논문은 산욕열 병원균이 산욕열 환자끼리만 전염되는 패혈증 바이러스라고 하였는데, 이는 부패한 유기물은 무엇이든 산욕열을 일으킬 수 있다는 제멜바이스의 결론과 전혀 달랐다. 이런 혼란 때문에 제멜바이스의 결론은 전혀 새로울 것이 없다는 공격을 받는 처지가 되었다. 산욕열이 전염된다는 주장은 올리버 홈즈Holmes를 비롯한 영국의 의사들이 이미 내놓은 바 있었기 때문이다.

제멜바이스는 마침내 1858년과 1861년에 직접 연구 결과를 발표했다. 자신이 불러일으킨 논란에 책임을 지고, 산과의사들이 손을 씻지 않는 탓에 수천 명의 여성들이 죽음의 위협을 받는 상황에 경종을 울리기 위해서였다. 그러나 그의 기대와 달리 모든 논란이 정리되고 손 씻기 관행이 널리 퍼져나가는 성과를 거두지는 못했다. 오히려 현대 병리학의 아버지로 불리는 루돌프 피르호Virchow 같은 의학계 거장들이 학회에서 제멜바이스를 공격했고, 그의 주장을 히니히니 반박한 논문들이 줄을 이었다. 예를 들어 덴마크의 산과의사 카를 레비Levy는 1848년에 다음과 같이 썼다.

부패 감염이 치명적인 수준으로 일어나려면 부패물을 직접 혈액에 집어넣는다 해도 동종요법 사용량 이상이 필요하다. 비엔나 의과대학생들의 청결도를 고려하면 겨우 손톱 주변에 환자를 죽일 만큼의 감염물질이 있다고 보기는 어렵다.

당시 의료계는 미생물의 존재를 알고 있긴 했다. 하지만 레비의 주장을 반박할 수 있는 파스퇴르 등의 미생물 이론이 나오기까지는 20여 년을 더 기다려야 했다.

제멜바이스는 자신을 향한 비판과 공격에 공격으로 맞섰다. 그러나 저명한 의사를 '살인자'나 '무식쟁이'로 부르며 폭언을 해대는 그의 모습은 신뢰도에 치명상을 입혔고, 무책임하고 무례한 사람이라는 낙인이 찍히게 되었다.

제멜바이스가 부다페스트에서 운영하던 병원에서 환자 사망률이 극적으로 감소하는 상황은 계속 반복되었지만, 의료계에서 그의 이론을 믿고 손을 소독하는 의사들은 극소수에 불과했다. 제멜바이스가 세상을 떠난 후 병원을 이어받은 야노스 디셔Diescher 의사는 염소소독한 물로 손 씻는 일을 중단했고, 산욕열 사망률은 즉시 1퍼센트에서 6퍼센트로 올라갔다. 사망률 급증 현상은 병원 기록에 상세히 정리되었지만 그 이유나 해결 방법은 명확하게 제시되지 않았다.

이렇게 제멜바이스는 긴 도화선 빅뱅에 불을 붙였지만, 그 도화선은 폭발로 이어지기 전에 위태롭게 깜박거리며 오랜 시간을 기다려야 했다.

위태롭게 이어지는
긴 도화선

19세기 의료계가 제멜바이스의 이론을 거부한 것이 딱히 이해하지 못할 일은 아니다. 해부된 시체에 살고 있던 미생물, 시체를 해부하는 의사 손에 묻은 미생물, 그리고 그 의사가 치료한 환자의 세포를 감염시킨 미생물이 동일하다는 것을 증명해줄 현미경 사진 등 구체적인 증거가 없는 상황이었기 때문이다. 그러나 항바이러스 조치로 산욕열 사망자가 급격히 줄어드는 상황을 눈으로 직접 목격하였음에도 그 방법을 도입하지 않은 까닭은 무엇일까? 비록 제멜바이스의 이론이 검증되지는 못했다 해도 효과는 명백했는데 말이다.

그에 대한 답은 의사들이 80/20이라는 두뇌 각본을 따르면서 제멜바이스의 데이터를 무시했다는 데 있다. 투입의 20퍼센트가 산출 결과의 80퍼센트를 낳는다는 80/20 법칙, 혹은 파레토 법칙에 대해 들어보았을 것이다. 이탈리아 경제학자로 '파레토 법칙'을 낳은 빌프레도 파레토Pareto는 이탈리아 인구의 20퍼센트가 부동산의 80퍼센트를 소유한다는 점을 발견했다. 같은 논리로 경영 전문가 주란Juran은 회사 직원들의 20퍼센트가 매출의 80퍼센트를 이루어낸다는 것을 관찰했나. 마이크로소프트 역시 소프트웨어의 버그 20퍼센트를 잡으면 컴퓨터 고장 80퍼센트가 해결된다는 점을 알아냈다.

어떻게든 가능한 한 적은 에너지를 쓰려고 하는 인간의 두뇌는 들어오는 정보 중에서 정말로 중요한 일부분만 받아들이는 것으로 파레토 법칙을 실현한다. 다시 말해 뇌는 눈, 귀, 코, 혀, 피부에서 전달하는 감각 데이터를 남김없이 처리하며 귀중한 시간과 에너지를 낭비하지 않는다. 중요하지 않은 데이터는 자동적으로 걸러내고 정말 중요한 일부에만 에너지를 집중한다.

제멜바이스의 동료 의사들은 손 씻기의 효과를 보여주는 데이터가 다음 두 가지 이유 때문에 중요하지 않다고 판단했다. 첫째, 감염을 일으키는 것은 손에 묻은 보이지 않는 입자가 아니라 더러운 공기라는 점이 그 당시 널리 통용되는 상식이었다. 따라서 사실에 근거하지 않은 이론에 아까운 시간과 에너지를 낭비할 필요가 없었다. 물론 제멜바이스가 있는 출산소에서 산욕열 사망률이 눈에 띄게 감소하기는 했지만, 그것은 손 씻기와 같은 외부적 요소가 아니라 더러운 공기가 정화된 탓이라고 생각해버렸다.

둘째, 진화는 악취와 질병의 상관관계를 우리 두뇌 속에 강하게 심어놓았다. 해로운 박테리아는 악취를 풍겨 우리가 오염된 음식이나 물을 먹지 않도록 경고해준다. 우리 두뇌는 고열량인 당분과 지방에 본능적으로 끌리는 반면 악취를 풍기며 썩어가는 것은 본능적으로 거부한다. 19세기 의사들이 더러운 공기처럼 직접 지각할 수 있는 것은 중요하다고 생각하고, 보이지 않는 입자처럼 지각할 수 없는 것은 중요하지 않다고 생각한 것은 진화가 만들어놓은 무의식적 두뇌 각본 때문이었다.

막스 플랑크 연구소의 거드 기거렌저Gigerenzer와 동료들은 '신속하고 경제적인fast and frugal' 의사결정 과정이 중요하지 않은 일은 무시하게 하여 신경 자원을 보존하는 차원에만 그치지 않는다고 본다. '무지에 근거한 의사결정'이라는 모델을 보면 복잡한 구별을 해야 할 때 인간은 오히려 무지를 도구로 활용한다. 예를 들어 피험자 10명에게 도시를 인구수에 따라 나열하게 했을 때 제대로 맞힐 확률은 90퍼센트나 되었다. 극히 단순한 기준, 즉 자기가 그 도시에 대해 들어본 적이 있는지 아닌지에 따라 판단한 결과였다.

어쩌면 19세기 의사들은 시체의 일부가 병을 일으킨다는 이론은 한 번도 들어본 적 없는 것이라 맞을 리 없다고 생각했는지도 모른다.

제멜바이스 2.0

제멜바이스의 연구는 인정 받지 못했지만 19세기 의학계는 결국 미생물 이론, 그리고 패혈증 예방 조치를 받아들였다. 이러한 전환을 이뤄낸 화학자는 두뇌 각본의 함정을 어떻게 피하면서 제멜바이스와 다르게 성공을 거두었던 것일까? 지금부터 살펴보자.

비트즙의 문제

프랑스 릴 대학의 화학교수로 부임하기 2년 전인 1856년, 파스퇴르는 제자의 아버지인 비고Bigot를 만나게 되었다. 비고는 비트를 발효시켜 술을 빚는 사업을 했는데 다른 양조장들과 마찬가지로 발효 과정을 충분히 통제하지 못해 애를 먹고 있었다. 발효시킨 비트에서 알코올이 아닌 시큼한 젖산만 얻게 되는 경우가 자주 일어났던 것이다. 비고는 파스퇴르에게 공장에 와서 발효 과정을 살피고 문제를 바로잡아달라고 요청했다.

파스퇴르는 현미경 등 실험 장비를 챙겨 비고의 양조장으로 갔다. 알코올을 만드는 비트즙과 젖산이 되는 비트즙을 비교해보았더니 전자에는 건강한 이스트 세포만 있는 반면, 후자 표본에는 작은 막대 모양의 무언가가 함께 들어 있었다. 파스퇴르는 막대 모양의 유기체가 양조 과정을 망치는 박테리아일 것이라 추측했다. 비고는 비트즙을 사전 검사해 막대 모양 유기체가 있는 경우는 폐기함으로써 주조 과정을 개선했다.

파스퇴르는 비고 양조장에서의 연구를 통해 살아 있는 이스트 세포가 비트즙 안의 당분을 알코올로 바꿔주는 것이라 믿게 되었다. 이러한 믿음은 당시 널리 받아들여지던 상식, 즉 이스트 같은 유기 화학물질의 분해가 발효를 일으킨다는 생각과 배치되는 것이었다. 전통주의자들의 거센 공격을 예감한 파스퇴르는 막대 모양의 박테리아가 이스트라는 미생물의 활동을 방해한다는 증거를 잡기 위해 추가 실험을 계속했다.

예를 들어 그는 시큼해진 비트즙에만 존재하는 회색빛 점액을 설탕물 표본에 조금 넣어보았다. 그러자 예외 없이 표본에서 회색빛 점액양이 더 많아졌고 현미경 관찰에시는 막대 모양의 미생물이 관찰되었다. 이스트에는 피해가 없도록 하면서 막대 모양의 미생물을 죽일 수 있다면 믿을 만한 알코올의 발효가 가능할 것 같았다. 박테리아 제거가 부패를 예방한다는 점을 보여줌으로써 파스퇴르는 이스트 발효와 박테리아 부패에 대한 이론을 한층 설득력 있게 만들었다.

파스퇴르는 다음 6년 동안 연구 범위를 포도주, 맥주, 식초 제조까지

넓히면서 당시 골칫거리였던 부패 문제를 규명했다. 파스퇴르의 연구는 프랑스 맥주, 와인, 식초, 우유 산업에 크게 기여하였다. 그야말로 슈퍼스타가 된 셈이었다. 하지만 그의 꼼꼼한 연구 방법과 탄탄한 증거 제시로도 공격을 피할 수는 없었다. 가열한 액체에서 박테리아가 자라지 못한다는 연구 결과는 미생물이 환경과는 무관하게 저절로 생겨난다는 당시의 '자연발생설' 에 배치되었기 때문이다.

파스퇴르는 잘 설계된 실험이 아닌 막연한 추측에 근거한 이론은 질색이었으므로, 실험을 통해 박테리아가 저절로 생겨날 수 없음을 보여주기로 작정했다. 그는 유리제조공에게 부탁해 목이 길고 구부러진 병을 여러 개 만들었다. 병들을 소독한 뒤 절반은 입구를 막고 나머지 절반은 열어두었다. 그러자 입구를 열어놓은 병에서는 미생물이 자라났지만 입구를 막은 병에서는 아무것도 생기지 않았다. 이어 두 번째 실험에서는 입구 가까이의 목 부분에 액체를 넣고 입구를 열어두어야만 박테리아가 자란다는 점을 발견하였다. 공기 중의 입자가 닿을 수 없는 병 깊숙한 곳의 액체에서는 박테리아가 생기지 않았다. 이전 발효 연구 때와 마찬가지로 연구 결과는 현미경으로 직접 관찰함으로써 증명되었다.

반대론자들은 이제 파스퇴르의 논리적인 결과를 반박할 수 없었다. 박테리아가 저절로 생겨난다는 점을 실험으로 증명하지도 못했다. 파스퇴르는 해로운 박테리아를 죽이는 데 성공했고, 여기에 더해 자연발생설이라는 이론까지 함께 죽였던 것이다.

누에의 위기

1849년에는 프랑스 비단 생산량이 누에 미립자병 때문에 급감했다. 누에 표면에 후추 같은 작은 점들이 생겨나는 병이었다. 주류 산업에서 파스퇴르가 이룬 업적을 잘 알고 있던 프랑스 정부는 1865년, 파스퇴르에게 문제 해결을 요청했다. 이번에는 양잠업을 되살리는 기적을 이루어달라는 것이었다. 파스퇴르는 잠시 주저했지만 양잠업의 피해를 피부로 느끼고 있던 뒤마 교수에게 설득 당하여 결국 연구팀을 구성, 프랑스 남부 알레 시로 갔다. 1865년의 누에 병 상황은 심각한 지경으로 알레의 양잠업자들만 해도 연간 1억 2000만 프랑의 피해를 보고 있었다.

발효 연구 때와 같이 실험을 진행한 결과 파스퇴르는 미립자병에 걸리는 누에에는 모두 미생물이 기생하고 있음을 알아냈다. 오늘날 노세마 봄비시스Nosema bombycis라 불리는 기생동물이었다. 이 기생 미생물이 감염원이라는 것을 밝히기 위해 파스퇴르는 건강한 누에에게 여러 가지 방법으로 미생물을 접촉시켜보았다. 병에 걸린 누에를 건강한 누에 속에 섞기도 하고, 병에 걸린 누에의 배설물을 건강한 누에에게 뿌리기도 하고, 오염된 뽕잎을 건강한 누에에게 먹이기도 했다. 건강한 누에는 이 모든 경우에 의해 병에 감염되었다. 파스퇴르는 건강한 누에는 기생 미생물이 없는 누에이고, 오염되지 않은 뽕잎은 건강한 누에에게 아무런 해도 입히지 않는다는 결론을 내렸다.

누에 수수께끼가 풀린 셈이었다. 실제로 위생 상태를 개선한 누에 농가에서는 감염률이 대폭 낮아졌다. 하지만 기생 미생물을 없앤 후에도 모든 누에가 다 건강해지지는 않았다. 이 부분적인 실패로 누에 농가들은 여전히 불안감에 시달려야 했고 이에 대해 파스퇴르를 원망했다.

파스퇴르가 무엇이 어디서 잘못되었는지 규명하는 일은 그리 쉽지 않았다. 건강한 누에를 감염시키면 병에 걸렸고 건강한 누에에게 그 미생물이 기생하는 법은 없었으니 미립자 미생물이 병의 충분 원인임은 분명했다. 숙고를 거듭하던 그는 자신의 논리에 문제가 없다고 판단했다. 다만 병을 일으키는 데 그 기생 미생물이 유일한 필요조건은 아닐지도 몰랐다. 그러므로 제2의 또 다른 원인균이 존재한다면 부분적인 실패가 설명될 것이었다. 실제로 실험 관찰을 계속하자 두 번째 원인균인 연화병 바이러스가 발견되었다. 연화병 증세는 미립자병과 아주 유사했다.

5년에 걸친 인고의 작업을 통해 파스퇴르는 누에를 병들게 하는 필요조건과 충분조건을 형성하는 두 가지 질병을 밝혀냈다. 누에 병이 하나가 아닌 두 종류임을 알게 된 양잠업자들은 예방에 한층 더 신경을 기울였고, 프랑스의 양잠업은 결국 위기에서 벗어났다.

반박과 공격에 맞서
혁신을 보호하는 방법

누에 병의 원인을 밝히는 과정에서 맞닥뜨렸던 부분적인 실패, 그리고 양조 발효 과정에 대한 규명 작업을 거치면서 파스퇴르는 자기 실험에 필요조건과 충분조건이라는 두 개념을 포함하게 되었다. 다시 말해 특정 병원균이 질병이나 부패를 야기한다는 점을 증명하려면 병에 걸린 동물이나 부패한 액체 안에 늘 그 병원균이 존재하는 반면, 건강한 동물이나 멀쩡한 액체에는 절대로 그 병원균이 없어야 했다.

이 두 가지 요건이 충족되지 않는 질병이나 부패에 관한 연구 결과는 언제 무너질지 몰랐다. 다른 영역의 과학자들도 파스퇴르의 방법을 배워 따랐다. 자연계 현상의 원인과 결과를 설명하는 이론이라면 생물, 화학, 물리 등 분야를 가릴 것 없이 필요조건과 충분조건이라는 두 가지를 확인해야 한다는 점이 명백했기 때문이다. 그 방법은 과학을 혁신했고 오늘날까지도 굳건히 유지되고 있다. 반박과 공격에 맞서 자기를 보호할 방법을 찾는 과정에서 파스퇴르는 과학계 전체의 이론 증명 방식을 고안한 셈이었다. 하지만 1881년 이전만 해도 그는 필요조건과 충분조건이라는 논리를 충분히 증명하지 못한 상태였다.

애국주의자였던 그는 평생 프랑스 경제에 보탬이 되고자 애썼다. 그리하여 매년 수많은 가축을 죽게 해 프랑스 농가에 2000~3000만 프랑의 피해를 입히는 탄저병에 자연스레 관심을 갖게 되었다. 그보다 5년 전에 독일 생리학자 로베르트 코흐Koch가 파스퇴르와 유사한 실험 방법을 통해 탄저병의 원인은 탄저균Bacillus anthracis임을 밝힌 바 있었다.

따라서 프랑스의 탄저병 문제를 해결하려면 코흐의 연구를 토대로 해야 했다. 하지만 독일인, 특히 독일 태생의 경쟁자 코흐를 싫어했던 파스퇴르로서는 그것이 끔찍하게 싫은 일이었다. 1881년의 런던 학회에서 코흐와 만난 그는 이를 악물고 억지로 악수를 했다고 한다. 10여 년 전에 끝난 프랑스 · 프러시아 전쟁 당시 '죽는 날까지 내 모든 작업은 프러시아에 복수하기 위한 것이리라' 라고 기록하기까지 했던 그였기 때문이다.

빅뱅의 필요조건과 충분조건

어쩔 수 없이 코흐의 연구를 토대로 삼기는 했지만 코흐를 이기기 위해 그는 단순한 진단을 넘어 탄저병을 예방하는 연구를 시도했다. 그는 약화된 바이러스를 주사함으로써 천연두에 면역이 될 수 있다는 에드워드 제너의 1796년 연구를 응용하기로 했다. 프랑스에서는 1805년에 이미 나폴레옹이 병사들에 대한 예방접종을 지시할 정도로 제너의 면역 방법이 일찍부터 도입된 상태였다. 파스퇴르는 제너의 연구를 바탕으로 약한 탄저균을 가축에게 주사하면 면역이 될 것이라 가정했다.

파스퇴르는 열이나 화학 처치로 탄저균을 약화시키는 방법을 다양하게 실험한 후, 1881년 봄에 효과적인 예방 백신이 만들어졌다는 결론을 내렸다. 그러나 모두가 그의 결론을 믿어주지는 않았다. 당시 파스퇴르는 이미 프랑스의 유명인이었지만 선구자가 늘 그렇듯 주위에는 강력한 적수도 많았다. 특히 로시뇰이라는 수의학회지 편집장이 그러했다. 수의사 출신이었던 로시뇰은 탄저병 백신을 빌미로 파스퇴르를 파멸시키겠다고 작정했다. 그리하여 다음과 같은 공개 제안을 내놓았다.

파스퇴르는 양과 소를 탄저병에서 보호하는 가장 쉬운 방법이 예방 백신이라고 주장한다. 프랑스 농가에게는 더없는 희소식이 아닐 수 없다. 그런 마법과도 같은 일이 정말로 가능하다면 직접 입증해 보여야 한다. 그리하여 이제 공개 실험을 요청한다. 파스퇴르가 옳다는 점이 판명되면 농부와 수의사들은 크나큰 혜택을 입을 것이다. 실험이 실패한다면 앞으로 파스퇴르는 자기 연구 결과를 떠벌려대는 일을 중단해야 한다.

파스퇴르는 이 제안을 함정이 아닌 공식 인정의 기회로 여기고 받아들였다. 파리 남동쪽의 푸이 르포르Pouilly le Fort 목장이 공개 실험 장소로 선택되었다. 파스퇴르는 실험 대상인 양 50마리를 세 그룹으로 나누었다. 아무 처치도 받지 않을 양들, 강력한 탄저병 박테리아에 감염시킬 양들, 그리고 약화된 균으로 예방주사를 맞은 뒤 강력한 탄저병 박테리아에 감염시킬 양들이었다. 예방주사를 맞은 세 번째 그룹의 양들이 감염되었음에도 살아남는다면, 또한 아무 처치도 받지 않은 첫 번째 그룹의 양들이 병에 걸리지 않는다면 파스퇴르는 양의 병이 탄저병이라는 점, 예방주사를 맞혀야 양을 보호할 수 있다는 점을 증명하는 셈이었다.

공개 실험이 대대적인 관심을 끌면서 프랑스 전역의 명사들과 정치인들이 목장으로 몰려들었다. 공개 실험은 5월 5일, 세 번째 그룹의 양들이 예방주사를 맞는 것으로 시작되었다. 12일 후 공개적으로 확인한 결과, 주사를 맞은 양 중 한 마리도 병에 걸리지 않은 것으로 판명되었다. 파스퇴르는 두 번째 예방접종을 했다.

5월 31일, 그는 예방접종을 받은 양과 그렇지 않은 양 모두에게 치명적인 탄저병 박테리아를 주사했다. 그 이전까지는 확신에 차 불안해하는 조수들을 달래기까지 했던 파스퇴르도 그날 밤에는 잠을 못 이루고 뒤척였다고 한다. 하지만 걱정할 필요는 없었다. 다음 날 확인하니 예방접종을 받은 양들은 모두 무사한 반면, 접종을 받지 않은 양들은 두 마리를 제외하고는 모두 죽어버렸던 것이다. 그 두 마리도 관중들이 지켜보는 앞에서 죽었다. 그 실험을 지켜본 〈런던 타임스〉 기자는 '유례가 없는 완벽한 성공'이라고 타전했다. 반대파였던 한 사람은 "미생물을 농담거리로 여겼던 일을 진심으로 후회한다. 나는 죄인이었다"라고 토로하기까지 했다.

푸이 르포르 목장에서의 대승리가 있기 3년 전, 파스퇴르는 프랑스 아카데미에서 다음과 같은 말을 했다. "제가 외과의사라면 완벽하게 청결한 수술 기구를 사용할 뿐 아니라 제 손도 꼼꼼하게 닦아낼 것입니다."

혁신은 어디로부터 시작되는가

파스퇴르는 입구가 열린 유리병 안에서 일어나는 부패 현상은 자연적으로 발생하는 것이 아니라 공기 중의 미생물 때문이라는 점을 1861년의 논문에서 발표했다. 1863년에는 주류 발효나 상처의 화농 역시 미생물 때문이라는 논문을 썼다.

스코틀랜드 에든버러의 외과의사 조셉 리스터Lister는 그 논문들에 주목했다. 1840년대에 마취술이 발견되면서 외과 수술의 범위가 크게 넓어졌지만 수술 받은 환자의 절반 가까이가 수술 후 감염으로 사망하는 상황이었다. 리스터는 공기 중 미생물에 대한 파스퇴르의 논문들이 해결책을 제시하고 있다고 생각했다. 훗날 리스터는 이렇게 썼다. "패혈증이 산소나 유독 기체 때문이 아니라 공기 중의 미생물 때문이라면 그 미생물이 살지 못하도록 막음으로써 수술 부위의 감염을 방지할 수 있을 듯했다."

1865년, 리스터는 에든버러 병원의 의사들에게 수술 기구를 석탄산으로 소독하고 수술 전에 반드시 손을 씻으며 수술 중에는 장갑을 끼라고 지시했다. 또한 수술 후에는 수술 부위를 소독된 붕대로 감아두라고도 했다. 그러자 이후 4년 동안 외과 수술 후 사망률이 45퍼센트에서 15퍼센트로 줄어들었다. 놀랄 만한 결과였지만 영국과 미국의 대다수 외과의사들은 리스터의 소독 방법을 받아들이지 않았다. 런던의 저명한 외과의사들은 시골 병원의 젊은 의사가 거둔 성과를 미심쩍어하며 10년 가까이 방관적인 태도를 취했다.

설득 방법을 고심하던 리스터는 1877년에 런던으로 옮겨가 명성 높은 킹스칼리지 병원의 외과 과장이 되었다. 그리고 그해 10월, 부서진 슬개골을 소독한 은실로 연결해 붙이는 혁신적 수술법을 시연했다. 사후 감염이 극심하기로 악명 높던 슬개골 수술에 성공함으로써 소독 수술법의 가치가 훌륭히 증명된 셈이었다.

그후 몇 년 만에 소독 수술법은 전 세계 외과의들의 규범으로 확고히 자리 잡게 되었다.

불안전지대에 주목하라

제멜바이스와 달리 파스퇴르는 오랫동안 위태롭게 타오르던 긴 도화선을 빅뱅으로 연결시켰다. '예상하지 않았던 것은 무시한다'라는 19세기 의사들의 두뇌 각본이 제멜바이스를 어떻게 파멸시켰는지는 앞에서 이미 살펴보았다. 이제는 파스퇴르가 어떤 두뇌 각본을 통해 성공을 거두었는지 생각해보자.

제멜바이스와 파스퇴르는 모두 치밀하게 실험을 설계하는 과학자였다. 그런데 이들 간에는 핵심적인 차이가 있었다. 제멜바이스는 자기 연구가 불러일으킬 논란과 반론을 미처 예상하지 못했다. 논리적인 주장이 그대로 받아들여질 것이라 순진하게 믿었던 것이다. 동료 과학자들이 기존 믿음과 배치되는 과학적 증거를 덮어놓고 무시 혹은 거부할 것이라고는 꿈에도 생각하지 않았다.

이와 달리 파스퇴르는 미생물에 대한 연구가 공격당할 것을 미리 예상했다. 가능한 반박을 미리 예상해 논문에 언급하기도 했다. 또 명백한 시각적 증거를 제시하고자 현미경 관찰에 매달렸다. 시각적 증거는 모호한 이론보다 훨씬 강력하다는 것을 알고 있었던 것이다. 푸이 르포르 목장에서의 공개 실험이 보여주듯 파스퇴르는 쇼맨십도 훌륭한 사람이었고, 이는 병원 안에 틀어박혀 연구 데이터에만 의존했던 제멜바이스와 사뭇 달랐다.

더욱이 제멜바이스는 자기 주장이 무시당하자 균형을 잃고 상대를 공격하기까지 했다. 두뇌 관리의 기본 원칙을 지키지 못했던 셈이다. 반면 파스퇴르는 공격을 받으면서도 균형을 유지했고 결정적인 증거를 찾는 데 골몰했다. 또한 의사들이 환자를 죽이고 있다고 공격하는 대신, 곤경에 처한 양조업이나 양잠업의 문제를 해결하는 데 집중했다. 안전지대에서 사람들을 끌어내기보다는 불안전지대에 있던 사람들을 거기서 탈출시키는 것에 주력한 것이다.

불안전지대는 새로운 아이디어가 싹틀 수 있는 보고이다. 문제 해결에 골몰한 두뇌가 평소라면 걸러냈을 정보도 받아들이기 때문이다. 이럴 때의 두뇌 각본은 '중요하지 않을 것으로 예상되는 정보는 무시하

라. 단, 문제가 발생했다면 그 문제 해결과 관련이 있을 것 같은 정보에 주의를 기울여라' 가 될 것이다.

불안전지대에서 긴 도화선이 빅뱅으로 연결된다는 점은 여기서 기억해야 할 교훈이다. 이 순간의 두뇌는 예상하지 않았던 기회를 무시하는 대신 그런 기회를 적극적으로 찾게 된다. 가령 1950년대에 등장한 트랜지스터 라디오는 즉각 진공관 라디오를 대체하지 못했다. 성인들은 진공관 라디오라는 안전지대에 충분히 만족한 상태였기 때문이다. 그러다가 어디든 들고 다니며 들을 수 있는 소형 라디오가 필요했던 10대 청소년들의 불안전지대를 공략한 후에야 트랜지스터 라디오는 비약적인 성장을 했다. 불안전지대가 새로운 혁신 아이디어를 받아들인 덕분이었다.

1980년대 맨해튼 비치의 지역 정신건강 센터에서 심리치료사로 자원봉사하던 시절 나와 동료들은 다음과 같은 농담을 즐겨하곤 했다. 지금 돌이켜보니 이것 역시 불안전지대의 중요성을 잘 드러내주는 것 같다.

전구를 갈아 끼우는 데 얼마나 많은 심리학자가 필요할까?

단 한 명이면 된다. 하지만 우선 전구를 갈아 끼워넣을 전등이 필요하다.

"지금 당장은 위험한 것 같지만 그것은 언제나 좋은 징조이다.
당신이 그것들을 다른 측면에서 꿰뚫어볼 수 있다면
큰 성공을 이뤄낼 수 있을 것이다."

−스티브 잡스

생각의 빅뱅

초판 1쇄 발행 2011년 11월 20일
초판 2쇄 발행 2011년 12월 1일

지은이 에릭 헤즐타인
옮긴이 이상원
감   수 유영만
펴낸이 박선경

편집 • 임순지
마케팅 • 박언경
표지 디자인 • 공중정원
본문 디자인 • 김남정
제작 • 펙토리

펴낸곳 • 도서출판 갈매나무
출판등록 • 2006년 7월 27일 제395-2006-000092호
주소 • 경기도 고양시 덕양구 화정동 965번지 한화오벨리스크 1501호
전화 • 031)967-5596
팩시밀리 • 031)967-5597

isbn 978-89-93635-25-6/03320
값 15,500원

• 잘못된 책은 구입하신 서점에서 바꾸어드립니다.
• 본서의 반품 기한은 2016년 11월 30일까지입니다.